海洋貿易とイギリス革命

新興貿易商人の宗教と自由

Onishi Haruki
大西晴樹

法政大学出版局

海洋貿易とイギリス革命／目次

第一章　ロンドン商人社会の動向とピューリタン革命――1
はじめに　3
第一節　ロンドン商人社会における支配層の交替　4
第二節　急進主義の背景としてのセクト、そして「反革命」　12
第三節　聖者支配の失敗と自由貿易　20
おわりに　24
第二章　ピューリタン革命とアイルランド――37
はじめに　39
第一節　全面的植民地化への推進力　40
第二節　クロムウェル・セツルメント　47
第三節　出資者の社会学的分析　53
おわりに　57
第三章　ピューリタン植民地帝国――65
西インド諸島・プロヴィデンス島会社
はじめに　67
第一節　社員とその目的　69
第二節　プロヴィデンス島の統治と産業　75

第三節　二種類の入植者　80
おわりに　82

第四章　ピューリタン革命と「商船船乗り」層——89
軍事財政国家の出発点
はじめに　91
第一節　「二段階の海軍革命」　95
第二節　商船船乗り層　100
第三節　革命期の海軍行政機関　108
第四節　軍備拡張　113
第五節　共和国海軍の特徴　120
おわりに——ジェントルマンとタールポウリン　127

第五章　クロムウェルと「意図せざる」植民地帝国——139
はじめに　141
第一節　アイルランド征服とクロムウェル・セツルメント　143
第二節　ピューリタン・ミッションの三角形　149
第三節　「神意による」西インド遠征　154
第四節　西インド諸島とピューリタン革命　159
おわりに　163

第六章　「ゼクテ」原理と「信教の自由」への道――169
バプテスト派貿易商人W・キッフィンの場合
はじめに　171
第一節　バプテスト教会の牧師に　172
第二節　信仰告白にみる「ゼクテ」原理　177
第三節　王政復古前後　180
第四節　迫害立法――クラレンドン法典について　183
第五節　市民的抵抗の主体――第二次秘密集会法に抗して　188
おわりに――名誉革命と「信教の自由」　191
第七章　「新興貿易商人」ウィリアム・キッフィン――199
はじめに　201
第一節　キッフィンによる「交易の自由」の実践　202
第二節　「商業革命」への道――キッフィンの多様な海上貿易　216
第三節　ギルド・家族・財産　224
おわりに　231
第八章　ウィリアム・キッフィンとジョン・ロック――241
交友・取引関係の記録が意味するもの

はじめに　243
第一節　バハマ諸島会社の出資者として　246
第二節　キッフィンとロックの交友・取引関係　255
おわりに——思想的交錯　263
補論　「デヴォンシア・スクエア・バプテスト教会」教会員の社会経済史的分析　273
あとがき　279
人名索引・事項索引

凡例

注記に出てくる略記号は以下の通り。

P & P: Past and Present
Ec. H. R.: Economic History Review
E. H. R.: English Historical Review
M. M.: Mariner's Mirror
A. O.: C. H. Firth and R.S. Raite, eds., *Acts and Ordinances of the Interregrum*, London, 3vols, 1911
C. S. P. D.: M. A. E. Green, ed., *Calendar of State Papers, Domestic Series*, London, 1876
C. S. P. I.: R. P. Mahaffy, ed., *Calendar of State Papers relating to Ireland*, London, 1901
C. S. P. Col.: W. N. Sainsbury, ed., *Calendar of State Papers, Colonial Series, America and West Indies*, London, 1860

MS: Manuscript
PRO: Public Record Office
GL: The Guildhall Library
BLL: British Library, London
LPL: Lambeth Palace Library, London
LMA: London Metropolitan Archives, London
LCL: Leathersellers' Company, London
TNA: The National Archives, Kew
CROH: Cambridgeshire Record office in Huntingdon
資料本文中［　］内の文言は，筆者による挿入句

Memo. 頁：W. Orme, ed., *Remarkable Passages in the Life of William Kiffin: Written by Himself, and Edited from the Original Manuscript, with noted and Additions*, London, 1823
WKW − 部 − 頁：L. J. Kreitzer, ed., *William Kiffen and his World* (Part 1–6), Regent's Park College, Oxford, 2010–2018

第一章　ロンドン商人社会の動向とピューリタン革命

1658年のロンドン全図。建物を立体的に描く手法が用いられている。ロンドン塔とロンドン橋の間にロンドン港が位置し，テムズ川の下流には，遠隔地貿易の大型船が多いことに注目したい。出典：R. Newcourt, *An Exact Delineation of the Cities of London and Westminster and the Surburbs, do.*, London, 1658.

はじめに

本章の目的は、一七世紀中葉におけるロンドン商人社会の動向とピューリタン革命の関連を明らかにすることにある。

周知のように、当時のロンドンは、イングランドの政治、国内交易、海外貿易の中心地であった。ロンドンの人口は、一七世紀前半の五〇年間に四〇万人へと倍増したといわれるが、[1] イングランド第二位の都市は二万五〇〇〇人から三万人程度にすぎなかった。[2] 海外貿易の分野でもロンドンは、この国の貿易総量の約三分の二ないし四分の三をひきうけていた。[3]

したがって、ロンドンの動向を正確に把握し、それがピューリタン革命に及ぼした影響を明らかにすることは、革命の全体像を掌握するうえで重要である。だが、わが国において、この作業は十分になされてこなかった。諸先学は、ロンドンの重要性を指摘しつつも、M・ドップ、C・ヒルが提起した長老派＝商業資本、独立派＝産業資本というシェーマ[4]に性急に依拠し、これらの党派を見きわめるうえで重要な教会史や都市史からのアプローチを欠いてきた。そのため、ロンドン商人社会は、なんらの内部対立もない一元的な社会として把握されることになり、革命の引き金になったのも王政復古を用意したのも単なる「ロンドン商人」だと考えられてきた。その結果、「イギリス革命は、イングランド国教会とイングランド長老派、ステュアート王朝とロンドン商人のあいだでたたかわれ、……けっきょく、ほぼ長老派の線で終結した」[5]という意味内容のない結論を下したり、「革命の真の推進者として政争の表面に上ってきたのは、議会派の軍隊であり、それを中心とする独立派であった」[6]として、ロンドン商人社会内部の独立派の役割を無視してきたのである。

だが、ロンドン商人社会は決して一元的な社会ではなかった。また、ロンドンの独立派こそ、議会軍との密接な関係のもとにあり、革命の真の推進者と呼ばれるに相応しい存在だったのである。以下、これらのことを論証すべく、革命期のロンドンの実態にそくしつつ、集団伝記的技法を用いて論をすすめたい。

第一節　ロンドン商人社会における支配層の交替

内戦前夜の政治革命

特権大商人の支配するロンドンは、広範な市民の結集する議会派ピューリタンが[7]民兵隊[8]を掌握すると、議会支持に転じた。私的な武装家臣団がもはや存在せず、公的な警察権力が確立する以前のロンドンにあって、民兵隊が、政治権力の本質をなす武力装置だったからである。

国王チャールズ一世の圧政に抗するロンドン市民の公然たる意志表示は、市の選挙機関である民会でなされた。一六四〇年秋に、市長候補と庶民院議員には全員議会派ピューリタンが選出され[9]、翌年春のシェリフ選挙では、三〇〇年来の慣行を破って民会が、市長、参事会と対立した[10]。この抗議の意志表示は、折しも根絶請願にみられる反主教運動と呼応して、年末にかけて大衆の直接行動へと発展していった[11]。このような大衆的な高揚のなかで行われたのが、議会派ピューリタンによる民兵隊掌握の梃子となった一二月末の市評議員選挙である。クラレンドンによって、「富裕市民が落選し、決して貧しくはないけれども政府に楯突くことで抜きんでており、国教会にもっとも不平をいだいているような輩が当選した[12]」と評されたこの選挙は、社会的にも革命的な出来事であった。なぜなら、教区会、市評議員選挙区における「門閥」(clique) による指名という従来の選出方法にかわって、「市評議員は全員、毎年行政区において、市民権者や分相応の納税者が大半をなす教区の住民によって自由に選出される[13]」ことになったからである。その結果、従来の市評議員よりもステイタスの低い「新人[14]」が多数選出され、これを契機に議会派ピューリタンは、民兵隊の掌握へむけて驚くべき速さで市政を組織していく。

新春一月四日、新市評議会はまず国王のロンドン襲撃に備えて、議会派ピューリタンの指導者からなる「公安委員会」(committee of safety)を設置した。[15] 翌日、シティに逃走中の五議員に対する国王の引き渡し要求を断固拒否した[16]市評議員会は、議会とシティの防衛のために民兵団を増強した。[17] こうして国王の反革命が未然に防止され、[18]二二日、議会は、従来市長にあった市政のイニシアティブを公安委員会に付与すると同時に、公安委員会に民兵隊の統轄を命じた。[19] これによって、公安委員会は「民兵委員会」(committee of militia)となり、市政を政治的、軍事的に掌握することになったのである。

その後、この革命の嵐のなかでイニシアティブを失った国王派は、民兵委員会の設置に抗議するが、[20]国王派市長は弾劾裁判にかけられ、八月には市長職を剝奪された。[21] それにかわって民会は、急進的な庶民院議員を市長に選出し、[22]ロンドンは本格的な内戦をまえに、名実ともに議会の最大支持勢力となった。

民兵委員の社会学的分析

では、民兵委員会は、どのようなメンバーから構成されていたのか。表1-1、表1-2は、革命初頭のロンドンにかんするV・パールの研究をもとに、当時十分の一税割り当ての基準とされていた各人の家屋(店舗、職場を含む)評価額[23]を加えたものである。もちろん家屋評価額だけで各人の資産総額を推測できないが、それは、各人の経済規模を示す一応の目安として役立つ。さて、内戦前夜の政治革命前後の両陣営の指導的人物を比較すると、次のような姿が浮び上ってくる。まず、出自や資産の点で、国王派参事員の多くが、シティの最富裕市民層、いわゆる「生まれながらの支配者」(natural rulers)の出身であるのに対して、委員の多くは、地方出身者かそれほど富裕ではないシティの出身者である。次に、職業の点で、前者の大半がギルドや特権貿易会社の役員経験者であるのに対して、後者にはそのような者はあまりいない。さらに、この点で注目すべきは、わずかな職業人口ながら、[24]当時支配者の半数近くを占めていた貿易商人[25]の比較である。双方は鮮やかな対照を示している。すなわち、国王派の貿易

表 1-1　国王派市参事員

氏　名	出自および人的関係	おもな経歴	宮廷とのつながり	家屋評価額
Abbot, Sir M	シティの仕上業者の子，大主教 George と兄弟	東インド会社総裁	関税請負人	66
Abdy, A	シティの仕立業者の子，Cambell の家系と結婚	レヴァント会社副総裁	関税請負人に出資	60
Abell, W	？	ワイン商人カンパニー理事	ぶどう酒独占販売保有	？
Acton, Sir W	シティの呉服商の子	仕立商カンパニー員，東インド会社に出資	関税請負人に出資	80
Adams, Sir T	シュロップシアのヨーマンの家系の出	富裕な毛織物商（徒弟 21 人）		40
Bromfield, Sir J	？	魚商カンパニー第一監事	石ケン独占販売権保有	70
Cambell, Sir J	市長の子，Clitherow, Abdy の親戚	フランス会社総裁，東インド会社理事		？
Clitherow, Sir C	富裕な市民の子，Cambell の家系と結婚	東インド会社総裁，イーストランド会社総裁		60
Cordell, Sir J	絹織物商カンパニー会長，東インド会社設立者の子	東インド会社理事，レヴァント会社会計係	関税請負人に出資	40
Garway, Sir H	関税請負人の子	東インド，レヴァント，ロシア各会社総裁	関税請負人	？
Gayre, Sir J	？	東インド会社理事，レヴァント会社会計係	関税請負人に出資	？
Gurney, Sir R	サリー州出身，スタフォードの富裕な家系と結婚	毛織物仕上工カンパニー会長		70
Partt, Sir H	？	仕立商カンパニー会長	関税請負人に出資	60
Reynardson, Sir A	妻は関税請負人の娘	東インド会社理事，レヴァント会社会計係		40
Witmore, Sir G	シュロップシアのジェントリの家系の出	小間物商カンパニー会長	関税請負人に出資	？
Wright, Sir E	3 人の娘は 2 人は国王派，1 人は議会派と結婚	食料品雑貨商カンパニーのメンバー		40

（家屋評価額平均 56.91 ポンド）

注：* 1640 年 10 月より 1641 年 12 月のあいだ一年以上在職した者
出典：V. Pearl, *London and the Outbreak of the Puritan Revolution*, Oxford, U. P., 1961, Appendix i. T. C. Dale, ed, *The Inhabitants of London in 1638*, London, 1931, passim より作成

商人が、レヴァント・東インド貿易に従事し、その大半が特権貿易会社の重役経験者なのに対して、議会派の貿易商人にあっては、多くは、商業上の利害において国王派の貿易商人と激しい対抗関係に立つ「植民地・密貿易商人」（colonial-interloping complex）なのである。

ではなぜ、一七世紀前半のロンドンにおいて、こうした貿易商人集団の勢力交代が起ったのか。この問題を、各

集団の社会的系譜の断絶という興味深い観点から追及したR・ブレナーは，その特徴を以下のように述べている。(26)

一七世紀初頭にはじまった植民地貿易は，当初シティの富裕な東方貿易商人によって着手された。彼らは，王権の

表 1-2　シティの民兵委員（1642 年 9 月）

氏　名	出　自	職業および人的関係	議会とのつながり	家屋評価額
（市参事員）				
Andrews, T	地方商人の子	亜麻織物卸売商，東インド密貿易のアッサダ商人団員	軍会計官，関税委員	34
Atokins, T	ノーリッジの市参事員	ノーリッジの毛織物商	軍会計官	?
Fowke, J	グロスターの小ジェントリの出	レヴァント会社反主流派理事	関税委員	45
Gibbs, W	独力で立身した人	金銀細線独占製造業者		40
Langham, Sir J	ノーザンプトンシァ出身	東インド・レヴァント各会社理事，Bunce の義兄弟		55
Penington, I	シティの貿易商人の子	レヴァント会社社員，ビール醸造業者	シティ選出庶民院議員	?
Towse, J	?	食料品雑貨商カンパニーのメンバー	消費税委員	24
Warner, J	オックスフォードシァ出身	弟 Samuel と一緒にバージニア・タバコ貿易に従事	軍会計官	22
Wallaston, Sir J	シティの市参議員の子	Gibbs と一緒に独占特許権を取得	軍会計官	40
（市評議員）				
Barkeley, W	?	カナダ産毛皮，西インド諸島，新大陸貿易商	関税委員	?
Bunce, Sir J	シティ選出庶民院議員の子	鞣革商カンパニー会長		45
Estwicke, S	?	小間物商，アッサダ商人団員	関税委員	15
Mainwaring, R	ジェントリの出	食料品雑貨商，新大陸貿易商		8
Normington, A	「成り上り者」	刃物屋		24
Peck, F	?	毛織物商		30
Row, O	チェシァ出身	絹織物屋，バミューダ会社副総裁，タバコ貿易商		?
Russel, J	「もっとも貧しい」富裕市民	毛織物商カンパニー員，アッサダ商人団員	関税委員	?
Warner, S	オックスフォードシァ出身	タバコ商店主，兄のタバコ貿易のパートナー		36
Wight, N	エセックスの小ジェントリの出	イーストランド密，バージニア・タバコ貿易商，アッサダ商人団員		24

（家屋評価額平均 31.57 ポンド，新興貿易商人平均 23.1 ポンド）

出典：V. Pearl, *op. cit.*, Appendix ii. T. C. Dale, *op. cit.*, passim. R. Brenner, ‘Civil War Politics of London’s Merchant Community’, *P & P* no. 58, 1973, p. 81 より作成

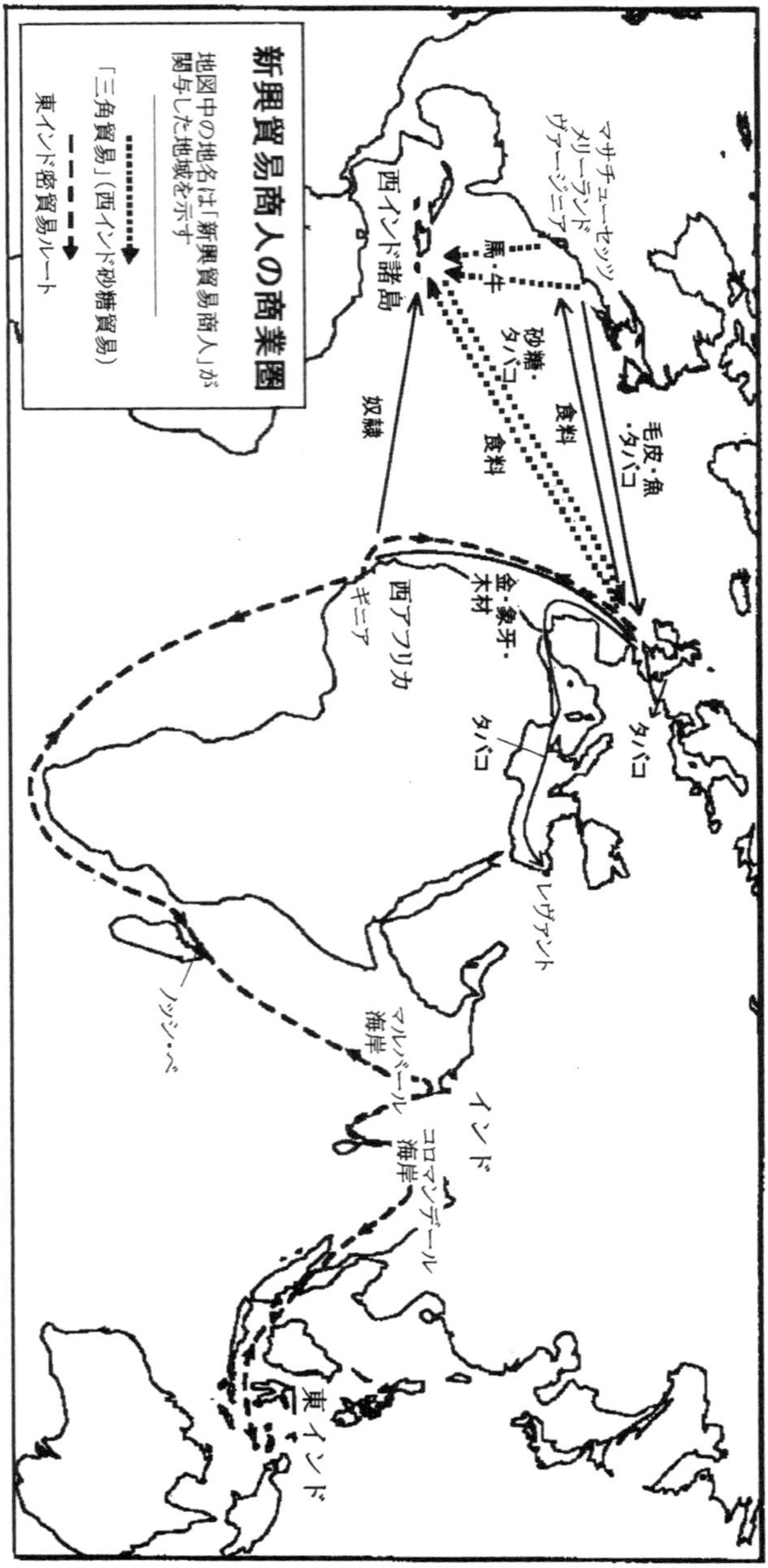

出典：岩井淳・指昭博編『イギリス史の新潮流』彩流社，2000年，132頁

手厚い保護をうけた特権貿易会社を次々と設立して、新大陸へ乗り出していった。だが、一六二〇年代の後半までに、これらの投資はことごとく失敗した。(27) 植民地貿易は、タバコや砂糖といった商品生産プランテーションの設立なしには、市場や輸出をなんら期待できない。したがって、それは、商品生産に対する適切で長期的な資本投資を要求するので、既存の市場と商品の運搬のみを目的としていた東方貿易商人の手に負えなかったのである。(28) その後、

この植民地貿易に乗り出していったのが、植民地・密貿易商人であった。彼らは通常、一握りの諸個人の一時的な基礎のうえに成立するヴォランタリー・パートナーシップでもって、植民地貿易を成功させた。[29] この貿易形態は、当時一般的であった制規組合、ジョイント・ストック・カンパニーが、出資資格を「専業の貿易商人」(mere merchant) に制限し、徒弟制などのギルド的色彩を帯びていたのに対して、[30] 万人に開かれていた。それゆえ、これまで海外貿易から排除されてきた地方の小ジェントリーや富裕なヨーマンの次、三男、船長、そして植民地貿易に乗り出すことによって自らが市場に介入し、中間商人を排除できる国内小売商人や商店主などの「中流層」(middling sort) が、植民地・密貿易の担い手となったのである。[31]

こうしてわれわれは、内戦前夜の政治革命のなかに、社会的系譜を異にする二種類の資本家の対立を看取できる。一方は、既存の市場と商品運搬のみにかかわる「冒険商人組合」(Merchant Adventurers' Company) や東方貿易商人といった前期的商業資本家。彼らは、特権貿易会社を通じて、個人主義的、競争主義的側面を緩和し、危険を最小限にして営利を追求する。他方は、商品運搬のみならず、商品生産にもかかわるので、もはや「前期的商業資本家」といった範疇では捉えられない植民地・密貿易商人の「新興貿易商人」(New merchant)。彼らは、自由な貿易形態のもとで、諸個人の競争を通じて危険を犯して営利を追求するのである。したがって、ロンドン貿易商人層の利害を同一のものとみなし、彼らの国王離反の原因を、国王の特許権の濫発のみに求めてきた従来の通説[32]は、少なくとも貿易商人にかんする限り修正されねばならない。

教区自治の実践

議会派ピューリタンは、どのような活動を通じて市政を掌握しえたのか。次に、彼らの宗教活動について考えてみたい。

従来のピューリタン研究によれば、一六世紀末のクラシス（長老会）運動崩壊後、ピューリタン運動の中心は、聖書講義などの説教活動に求められてきた[33]。なるほどロンドンにおいても、大会（シノッド）はその後一度も開かれなかったが、聖書講義はアングリカンの分まで含めると、一六三〇年には全体の九割もの教区で開かれていた[34]。だが、ロンドンのピューリタン運動を把握するうえで、決定的に重要なものは、むしろこれまで看過されてきた「聖職禄授与権」（advowson）を所有する教区会の活動なのである[35]。なぜなら、聖書講義がアモルフな聴衆を対象とする一方的な働きかけなのに対して、聖職禄授与権を所有する教区会の活動は、教区民の意向を率直に反映する教区自治にもとづいて行われるからである。したがって、このような教区は少数であったが、しばしば議会派ピューリタンの重要な拠点であった[36]。なかでも、コールマン・ストリートに位置するセント・スティーヴンス教区は、「イギリス革命の'Faubourg, St. Antoine'[37]」と称されるほど急進的であった。そこで、この教区の教区会議事録[38]を素材にして、議会派ピューリタンの活動を追跡してみたい。

セント・スティーヴンスの教区会が、聖職禄授与権を手にしたのは一五九〇年のことである[39]。牧師給が少額であったがゆえに教区牧師を招聘することができず、三〇年間無牧のままに放置されていた教区民が、国王からそれを購入したからである[40]。こうして、国教会当局に対する独立と聖職者に対する財政的支配権を獲得した教区会は、一六二四年に高名なピューリタン聖職者ジョン・ダヴェンポートを賛成多数で招聘した[41]。このピューリタン教区のその後の動向との関連で注目すべきは、この教区には比較的多数の植民地貿易商人がいたということである。たとえば、一六二〇年に設立されたニューイングランド会社の設立者三名中二名は、この教区の住民であった[42]。また、一六二八年に設立されたマサチューセッツ湾会社の最初の出資者三三名中、ダヴェンポートを含む八名は、この教区の住民もしくは後にこの教区へ移り住む者であった[43]。ダヴェンポートはさらに、「俗有教会財産買い戻し運動管財人協会」（Society of Feoffees for Impropriations）の管財人であった。この協会は、宗教改革後に俗人の手に渡った教会財産の買い上げによるピューリタン勢力の拡張を目的として活動した。管財人経験者一六名中、七名はマサチューセッツ湾岸会社への出資者であり[44]、この教区からも他に管財人、会計係各一名が参加した[45]。だが、一六三三年にウィリアム・ロードが大主教に就任するや、この協会の活動は停止させられ[46]、ダヴェンポートは亡命を余儀なくされた[47]。

ロードの迫害下にあってもセント・スティーヴンスの教区自治自体は揺るがなかった。それどころか、教区会は後任牧師として、これまたピューリタンとして名高いジョン・グッドウィンを招聘した[48]。さらに表1-3が示すように、革命勃発のさいに議会派ピューリタンの指導者になる者が、意味ありげにこの教区に移り住むようになった。これは、わが国のピューリタン研究者が、ピューリタンの革命性を教区からのエクソダスとして想定していること[49]に逆行する事実である。実際、革命前夜のロンドンにおいて、教区から離脱していたのは、ほんの一握りのセクトにすぎない[50]。このセント・スティーヴンスの教区会の実例が示しているように、革命勃発時の革命の推進力はむしろ、「商業上のピューリタン」(commercial puritan)[51]と呼ばれる新興貿易商人を中心とする教区自治の実践で培われてきたものなのである。

表1-3　1630年代に流入した有力な議会派ピューリタン

氏　名	職業および人的関係	1640年代の活動
Worth, Sir T	ヴァージニア会社の反主流派	庶民院議員，国王殺し
Penington, I	表1-2参照	ロンドン塔司令官，国王殺し
Eaton, T	マサチューセッツ湾岸会社設立者	Davenportとニュー・ヘブンに渡り，そこの初代総督
Row, O	表1-2参照	民兵隊連隊長，国王殺し
Foxcroft, G	マサチューセッツ湾岸会社設立者	募金委員，J. Goodwin独立派教会員
Barnardiston, T	プロヴィデンス島会社出資者	国王派財産没収委員会会計官
Cockcroft, C	火薬の密輸入をする冒険商人	1641年市評議員選挙でRowとならんで初当選
Russel, J	表1-2参照	1641年市評議員選挙で他区から初当選，のちに国務院入り
Avery, S	Davenportの亡命を援助した冒険商人組合員	長老派民兵委員，1645年市評議員から市参事員へ

出典：D. Kirby, *"The Parish of St. Stephen's Coleman Street London"*, Oxford B. Litt. thesis, 1971, pp. 34–40より作成

第二節　急進主義の背景としてのセクト、そして「反革命」

急進派の台頭[52]

市政を掌握した議会派ピューリタンは、来るべき内戦に備えて、民兵委員の指導のもとに財政と人材[53]の両面から議会軍を積極的に援助した。彼らの援助は、アイルランド出資[54]、自発的週割募金とつづいた[55]。これらの「資金援助の申し出」(voluntary loan) は、国王派のなお強力なリヴァリ・カンパニーからの「強制貸上金」(forced loan) を期待できなかった議会[56]にとって、貴重な財源となった。それはまた、戦争遂行という具体的な目標をともなうので、中、下層の市民を煽動した。その結果、週割査定税が全国に先がけてロンドンに導入されたのである[57]。この徴税本部は、「募金委員会」(committee for advanced money) と称して小間物商会館に設置され、これまで徴税仕事とは縁のなかった各教区代表の徴税委員（一一〇名以上）が、民兵隊の武力を背景に容赦のない取り立ての任にあたった[58]。だが、こうした下からの盛り上りとは裏腹に、民兵委員はその革命性を急速に喪失しはじめた。その主だった委員たちが、これらの財政援助の会計官など国政の要職に就くことによって、金貸しを主要な業務とする「内戦の金融家」に転化したからである[59]。したがって、彼らが、先の政治革命以前の係争点よりも前進した市政改革を企てた形跡は一歩たりとも窺えないし、彼らは市政のイニシアティブすら維持できなかった[60]。この間に、査定税の厳しい取り立てに不満をいだき、国王との和平交渉を支持する和戦派勢力が伸長してきた。

急進派はこうした状況のなかで擡頭した。彼らは、「シティでもっとも信仰があつく行動的な部分」であると自称し、軍隊徴募、資金援助の申し出はむろん、悪徳聖職者の追放と貸付金の国王派財産処分による支払の要求、さらには、議会軍総司令官エセックスに対する作戦行動の消極性を不満とした批判をも提起した[61]。一六四三年三月、富裕市民が週割査定税の支払[62]に抵抗し、市当局が人馬供出の要請に応えられなかったとき、急進派は身銭を切ってその不足分の埋め合わせを申し出た[63]。

議会と市当局は、この申し出を受け入れ、その目的のために民兵委員会に従属する小委員会を塩商会館に設置した[64]。この小委員会こそ、志願兵小委員会（sub-committee for volunteers）として、急進派勢力の拠点となったのである[65]。いまや急進派は、ロンドンにおいて公的地位を獲得し、民兵委員会にかわって革命のヘゲモニーを掌握するかに思えた。

議会軍の劣勢に業を煮やした急進派は、五月、ついに民兵委員会と衝突した。彼らは、シティと郊外の全住民から一週間分の食費に価する献金を募り、それによって、民兵委員会から独立した彼ら独自の軍隊を創設せんとしたのである[66]。これは市評議会の反対にあって具体化しなかった。しかし、その意図するところは、彼らが七月に主戦派議員とともに設立した総徴募委員会（committee of general raising）に継承された[67]。この委員会は、「正直な生活と会話をいとなむ敬虔な民」が司令官や士官をつとめる軍隊[68]と、この軍隊に必要なものはなんなりと徴用できる権限を備え、自発的に結集した委員からなる小委員会を設立せんとした[69]。そして急進派が独自の司令官を任命するや、この企ては、議会軍の指揮系統の分裂を恐れる民兵委員会や議会の中間派に阻止された[70]。こうして、ヴォランタリズムによって、議会軍の弱点であるローカリズムを克服せんとする点で、ニュー・モデル軍の先駆をなすロンドン急進派の軍隊創設の企ては頓挫した。それと同時に、志願兵小委員会は民兵委員会の権限のもとへ組み込まれ、急進派は公的地位を失った。

諸セクトの発生とその経済活動

だが革命はこの段階で停止しなかった。急進派台頭の背後では、その宗教的背景をなすセパラティスト、ジェネラル、パティキュラーのバプテスト両派、独立派会衆教会といった「分離教会」（separate church）が発生していたからである。いわば、ピューリタン革命における「集団の噴出」（E・バーカー）である。彼らは、教区教会から分離した教会を自発的に設立する「セクト」(sectaries)として、会衆制の実践を教区の枠内に押しとどめる「ピューリタン」と異なり、主教制であれ長老制であれ「国家教会制」(state church system)を解体する点で、まさしく革命的な存在であった。[71] 彼らは救済論的には、[72] 一七世紀初葉にヘンリ・ジェイコブによって設立されたカルヴァン主義系のセクトと、亡命先から帰国したアルミニウス主義系のジェネラル・バプテスト派の二つの流れに大別されるが、ともにロンドンの下層社会に根をおろすことによって、苛酷な迫害のなかを粘り強く生きながらえてきた。そして、議会派ピューリタンが勝利した一六四一年に国教会が実質的に崩壊するや、[73] 帰国の途についた亡命者の群も加わり、彼らは雨後の筍のごとき様相を呈して叢生し、長老派との全面的対決がはじまった一六四六年までに、表1-4に示したように三四教会を数えるにいたったのである。[74]

では、このような諸セクトには、どのような人びとが結集したのか。M・トルミーは、その担い手の社会層を示すべく、牧師扶助にまつわる神学上の議論[75]をいちおう度外視して、彼らの牧師扶助の実態にそくして、次の二つの教会類型を設定した。[76] 一つは、牧師みずから働いて生活費を捻出せねばならない「俗人牧師」(lay-pastorate)型教会。いま一つは、教会員の献金で牧師専従者の生活費を賄うことのできる「専任牧師」(professional ministry)型教会である。前者には、セパラティスト、ジェネラル・バプテスト、初期のパティキュラー・バプテスト派が、後者には、独立派会衆教会[77]が含まれる。したがって、これらの教会類型から判断して、教会員の社会層は次のようにいえる。「俗人牧師」型教会には、貧しい仕立工、毛織元商、靴修繕工、富裕であるとはいえない織元、金細工師(金貸し)が牧師をしていたことから、手工業者や小商人、当時の言葉遣いで表現するなら「トレイズマン」(tradesman)が結集した。他方、「専任牧師」型教会には、たとえば表1-5が示しているように、より富裕な「マーチャント」(merchant)すなわち、新興貿易商人に連なって立身した群小の貿易商人や国内卸売商人がおもに結集したのである。また両者の社会的差異を当時の日常生活に引きつけて地理的表象で表現すると、前者の教会員が裏町や郊外の親方職人や小売商人たちであるのに対し、後者のそれは、表通りの商店主たちであったといえよう。[78]

ところで、彼らの経済活動の実態はどうだったのか。次に取り上げる二人の具体例は、セクトの経済活動の特徴を示している。最初は、レヴェラー指導者ジョン・リルバーンが属していた教会の牧師で、織元のエドマンド・ロ

表1-4　1646年におけるロンドンの分離諸教会

独立派会衆教会（Independent gathered churches）

Jessey, H　(1616)** ピューリタン・ジェントリー付牧師***
Goodwin, T　(1641) アルンヘムの亡命者会衆教会牧師
Simpson, S　(1641) ロッテルダムの亡命者会衆教会牧師
Cradock, W　(1643) ウェールズから避難してきた会衆教会牧師
Lockyer, N　(1643) ロンドンの聖書講師
Burton, H　(1643) ロンドンの教区牧師
Holmes, N　(1643) ロンドンの教区牧師
Carter, W　(1644) ロンドンの元教区牧師
Goodwin, J　(1644) ロンドンの教区牧師
Greenhill, W　(1644) ロンドンの聖書講師
Bartlet, W　(1645) ロンドンの元教区牧師
Briscoe, J　(1645) 救貧院の付牧師
Loder, J　(164?) ？

ジェネラル・バプテスト派（General Baptist Churches）

Lamb, T　(1612もしくは1640) 石ケン製造工ないし油売り(?)****
Barber, E　(1612もしくは1640) 仕立工 (8)
Claoton, J　(1624) ？ (?)
Griffith, J　(1646) 医師 (?)
Loveday, S　(164?) ？ (3)

セパラティスト（separate churches with lay pastors）

More, S　(1621) 毛織物商 (7)
Duppa, J　(1630) 牧牛業者 (12)
Green, J と Spencer, J (1639) フェルト帽製造師 (?) と御者 (?)
Roger, R　(163?) 手袋製造工 (?)
Barbone, P　(1640) 鞣革商 (?)
Rosier, E　(1641) 織元 (20)
Bolton, J　(1641) 金細工師 (20)
Highland, S　(1642?) ？ (?)
Fenton, J　(164?) 民兵隊士官 (?)

パティキュラー・バプテスト派（Particular Baptist Churches）

Spilsbury, J と Richardson, S (163?) 靴修繕工 (10) と貿易商 (?)
Kilcop, T と Cox, B (1642) ？ (?) と元国教会牧師 (?)
Munden, T と Tipping, G (1642) ？ (?) と？ (?)
Kiffin, W と Patience, T (1644) オランダ自由貿易商 (?) と元国教会牧師 (?)
Hobson, P と Goare, T (1644) 仕立工，議会軍大尉 (?) と？ (?)
Gunne, T と Mabbitt, J (1644) ？ (?) と？ (?)
Knollys, H と Holms, T (1645) 元国教会牧師，学校経営者 (?) と？ (?)

注：＊牧師名，＊＊教会設立年，＊＊＊牧師の過去および当時の職業，＊＊＊＊1638年の家屋評価額
出典：M. Tolmie, *The Triumph of Saints*, Cambridge U. P., 1977, p. 122, Table 3. T. C. Dale, *op. cit.*, passim を加工

ウジァの例である。[79] 一六五〇年に彼は、特権仲買商人マーチャント・ステイプラーズを非難して、毛織物製造元である彼自身の立場をこう弁護する。第一に、ステイプラーズは、生産者から羊毛を先物買いして粗悪品を混入し、価格をつり上げようとする。したがって、貧しい織元といえども、雇職人を使って直接生産者から羊毛を購入すべきである。[80] 第二に、ステイプラーズは、このような織元こそ羊毛を独占するというが、織元は、製造のためにのみ羊毛を購入し、賛民を雇用するのに貢献している。[81] このロウジァの主張から判断して、富裕であるとはいえないこの織元は、じつに特権商人とは対抗関係に立ついわゆる「農村の織元」[82] なのである。第二に取り上げるのは、表1-5に示したジョン・グッドウィン教会の仲買商人ヘンリ・ブランドリィフの例である。「代理人ないし代理商を結集した」[83] といわれたこの教会の会員の経済活動は、彼らと霊的交わりをなし、取引をしたこともあるウィリアム・ウォルウィンによって、「売買、仕入れ、融資による彼らの協力関係はあまりにも緊密なので、互いに金持ちになり、アムステルダムのユダヤ人のごとく著しく強力な勢力になるだろう」[84] と揶揄されるほど活発であった。なかでもブランドリィフの経済活動の様子はこう描写されている。「彼はどうして内戦中にかなりの金を貯え得たのか。それは、早朝、宿屋へ出かけていって、街へ搬入された商品の種類や、手なれていないが購入日時は確実に記憶している危険な商品の購入回数を（じつに賞めるに価するほどこつこつと）調べ上げてから、その場で買付けていたからであろう」[85]。このブランドリィフの描写は、当時指定市場にかわって新たな商品流通経路を形成しつつあった規制外市場での取引を物語っている。つまり、彼は、市当局の交易統制[86] に服さない「もぐり商人」（interloper）なのである。

ジョン・グッドウィンの独立派会衆教会は、グッドウィンの教区民に対する礼典不履行を理由に、彼とその信従者たちが教区のピューリタンから追放されることによって誕生した。[87] だが、この追放劇の背景には、ブランドリィフのごとき「他所者」（outsiders）と、将来冒険商人組合総裁の椅子につくアヴェリのごとき「敬虔な（Godly）ピューリタン」との社会的対立がひそんでいたことを見落してはならない。

表1-5　J. グッドウィン独立派会衆教会のおもな会衆

氏　名	職　業	人的関係および主な経歴
Hildesley, H	ブドウ酒商，居酒屋経営	アイルランド出資に 100 ポンド供出，独立派民兵委員，市評議員，市参事会員
Foxcroft, G	表 1-3 参照	表 1-3 参照
Mountague, W	パン屋	アイルランド出資に 10 ポンド供出
Smith, R	食料品雑貨商	アイルランド出資に 300 ポンド供出
Overton, H	書籍出版業	独立派牧師のパンフレットを多数出版
Price, J	小間物商，両替商	W. ウォルウィンの最大の論敵，第二次人民協定 16 人委員会メンバー，市評議員
Gallent, J	学校経営	？
Chaplain, T	仕立工，議会軍大尉	？
Penington, I	同名の元市長の子	クエイカーに改宗
Allen, W	貿易商，消費税請負制度への投資	ジェネラル・バプテスト教会を設立
Lamb, T	亜麻織物商，フランス自由貿易に従事	市評議員，Allen と一緒に設立したジェネラル・バプテスト教会の牧師
Price, R	公証人，議会軍大尉	第二次人民協定 16 人委員会メンバー，市評議員，海軍への糧食補給業者
Price, R	絹織物商	公証人の Price の叔父，Hildesley の婿
Davenish, T	ウィンチェスター・ハウスの所有者	1643 年のオーグルの陰謀に関係，J. リルバーンの家主
Taylor, D	？	第二次人民協定 16 人委員会メンバー，市評議員
Sowthen, S	？	市評議員
Sadler, J	議会軍大佐	モードリン学寮長，国務院メンバー，聖者議会議員
Lavender, B	理髪外科医	？
Lordwell, D	？	W. ウォルウィンの論敵
Brandriff, H	仲買人	市評議員，マナ購入
Alderne, T	ジャマイカ産タバコ，オランダ貿易に従事，議会軍大尉	市評議員，海軍への食料品供給者，教区の Russell と同居していた
Lacy, N	議会軍大尉，消費税請負制度へ Allen と組んで投資	市評議員
Paget, N	ロンドン塔付医師	？
Manton, N	議会軍大尉，Lamb のフランス貿易パートナー	？
Arnold, R	塩商	W. ウォルウィンの論敵

出典：D. Kirby, *op. cit.*, pp. 100–141, Appendix A, B. M. Tolmie, *op. cit.*, passim より作成

長老派による「反革命」[88]

諸セクトの発生による既存の社会体制の崩壊を危惧した「ピューリタン」[89]は、セクトの禁圧を謀るべく、権威主義的な高長老制教会を早急に確立せんとした。この運動はもともと、ロンドン在住のスコットランド人ロバート・ベイリーとその五列によって外部注入されたものであった[90]。だが、一六四五年秋に議会が「エラストゥス的解決」[91]を迫るや、この運動は市当局を捲き込む大衆運動へ発展し、翌年五月の市当局の保守的な議会請願[92]を契機に、急進派と全面対決するに至った[93][94]。

年末の市評議員選挙が近づくにつれて、この運動はますますエスカレートした。市当局は、ついに宗教的政治的異端の撲滅を議会へ請願したのである。すなわち、完全に厳格な国教会の設立と分離教会の禁圧、「厳粛な同盟と契約」の拒否者のみならず、それに明確な賛意を示さない者の官職剝奪、セクトを擁するニュー・モデル軍の解散である[95]。市参事員や市評議員は請願の承認を求めて毎週議会へ赴き、彼らの徒弟と、遅配金の支払を求めて首都に流入した「除隊兵」(reformado)は暴徒と化して、このロビー活動を背後から支えた[96]。この圧力のもとで議会は長老派に支配され、議会と軍隊の対立[97]が表面化するが、この対立の陰には、ロンドンの長老派による反革命があった。

この反革命はなによりも、ニュー・モデル軍を撃破しうる強力な反革命軍の創設を目的とした。長老派はまず、一六四七年七月に「厳粛な同盟と契約」に署名しない独立派民兵委員や士官を追放して、民兵隊を掌握した[98]。次に、除隊兵を味方につけてこの反革命軍を強化すべく、遅配金支払業務を担当する会計官に富裕な長老派民兵委員を就任させた[99]。だが、ニュー・モデル軍がロンドンめざして進軍したとき、この反革命軍は常勝軍と一戦を交えようとはせず、街には和解を求める声が上った[100]。そして議会が独立派民兵委員を復位させたとき、もはや絶望集団と化した長老派は、暴徒を率いて議場になだれ込み、力づくで長老派民兵委員を復位させたのである[101]。いまや軍隊との対決は必至となった。八月三日、ニュー・モデル軍はシティに入城した。一カ月後、独立派民兵委員が新たに任命され、長老派主謀者は、投獄ないし亡命を強いられた[102]。その後も長老派勢力は依然として根強く[103]、翌年五月に、対ス

表 1–6　長老派民兵委員

称　　号	氏　　名	職業および経歴	長老派活動	家屋評価額
市長	Gayre, Sir J	表 1–1 参照		?
シェリフ	Cullum, Sir T	毛織物商カンパニー理事，消費税委員		70
市参事員	Adams, Sir T	表 1–1 参照		40
〃	Langham, Sir J	表 1–2 参照		55
〃	Bunce, Sir J	〃	第四クラシス（中会）統制長老	45
〃	Avery, S	表 1–3 参照		?
〃	Bride, J	ビール醸造業		?
ロンドン塔司令官	West, F	絹織物商	第九クラシス統制長老	?
民兵隊連隊長	Bellamie, J	書籍出版業	第四クラシス統制長老	20
〃	Gower, T	貿易商	第三クラシス大会代表	?
〃	Hooker, E	蒸留酒製造業	第四クラシス統制長老	?
民兵隊副連隊長	Bellamie, E	ぶどう酒商		24
〃	Bromfeild, L	議会軍納入刃物，刀剣製造業		14
民兵隊中隊長	Jones, J	?	第七クラシス統制長老	20
〃	Vyner, T	金細工師	第四クラシス大会代表	18
民兵隊副中隊長	Boothby, W	?	第六クラシス統制長老	?
市評議員	Brown, E	?		?
〃	Glide, R	絹織物商	第五クラシス大会代表	60
〃	Kendal, W	止め金製造業	第一クラシス統制長老	40
〃	Gaze, J	議会軍への弾薬帯納入者	第四クラシス統制長老	20

（長老派平均家屋評価額 35.5 ポンド）

出典：*A. O.* i, pp. 928, 1009. C. E. Surman, ed., *The Records the Provincial Assembly of London, 1647–1660*（Typescript in Dr. Williams's Library）, vol. ii, 1957, pp. 194–292. V. Pearl, "London's Counter Revolution", in G. E. Aylmer, ed., *The Interregnum: the Quest for Settlement, 1640–1660*, London, 1972, p. 217. T. C. Dale, *op. cit.*, passim より作成

コットランド戦争で軍隊が撤退したときには，長老派民兵委員を再び選出するほどであった。[104] だが，軍隊が国王処刑という最終的な決着のためにロンドンへ再び入城したとき，市評議会の長老派もパージされ，[105] 万事休したのである。

では，長老派の担い手は誰か。表1－6は，一六四七年四月の民兵委員のうち，九月の独立派民兵委員の名簿には登場しない明白に長老派だと思われる者の一覧表である。これをみると，長老派民兵委員は，国王派であれ，議会派ピューリタンであれ，少数の大商人と，多数の国内商人や製造業者で構成されていたことが分かる。しかも，宗教的長老派であった者は，食料，織元，武器供給，書籍出版，金属といった限定された業種に属

している。その理由がどこにあるのかまだ究明するまでに至っていないが[106]、ともあれ、彼らは独立派と経済的にそれほど格差のあった者たちではない。したがって、長老派が大商人層から構成されていたとする従来の見解[107]は、修正されるべきである。ところで新興貿易商人たちについて言うならば、彼らは、長老派同様教区にとどまっていたとはいえ[108]、セクトに寛容な態度を示す独立派として[109]、セクトとともに独立派を勝利に導いたのであった。

第三節　聖者支配の失敗と自由貿易

ギルド支配体制への挑戦

パージされた長老派にかわって、一六四八年末の選挙で市評議会に大量に進出した独立派は、すぐさま市当局のイニシアティブを掌握した[110]。独立派は、これまで市長、市参事会の拒否権によって妨げられてきたいくつかの市政改革[111]に着手する。

その市政改革のなかでも注目すべきは、市長は民会ではなく市評議会で選出すべきである、との要求である。一六四九年の市長選後にはじまったこの要求[112]は、翌年の市長選後には、「市長は将来、民会を構成するカンパニー代表ではなく、行政代表によって指名されるべき[113]」との市条例を引き出すまでになった。その後、特権侵害に抗議するギルドと市評議会との間で有名な討論会[114]が開かれるが、双方の対立は、革命勃発後に生じた次のような変化に起因している。すなわち、民会の構成員が依然としてギルドの身分的特権層たるリヴァリマン（約四〇〇〇名）に制限されていたのに対し、前述のごとくその選出過程における門閥支配を打倒した市評議会には、いまやギルドの特権層には属さない平組合員や分相応の納税者が選出されていたからである。市評議会にとっては、市長が旧態依然として少数の特権層によって選出されていたこと自体が問題だったのだ。だが、ギルドとの討論の結果、先の条例は撤回され、ひとまずギルド側の勝利に終った。

表 1-7　1651 年市評議会の指導者

氏　　名	出身教会	出席委員会数	主な政治活動
Fenton, J	表 1-4 参照	16	民兵委員
Roiser, E	〃	5	
Barbone, P	〃	15	民兵委員，聖者議会議員（ベアボーン議会）
Price, J	表 1-5 参照	14	
Price, R	〃	8	民兵委員
Brandriff, H	〃	19	〃
Alderne, T	〃	13	〃
Allen, W	〃	4	〃
Lamb, T	〃	3	〃
Manton, N	〃	9	
Stone, J	Simpson, S	9	民兵委員，聖者議会議員
Fames, S	(Seeker)	9	
Moyer, S	Goodwin, T	4	聖者議会議員
Pride, T	Duppa, J	3	議会軍大佐，長老派のパージを指揮（プライド・パージ）

出典：J. Farnell, *"The Politics of the City of London"*, The Univ. of Chicago Ph. D. diss., 1963, pp. 233–54, Appendix ii. M. Tolmie, *op. cit.*, passim. より作成

翌年の一六五一年は、セクトが市政権力へ最も接近した年であった。前年末の市評議会選挙では多数の分離派信徒が当選し、多くの委員会で活躍した(115)。また、三月に発覚した長老派聖職者ラブの陰謀や、予想される国王派との戦いに備えて、八月には多数の分離派信徒が、表 1-7 に示したように民兵委員会に加えられた。こうした有利な情勢のもとで、セクトは「聖者」支配を実現せんとした。この年の市長選後に出された市条例はこうのべている。「従来民会で選ばれる慣わしであった市長、シュリフ、庶民院議員、市行政職員全員は、今後各行政区の市参事員、市評議員、および行政区会議であえて選出される同数の「正直な人びと」(honest men) によって、市評議会で選ばれるべきである(116)」。この「正直な人びと」こそ、自ら「聖者」(saints)(117) と称してはばからない分離派信徒を指している。ピューリタン革命は、ここにおよんで、「良心の自由」、「交易の自由」、「参政権の要求」といった基本的人権をめぐる闘争にとどまらず、これらの闘争を実質的に担ってきた「聖者」の支配をも実現するかに見えた。だがこの条例は、ギルドの猛反対にあい、議会によってその無効を宣せられた(118)。それどころか、翌年九月に市長は、「カンパニーに属さぬ者、行政区の役員未経験者は、市評議員に選出されえない(119)」との規定を設けることによ

って、分離派信徒を市評議会から排除したのである。

こうして、ロンドンにおける聖者支配の企ては挫折した。とはいえ、この企てにまで至らしめた抗争の深層には、民会に根を張るギルド[120]と、市評議会に結集したセクトという相対立する二種類の「結社」の相克を看取できる。ギルドは、リヴァリメンという少数の身分的特権層をして、伝統的な寡頭政支配を保守せんとする。他方、セクトは、先の排除規定にみられるように、ギルドの経済的恩恵から疎外され、政治的にも通常教区会で決定される行政区の役職から異端として排斥されてきた者こそを霊的に結合することによって、新たな選民支配を最終的に実現せんとするからである。

新興貿易商人と航海法

アイルランド、スコットランドに対する戦勝によって安定したランプ議会は、分離派信徒の民兵委員を解任し[121]、一六五二年二月には一般恩赦令を発動した[122]。これによって、パージされていた長老派や、のちの王政復古の支持者が復権し、セクトの挫折感はいよいよ深刻化した。そこで、この否定的現実を一刀両断に克服するものとして企てられたのが、全国規模の聖者支配であった。急進的な説教師に鼓舞されたセクト出身の軍人はランプ議会を解散し、一六五三年七月、分離教会からの推薦や軍隊の指名にもとづいて聖者議会が召集された[123]。

ところで、その二カ月まえには、新興貿易商人に指導されたランプ議会解散反対請願[124]が、クロムウェルのもとへ届いていた。新興貿易商人たちは、再三この請願を提出し、聖者支配の熱狂のもとにあったクロムウェルに全員官職を剝奪される憂き目にあった[125]。だが、聖者が十分の一税を撤廃し、その不足を富裕層への直接課税で補おうとしたとき、「神の言葉の施しは聖職制度の適切な維持によって存続する」[126]という彼らの主張は、説得力をもちはじめた。彼らはしだいにクロムウェルの信頼を回復し[127]、政府批判者を弾圧するために復活した高等法廷に登用されるまでになった[128]。こうして、聖者議会はわずか五カ月で幕を閉じた。

では、新興貿易商人が、聖者支配を食い止めんとした理由は何か。それは、彼らがすでに共和国政権を通じて、自己の商業利害にかなった貿易体系たる航海法[129]を実現したことに起因している。航海法は一六五一年一〇月に制定された。その推進主体をめぐってこれまで様々な解釈[130]が施されてきたが、J・ファーネルの研究[131]によれば、植民地貿易や密貿易に従事する新興貿易商人こそが、航海法の積極的な推進者であった。その理由は、新興貿易商人の貿易の実際例から説明される。アフリカ海岸で奴隷を捕獲して、それを西インド諸島のプランテーション経営主へ売りつける行為。オランダと競合しあっていたカリブ海域への私掠船の派遣。西インド諸島やインド洋の島々の土地所有者となり、そこでの製糖工場の経営[132]。このように世界各地に展開する彼らの貿易の特徴こそが、特権会社による貿易から国家独占による貿易へと、イギリス貿易政策の再編を要求するのである。なぜなら、急激に増大しつつある植民地産品を扱うばあい、なによりも特権会社による貿易地域の独占が植民地建設の妨げとなり、特権会社のような二地点を結ぶ貿易では最大の利益を引き出せないからであった。二地点を結ぶ貿易の否定は、彼らとセクトの対立を理解するうえで留意すべき点である。双方の対立の原因は、新興貿易商人が航海法を補完するものとして計画した「自由港」(free port) 構想[133]に看取できる。この計画の目的は、格安な料金の保税倉庫を備えた「自由港」をイングランドに設置することによって、ヨーロッパの中継貿易の拠点をアムステルダムからそこへ移すことにあった[134]。つまり、いまや新興貿易商人たちの主要な関心は、植民地産品の中継貿易にあったのだ。それゆえ、彼らは、国内手工業の発展にほとんど関心も示さず、それどころか海外マニュファクチャー製品の国内市場確保のために、セクトを代弁者とする国内手工業者と対抗関係に立つようになったのである[135]。聖者議会の召集によって、セクトに革命のヘゲモニーを奪われかけたとき、それを食い止めることは、彼らにとってまさに喫緊の課題だったといえよう。

この革命勢力の分裂は、ピューリタン革命のその後の命運を決定づけた。護国卿政権発足後のロンドン市政は、クロムウェルの独裁に自己満足的な独立派と一般恩赦令によって復権した穏健長老派、国王派によって担われた[136]。

ロンドン市政から締め出されたセクトは、相対的な寛容を認めるクロムウェル国教制に対して、受動的服従の態度を示す者[137]、武力を行使して聖者支配の徹底的実現を謀らんとする第五王国派[138]、武力ではなく「内なる光」を通じて神の国の現世における実現を待望するクエイカー派[139]へと改宗する者と、その政治志向において三方向へ分解してしまう。他方、新興貿易商人は、既存の特権貿易会社、とりわけ当時ロンドン商人社会の頂点をなしていた東インド会社の重役団に大量に進出した[140]。そこで彼らは、自由貿易を主張しつづけたが、最終的には一六五七年のクロムウェル改組の線で妥協するのである[141]。こうした状況のなかで、セクトの反対によりいずれも実現しなかったとはいえ、冒険商人組合の独占回復が宣言され[142]、クロムウェルへの王位提供が提案され[143]、王政復古への道は着実に整えられていった。

おわりに

以上、われわれは、ロンドン商人社会の動向とピューリタン革命の関連を明らかにしてきた。その結果、次のことがいえよう。

従来ア・プリオリに受容されてきた長老派＝商業資本、独立派＝産業資本といったシェーマは、ロンドンの実態にそくして考察するかぎり、次のような留保を必要とする。すなわち、長老派は大商人層によって担われたのではなく、独立派と経済的にそれほど格差のない中流層の商工業者によって積極的に担われたこと。独立派は、新興貿易商人と、彼らに連なる群小の貿易商人、もぐりの卸売商人、産業資本家としてはいまだ未熟な手工業者などを擁するセクトの両方によって積極的に担われたことである。

そして革命の真の担い手たる独立派の特徴として特筆すべきは、彼らはいずれも「アウトサイダー」だったということである。新興貿易商人は、その出自からして特権会社による海外貿易の独占から排除されてきた者であり、セクトは、おもにギルドの経済的恩恵から疎外され、その信仰からして政治的にも排斥されてきた者たちだったのだ。またこのような彼らが遂行した経済活動は、危険きわまるもぐり交易を余儀なくされたが、新興貿易商人は自発的なパートナーシップを基礎とした自由貿易を遂行することによって、セクトは、自発的結社たる彼らの教会での教会訓練や相互援助を通じて、それぞれ既存の経済体制たる特権会社による貿易独占や、ギルド支配に挑戦したのである。これこそ、独立派が真の革命勢力だった所以なのである。[144] こうして既存の体制への挑戦という点では両者あい通ずるものがあっても、究極的な利害関心という点においては、互いに目的（ゴール）を異にした。新興貿易商人は航海法を制定することによって、植民地貿易の国家独占を実現し、中継貿易を目的とした。それゆえ、現実の利害を度外視して「聖者支配」を志向するセクトの急進派と対立することになったのである。これこそ、ピューリタン革命の命運を決定する出来事であったといえよう。

ところで、王政復古以後、この両者の足跡はどのようなものであったのだろうか。新興貿易商人は、彼らの経済活動を積極的に遂行し、R・デイヴィスのいう「商業革命」[145]の原動力となった。しかし、新興貿易商人の中には、既存の商人社会に迎合し、土地を購入して子どもをジェントリー社会の仲間入りをさせるという伝統的なパターンを踏襲した者と、[146] 本書七章で言及するが、「非国教徒親族網」を通じて、貿易商人であることを貫き通した者の両方が見られる。[147] セクトは、クラレンドン法典による非国教徒迫害のなかで、ファンダメンタル・セクトとして農村部まで根を下ろし、平民（common man）に厳格な教会規律を植えつけることによって市民社会形成の「隅の首石」となったのである。[148] したがって、ピューリタン革命は、「植民地帝国」イギリスと、「市民社会の国」イギリスという両義性の出発点であったといえよう。

注

（1） E. A. Wrigley, 'A Simple Model of London's Importance in Changing English Society and Economy 1650–1750,' *P&P*, no. 37, 1967, p. 44

n. 1.

（2） P. Laslte, *The World We have lost*, New York, 2nd. ed., 1973, p. 58. 川北稔・指昭博・山本正訳『われら失いし世界』三嶺書房、一九八六年、七八―七九頁。

（3） F. J. Fisher, 'London's Export Trade in the Early Seventeenth Century,' *Ec. H. R.*, 2nd. ser., vol. iii, no. 1, 1950, p. 152. 浅田実訳『一六・七世紀の英国経済』所収、未來社、一九七一年、一〇〇頁。

（4） M. Dobb, *Studies in the Development of Capitalism*, London, 1946, p. 171. 京大近代史研究会訳『資本主義発展の研究Ⅰ』岩波書店、一九五四年、二四五―二四六頁。C. Hill ed., *The English Revolution*, London, 1940, p. 60. 田村秀夫訳『イギリス革命』創文社、一九五六年、六五頁。

（5） 水田洋「イギリス革命」日本政治学会編『近代革命の再検討』（年報政治学、一九六四年）所収、岩波書店、三頁。

（6） 浜林正夫「イギリス革命と商業資本」『社会経済史学』第一九巻四・五号、一九五三年、三八頁。

（7） この用語は、ピューリタンという言葉の語義の変容を考慮して使われている。詳しくは、V. Pearl, *London and the Outbreak of the Puritan Revolution*, Oxford U. P., 1962, pp. 5–6, 160ff. を見よ（以下、*Outbreak* と略記）。

（8） 民兵隊（団）の歴史については、D. A. Dillon, 'On a MS. List of Officers of London Trained Bands in 1643,' *Archeologia*, vol. lii, 1890, pp. 131–132.

（9） R. R. *Sharpe, London and Kingdom*, London, vol. ii, 1894, pp. 123–124, 130.

（10） Pearl, *Outbreak*, pp. 120–122.

（11） 詳しくは、B. Manning, *The English People and the English Revolution*, Peregrine Books, 1978, chap. 4 参照。

（12） E. Clarendon, *History of the Rebellion and Civil Wars in England*, W. D. Macray, ed., vol. i, 1888, p. 276.

（13） Quoted, M. Wren, 'The Disputed Election in London in 1641,' *E. H. R.*, vol. lxiv, 1949, p. 38.

（14） Pearl, *Outbreak*, pp. 131–137. M・レンは「新人」の数を低く見積もり、この選挙の画期性を過小評価してきた。cf. Wren, 'op. cit.', p. 48.

（15） Pearl, *Outbreak*, pp. 139–141.

（16） Sharpe, *op. cit.*, vol. ii, pp. 156–158.

（17） この民兵団は、それぞれの色の連隊旗をもつ六連隊のもとに、二〇〇人編成四〇個中隊を擁した。Dillon, 'op. cit.', p. 132.

（18） 民兵団に恐れをなした国王は、一〇日夜半にホワイトホールをあとにした。J. Rushworth, ed., *Historical Collection*, pt. iii–1,

London, 1691, rep. 1969, p. 484.

(19) Pearl, *Outbreak*, pp. 146–147.

(20) Rushworth, ed., *op. cit.*, pt. iii–1, p. 555.

(21) Sharpe, *op. cit.*, vol. ii, p. 168.

(22) *Ibid.*, p. 169.

(23) T. C. Dale, ed., *The Inhabitants of London in 1638*, London, 2 vols., 1931. これに記載されている評価額は実際の見積額の四分の三の額である。

(24) 一六七七年の時点で、ロンドンには一五〇〇人の貿易商人がいた。J. Farnell, "The Politics of the City of London (1649–1657)," Univ. of Chicago Ph. D diss., 1963, p. 298（以下、"Politics" と略記）.

(25) R. G. Lang, 'London's Aldermen in Business: 1600–1625,' *Guildhall Miscellany*, vol. iii, no. 4, 1971, pp. 243–4.

(26) ブレナーは、冒険商人組合と東方貿易商人の系譜の断絶についても論及している。R. Brenner, 'The Social Basis of English Commercial Expansion, 1550–1650,' *Journal of Economic History*, vol. xxxii/1, 1972. 紹介、田中豊治『経済志林』第四一巻二号、一九七三年。

(27) Do., 'The Civil War Politics of London's Merchant Community,' *P. & P.*, no. 58, 1973, pp. 65–66.

(28) *Ibid.*, p. 65.

(29) *Ibid.*, p. 66.

(30) *Ibid.*, pp. 61, 68. 大塚久雄「株式会社発生史論」『大塚久雄著作集』第一巻所収、岩波書店、一九六九年、一九一―一九三頁。

(31) Brenner,'op. cit.', p. 68.

(32) 水田、前掲論文、五頁。浜林、前掲論文、三六―三七頁。

(33) W. Haller, *The Rise of Puritanism*, Philadelphia, 1972, p. 64f. 大木英夫『ピューリタニズムの倫理思想』新教出版社、一九六六年、六一頁。

(34) P. S. Seaver, *The Puritan Lectureships*, Stanford U. P., 1970, p. 125.

(35) 中世以来、俗人の牧師推薦権は認められてきたが、その受託者は、貴族、大商人、ギルドなどに限られていた。それに対して、教区会が聖職禄授与権を所有するということは、教区自身が直接受託者になるという点で、国教会当局に対する教区の実質的独立を意味するのである。D. A. Williams, 'London Puritanism: The Parish of St. Stephen Coleman Street,' *Church Quarterly Review*, vol. clx, 1959, p. 465.

（36） 一六三〇年代に聖職禄授与権を有する教区は、一一三教区中一三教区にとどまったが、「実際これらの教区は、国教会内部における会衆政治の有効な模範を提供した」。P. S. Seaver, *op. cit.*, pp. 138, 345.

（37） C. Hill, *Economic Problems of the Church*, Oxford, 1968, p. 225.

（38） 'St. Stephen Coleman Street, Vestry Minutes 1622–1726,' GL MS. 4458/1（以下、*Vestry Minutes* と略記）.

（39） Williams, 'op. cit.', p. 467.

（40） D. A. Kirby, "The Parish of St. Stephen Coleman Street," Oxford Univ. B. Litt. thesis, 1971, p. 7. この学位論文の前半部分は、Do., 'The Radicals of St. Stephen's Coleman Street, London, 1624–1645,' *Guildhall Miscellany*, vol. iii, no. 2, 1970 に要約されている。

（41） *Vestry Minutes*, f. 18. Kirby, "op. cit.", p. 10.

（42） *Ibid.*, p. 14.

（43） *Ibid.*, p. 16. ダヴェンポートはヴァージニア会社へも出資した。

（44） 管財人は当初、ロンドンの貿易商人、法律家、聖職者各四名から構成された。ジョン・ダヴェンポート、ウィリアム・グージ、リチャード・ストックといった聖職者管財人は、いずれも聖職禄授与権を有する教区の牧師であった。C. Hill, *op. cit.*, pp. 255–6.

（45） Kirby, "op. cit.", pp. 13–4.

（46） D. A. Whitney, 'London Puritanism: The Harberdasher's Company,' *Church History*, vol. 32, no. 2, 1963, p. 321.

（47） Kirby, "op. cit.", pp. 27–28.

（48） *Vestry Minutes*, f. 86, 87. D. A. Kirby, "op. cit.", p. 29.

（49） 大木英夫、前掲書、一七八頁。

（50） 根絶請願は一～二万人のロンドン市民の署名を集めたといわれるが、ロバート・ベイリーによれば、分離派信徒は当時一〇〇〇人を数えるにすぎなかった。Pearl, *Outbreak*, p. 213. G. Yule, *The Independents in the English Civil War*, Cambridge U. P., 1958, p. 21.

（51） Kirby, "op. cit.", p. vii.

（52） これまで、ロンドンの指導者の内戦に対する見解は一致していた、と考えられてきた。cf. J. H. Hexter, *The Reign of King Pym*, Harvard U. P., 1968, pp. 94–95.

（53） ロンドンの徴募状況は、Pearl, *Outbreak*, p. 251 を参照。

（54） アイルランド出資については、K. Bottigheimer, *English Money and Irish Land*, Oxford U. P., 1971 が詳しい。

(55) 浜林正夫「イギリス革命とロンドン」『商学討究』第一四巻二号、一九六三年、八―一三頁。
(56) リヴァリ・カンパニーからの借上金は、一六四三年九月をもって打ち切られた。
(57) *A. O.*, i, pp. 38-40.
(58) E. Clarendon, *op. cit*, vol. ii, p. 400.
(59) 「内戦の金融家」のリストは、仙田左千夫『イギリス公債制度発達史論』法律文化社、一九七六年、第二章三節を参照。
(60) Pearl, *Outbreak*, p. 249.
(61) *Ibid.*, pp. 252–256.
(62) 徴収額は、年間査定額一〇〇ポンド以上の動産、不動産所有者に対して動産の二〇%、不動産の五%であった。
(63) Pearl, *Outbreak*, p. 260.
(64) *A. O.*, i, pp. 130–1.
(65) この小委員会の傘下には各行政区約七名の委員が連なり、ここは、募金委員会同様独立派の党本部として機能した。*Ibid.*, pp. 406, 408.
(66) Anon., *A Declaration and Motive of the Persons Trusted, do.*, London, 1643.
(67) Pearl, *Outbreak*, pp. 267–269.
(68) Anon., *Instructions and Propositions containing... for the raising of an Army of ten thousand men of godly conversation, do.*, London, 1643.
(69) Pearl, *Outbreak*, p. 270.
(70) *Ibid.*, pp. 271–273.
(71) わが国のピューリタン研究者は、ピューリタン革命を真に革命たらしめた諸セクトの動向について無頓着である。たとえば、渋谷浩『ピューリタニズムの革命思想』御茶の水書房、一九七八年、七頁。その後、梅津順一は、『近代経済人の宗教的根源』みすず書房、一九八九年、一七四頁以下の注記において、これまでのピューリタニズム研究を四つに分類している。
(72) 分離教会の神学的系譜については、B. R. White, *The English Separatist Tradition*, Oxford U. P., 1971 を参照。
(73) 一六四〇年代のロンドンでは、一二四名中九六名の聖職者が禄を没収された。A. G. Matthews, *Walker Revised*, Oxford, 1948, p. xiv.
(74) 以上の叙述は、M. Tolmie, *Triumph of the Saints: The Separate Churches of London 1916–1649*, Cambridge U. P., 1977, chap. 1–4 による。このすぐれたセクト研究書については、拙稿『研究論集』（神奈川大学大学院）第四号、一九八〇年を見よ。

(75) 大木は、平信徒説教師の出現を「実力主義」によるものと述べている。前掲書、一九〇―一九一頁。だが、この解釈では、彼らに固有な「反聖職主義」(anti-clericalism) の問題が見えてこない。セクトの反聖職者主義については、拙著『イギリス革命のセクト運動〈増補改訂版〉』御茶の水書房、二〇〇〇年、第三章、参照。

(76) Tolmie, *op. cit.*, p. 39 f. 大西晴樹・浜林正夫訳『ピューリタン革命の担い手たち――ロンドンの分離教会 1616–1649』ヨルダン社、一九八三年、八五頁。

(77) 従来、「半分離会衆制」(semi-separate congregationalism) であるとされてきた独立派会衆教会が、革命前半のロンドンにおいて「分離教会」であることは、Tolmie, *op. cit*, chap. 4. 前掲訳書、参照。ジョン・グッドウィンの思想、および会衆教会については、山田園子『イギリス革命の宗教思想』御茶の水書房、一九九四年、参照。

(78) ロンドンの街並みにかんするF・J・フィッシャーの示唆。R. Ashton, *The City and the Court 1603–1643*, Cambridge U. P., 1979, p. 52.

(79) レヴェラーズの社会層は、「俗人牧師」型セクトから多数輩出されたサブリーダーをみるかぎり、単純小生産者層に担われたとする通説は正しいといえよう。I. Gentiles, 'London Levellers in the English Revolution', *Journal of Ecclesiastical History*, vol. 29, no. 3, 1978, pp. 281–281.

(80) *C. S. P. D. 1650*, p. 407.

(81) *Ibid.*, pp. 408–409.

(82) 大塚久雄「近代欧州経済史序説」『大塚久雄著作集』第二巻所収、岩波書店、一九六九年、第二編第二章。

(83) W. Haller and G. Davies ed., *The Leveller Tracts 1647–1653*, Gloucester Mass., 1964, p. 347.

(84) *Ibid.*, p. 394.

(85) *Ibid.*, p. 392.

(86) 一六四六年の市条例で宿屋での取引が禁止された。D. M. Wolfe ed., *Levellers Manifestos of the Puritan Revolution*, London, 1967, p. 276 n.

(87) *Vestry Minutes*, f. 134. D. K. Kirby, "op. cit.", pp. 64–70.

(88) このテーマは、従来の革命研究において取り上げられなかった。V. Pearl, 'London's Counter-Revolution,' in G. E. Aylmer ed., *Interregnum: the Quest for Settlement, 1646–1660*, London, 1972, p. 29 (以下、'Counter-Revo.' と略記). 上田惟一『ピューリタン革命史研究』関西大学出版部、一九九八年、第七章。那須敬「反寛容の構築――イングランド革命期の異端論争を再考する」『歴

史学研究』第八〇九号、二〇〇五年、参照。

(89) たとえば、長老派によるセクト攻撃文書の題名が社会を蝕む『壊疽』*Gangæna* であった点を想起せよ。

(90) セクトも長老派もともに、「聖なる共同体」建設のために厳格な教会訓練を行った。しかし、長老派のそれが聖職者と俗人長老による「上から」のものであったのに対し、セクトのそれは、会員の「相互監視」ともいうべきものであった。セクトの教会訓練と「資本主義の精神」の関連の追究は、拙著、前掲書、第七章、参照。

(91) Pearl, 'London Puritans and Scotch Fifth Columnist,' in A. E. J. Hollander and W. Kellaway, eds., *Essays on London History presented to P. E. Jones*, London, 1969 を参照。

(92) W. A. Shaw, *A History of the English Church During the Civil Wars and Under the Commonwealth 1640–1660*, London, vol. i, 1900, pp. 198–202.

(93) Anon., *The Humble Remonstrance and Petition of Lord Mayor, Aldermen and Commons of the City of London*, London, 1646.

(94) このころ、急進派から発生したレヴェラーズについても触れておかねばならない。レヴェラーズは、「専任牧師」型教会の牧師が「再洗礼派」(アナバプテスト)と非難されるのを恐れて、この圧力に対処しなかったときに、セクトの政治的別動隊として登場した。彼らは、セパラティストやジェネラル・バプテスト派から多数の追従者を獲得したために、セクト指導者が独立派軍幹部の支持を明確にするや崩壊する運命にあった。これについては、M. Tolmie, *op. cit.*, chap. 7, 8. 前掲訳書を見よ。

(95) Anon., *The Humble Petition of...the City of London...together with...the well-affected Freeman and Convenant-engaged Citizen of London*, London,1646.

(96) Pearl,' Counter-Revo'., p. 42.

(97) この点については,D. Underdown, *Pride's Purge*, Oxford, 1971. M. Kishlansky, *The Rise of New Model Army*, Cambridge U. P., 1979 が詳しい。

(98) *A. O.*, i, p. 928.

(99) *Ibid.*, pp. 928–935. この支払所および反革命軍徴募センターは、トマス・エドワーズが『壊疽』をしたためていたクライスト・チャーチに設置され、そこが長老派の党本部となった。

(100) Pearl,' Counter-Revo'., p. 47.

(101) *A. O.*, i, p. 990.

(102) Rushworth, *op. cit.*, pt. vx–2, p. 821.

(103) 長老派は一六四八年市評議会の三分の二の議席を占めた。J. Farnell, "Politics", p. 98.

(104) *A. O.*, i, pp. 1137–1138.

(105) *Ibid.*, p. 1253.

(106) パールもこの点を明らかにしていない。V. Pearl, 'Counter-Revo.,' p. 34. おそらく「農村の織元」や地下出版業を営むセクトと激しく競合していた業種のように思われる。

(107) Hill, *op. cit.*, p. 60. 前掲訳書、六五頁。水田洋、前掲論文、二頁。

(108) 彼らの名前は、議会によって公布された長老制国教会設立令のなかに散見される。W. A. Shaw, *op. cit.*, vol. ii, p. 402. だがこれは、彼らの長老派信仰ではなく、信仰に対するエラストゥス的態度に由来するのである。

(109) M・トルミーは、彼らがジョン・バストウィックによって「長老派の独立派」'Presbyterian Independent' と呼ばれていたことから、彼らを「教区の独立派」'parochial Independent' と理解している。Tolmie, *op. cit.*, p. 117. 前掲訳書、二一九頁。

(110) *A. O.*, iii, pp. cxi–cxii.

(111) 独立派が断行した市政改革として、行政職員の売官制から給与制への移行、接待費の削減などがある。J. Farnell, 'The Usurpation of Honest London Householders: Barbone Parliament,' *E. H. R.*, vol. lxxxii, 1967, pp. 30–32. この論文は、Do., "Politics", Chap. iv, v の要約である。

(112) Sharpe, *op. cit.*, vol. ii, p. 316.

(113) Quoted, Farnell, "Politics", p. 176.

(114) この討論会については、M. James, *Social Problems and Policy during the Puritan Revolution 1640–1660*, London, 1966, pp. 229–300. 栗原真人「イギリス市民革命期のロンドン市政改革史（二）」『阪大法学』第一〇二号、一九七七年、一六六―一七七頁を見よ。

(115) レヴェラーズは、ロンドンに多数の支持者を擁したが、長老派と共闘して無効とされたリルバーン以外、一人の市評議員も当選させることはできなかった。J. Farnell, "Politics", pp. 110–111. これは、彼らの運動の一過性と組織的脆弱性を示している。他方、バプテスト両派が市政に参加していない理由としては、以下の点が挙げられる。すなわち、バプテストは、国家と教会の統一の象徴である幼児洗礼を否定することによって、国家と教会の完全な分離に対する原理的な基礎を構築したが、「信仰者の浸礼」の採用は、国家における公民生活を指導する世俗的な政治原理を見出す必要性を直視させなくしたからである。しかし、名誉革命の寛容法によって「良心の自由」の保証が実現されるまで、世俗的な政治に関わらざるをえなかったことは、本書第六章におけるパティキュラー・バプスト派の指導者で、新興貿易商人のウィリアム・キッフィンの事例研究を通じて明らかにされる。

(116) Quoted, Farnell, "Politics", p. 181.

(117) G・F・ナトルは、その名著の冒頭において、分離教会の属性を次のような言葉で表現している。分離した実体としての教会＝Separatist、会員同士の交わり＝Congregational、他の教会との関係＝Independent、現世と教会の関係＝Saints。G. F. Nuttal, *Visible Saints: The Congregational Way 1640–1660*, Oxford, 1957, p. viii.

(118) *C. S. P. D.*, 1651–52, p. 56.

(119) Quoted, J. Farnell, "Politics", p. 181.

(120) ロンドンにおけるギルドの崩壊過程を追究したものとして、坂巻清『イギリス・ギルド崩壊史の研究』有斐閣、一九八七年がある。

(121) *A. O.*, ii, pp. 554–5.

(122) *Ibid.*, pp. 565–75.

(123) B. S. Capp, *The Fifth Monarchy Men*, London, 1972, chap. 1, 2. A. Woolrych, 'Calling of Barbone's Parliament,' *E. H. R.*, vol. ixxx, 1965.

(124) Anon., *To his Excellencie Oliver Crommwell, Lt. Gen., the Humble Presentation of Several Aldermen…Other Citizens of London, do.*, London, pp. 16–53.

(125) C. H., Firth, ed., *Clark Papers*, vol. iii, rep. New York, 1965, p. 6.

(126) Quoted, Farnell, "Politics," p. 263.

(127) S. R. Gardiner, *History of the Commonwealth and Protectorate*, vol. iii, rep. New York, 1965, p. 229.

(128) *A. O.*, ii, p. 781.

(129) Gardiner, ed., *Constitutional Documents of the Puritan Revolution 1625–1660*, 3rd. ed., Oxford, 1951, appendix.

(130) 航海法を、土地ジェントリーとその軍人構成員によるものと解釈しているのは、R. W. K. Hinton, *The Eastland Trade and the Commonwealth in the Seventeenth Century*, Cambridge U. P., 1959, pp. 89–92. 東方貿易商人によるものとしているのは、M. Ashley, *Financial and Commercial Policy*, London, 2nd. ed., 1972, pp. 157–163. 浜林正夫『増補版イギリス市民革命史』未來社、一九七一年、二六二頁。

(131) Farnell, 'Navigation Act of 1651, The First Dutch War, and London Merchant Community,' *Ec. H. R.*, 2nd. ser., vol. xvi, no. 3, 1964. これは、Do., "Politics," chap. vi の要約である。

(132) これはいずれも、航海法制定の立役者で、アッサダ商人団の指導者モーリス・トムソンが従事したものである。Do.,

"Politics", pp. 289–291.

(133) Hinton, *op. cit.*, pp. 213, 215–218.

(134) この計画は実現しなかったが、冒険商人組合の一部からも支持された。

(135) 分離教会のうちでも「専任牧師」型教会に属する貿易商人は、中継貿易を支持した。Farnell, "Politics", pp. 290–291.

(136) *Ibid.*, chap. vii.

(137) たとえば、「主イエスが来臨なさるその日までに、聖者がこの世の支配や政府をわがものにすべきだなどと考える根拠を、われわれは知らない」(一六五四年のジェネラル・バプテスト派の宣言)。W. T. Whitley, ed., *Minutes of the General Assembly of the General Baptist Churches in England*, vol. i, London, 1908, p. 3.

(138) 第五王国派の実際の担い手には、職人、日雇労働者、徒弟などの下層市民が多かった。Capp, *op. cit.*, chap. 4. 岡島千幸「イギリス革命における第五王国派について」『史苑』第三六巻二号、一九七六年を参照。

(139) 山本通「J・ネイラーにおける「社会正義」と黙示録的待望——興隆期クェーカーの「ラディカリズム」の基本的性格」『史学雑誌』第八四編三号、一九七五年。その社会層については、同「ブリストルのジョージ・ビショップについて(2)」『経済貿易研究』第八号、一九八〇年。

(140) 西村孝夫『イギリス東インド会社史論』大阪府立大学経済学部、一九六〇年、八二—八三頁。

(141) Farnell, "Politics", pp. 302–305, 326–328. モーリス・トムソンは総裁になった。

(142) セクトの反対については、*C. S. P. D., 1655–56*, p. 335.

(143) セクトが護国卿に宛てた反対書簡は、E. D. Underhill (ed.), *Confession of Faith and other Public Documents, do.*, London, 1854, pp. 335–338.

(144) ロンドンという限定された範囲ではあるが、私の結論は、「衰退しつつあるカントリー・ジェントリ」に独立派の担い手を求めたH・R・トレヴァー・ローパーの見解とは異なっている。なるほど「インズ」対「アウツ」という分析視角は党派分析にあたって有効であるが、この革命は、ジェントリ社会での争いではなく、なによりも新興勢力によって担われたからである。cf. H. R. Trevor-Roper, 'The Gentry, 1540–1640,' *Ec. H. R.*, Supplement, 1953. また、パティキュラー・バプテスト派の牧師であり、新興貿易商人のキッフィンがロンドンの石鹸製造工カンパニーに対して、「独立生産者」を支援したことは、本書第七章にて言及する。

(145) R. Davis, 'English Foreign Trade, 1660–1700,' *Ec. H. R.*, 2nd. ser., vol. vi, 1954. 川北稔『工業化の歴史的前提——帝国とジェントル

マン』岩波書店、一九八三年。

(146) Brenner, 'op. cit.', p. 107. R. Grassby, 'English Merchant Capitalism in the late Seventeenth Century,' *P. & P.*, no. 40, 1970, pp. 100–101.

(147) 本書第七章で言及されるウィリアム・キッフィン家の場合。また西インド、レヴァント商人に関する家族史を追及した最近の川分圭子『ボディントン家とイギリス近代――ロンドン貿易商 1580–1941』京都大学学術出版会、二〇一七年を、参照。

(148) M. R. Watts, *Dissenters: From the Reformation to the French Revolution*, Oxford, 1978, chap. 3, 4. M. Spufford, ed., *The World of Rural Dissenters, 1520–1725*, Cambridge U. P., 1995, chap. 7, 8.

第二章　ピューリタン革命とアイルランド

国王派のトランプに描かれたアイルランドへの船出。遠征軍最高司令官のクロムウェルと副司令官のヘンリ・アイアトンらが乗船している。光明から暗黒の旅であることを暗示している。
出典：今井宏『クロムウェルとピューリタン革命』清水書院，1984 年，154 頁。

はじめに

ピューリタン革命は、独占の解体をともなう古典的市民革命であると同時に、重商主義植民地帝国イギリスの出発点でもあった。

後者の側面を示すものとして、著名な歴史家C・ヒルをして「イギリス帝国主義最初の大勝利とイギリス民主主義の最初の大敗北」[1]といわしめたクロムウェルのアイルランド征服はあまりにも有名である。[2]この征服によって、アイルランドはイングランドの重商主義植民地体制のもとに本格的に組み込まれ、「アイルランドの三P」(Peat 泥炭、Potato じゃがいも、Poverty 貧困)という言葉に象徴されるような経済状態を近代史のなかで余儀なくされた。またこの侵略によって、アイルランドでは、カトリック住民に対する「プロテスタント優位」の支配体制が確立し、参政権の平等「一人一票」(One man, One vote)と職業差別の撤廃を要求するカトリックと、それに反対するプロテスタントのあいだで血なまぐさい抗争事件がくり拡げられてきた。こうしてアイルランドは、近代史の栄光を担いつづけたイングランドの目と鼻の先に位置しながらも「ヨーロッパのアジア」とよばれてきたのである。[3]

ところで、イングランド人によるアイルランドの植民地化は、一二世紀のノルマン人のアイルランド征服にまで遡る。だが、クロムウェルによる征服とは次の点で異なっていた。一二世紀のヘンリ二世の時期から一六世紀半ばのヘンリ八世の時期の植民活動は、ケルト(アイルランド)人を排除することなく、同じカトリック教徒という理由も手伝って、逆にイングランド人のアイルランド化、すなわち、「堕落イングランド人!」という言葉さえ聞こえてくるほどであった。その後絶対王政期の植民地化の企ては、一六四一年に処刑されたストラッフォード伯の総督時代まで、いく度かなされた。その間、宗教改革による宗教対立も手伝って、アイルランド人のイングランド化政策が追求され、反乱者に対する土地の没収はその領土全体にまで拡げられた。だが、それらの植民地は地域的に

限定されており、クロムウェルの征服のように、アイルランド全島に及ぶことはなかったのである。(4)

では、こうした全面的植民化はどうして起ったのであろうか。本章では、古典的市民革命といわれてきたピューリタン革命のもう一方の側面、すなわち、植民地帝国主義の出発点という歴史的意義を解明するために、アイルランドの全面的植民地化へのプロセス、クロムウェル・セツルメントの内容、その担い手の社会層、そして最後に全面的植民地化がアイルランドにもたらしたいくつかの帰結について述べてみたい。

第一節　全面的植民地化への推進力

募金法

イングランドによるアイルランドの大量の土地没収、全面的植民地化への契機は、一六四一年一〇月二四日に勃発したアルスター蜂起である。この蜂起については、不明瞭な点が多いが、そのきっかけはイングランド人によるアルスター植民によって土地を奪われ、従属的な地位に陥れられたアイルランド・ジェントリの不満が爆発して、アルスター地方を一〇日間ほど包囲したというものである。(5) ところが、勃発の約一週間後にイングランドに届いた第一報ではこう述べられていた。「アイルランド人教皇派による大逆罪と総蜂起、アイルランドにいるプロテスタント全員の殺害と、そこにある国王の城砦すべてを奪取する陰謀についての確かな情報がさきほど到着した」。(6) 国際的なカトリック反革命の陰謀に対する恐怖と、受難プロテスタントへの憐れみから、アルスター蜂起の知らせは、アイルランド・カトリックの大反乱として伝えられたのである。(7)

イングランド議会は早刻、この反乱を鎮圧するために、二六名の貴族院議員と五二名の庶民院議員を「アイルランド委員」(commissioners for Ireland)に任命、ロンドン市政府であるシティに五万ポンドの融資を求めた。(8) だが、シティはこれを拒否し、鎮圧計画は遅々として進まなかった。反乱の規模が不正確で鎮圧のコストが分からなかったし、派遣軍の指揮権をめぐって議会と国王の決定的な対立が予想されたからである。

ところが、一二月にアイルランドのオールド・イングリッシュがレンスター地方のペイルから敗走した[9]とのニュースが入るや、事態は進展をみせた。以前からデリィの植民地と深い関連をもっていたシティの商人によって、彼ら自身とアイルランドのプロテスタントのための請願が出された。また『大抗議文』(Grand Remonstrance)に添付されて国王に提出された請願にはこう述べられている。「この反乱を理由に王室にもたらされるアイルランドの没収地を遠ざけてはなりません。そこから王室財政は支えられ、この戦争で支払われるであろう多大な出費に報いるため、臣民に対しても賠償がなされますように[10]」。アイルランドの没収地による戦費の賠償という発想は、カトリックを信奉するオールド・イングリッシュのペイルからの敗走によって生まれてきたのである。反乱がアルスター

アルスタ蜂起に対するプロテスタント側の想像図。
出典：J. Morrill, ed., *The Oxford Illustrated History of Tudor and Stuart Britain*, Oxford U.P., 1996, p. 370.

地方に限定されていた限り、鎮圧によるウマ味はなかった。プロテスタント地主による植民地化がもっとも進展していたアルスター地方では、たとえ鎮圧したにせよ土地はプロテスタント地主へ返さねばならず、没収すべき土地は残されていなかったからである。ところが、ペイルにいるオールド・イングリッシュが敗走したとなると、結果として、レンスター地方、アルスター地方の大諸州は鎮圧者の思いのままになるのだ。これは、プロテスタントの貪欲さを刺激し、成金への夢をかき立てた。

内戦前夜の政治革命[11]によって、議会派ピューリタンがシティの支配体制を確立した直後の一六四二年二月一一日、注目すべき提案が「ロンドンのいく人かの有徳で好意的な市民」から出された。それは「アイルランドの迅速で効果的な鎮圧のための提案」であり、以下の四条件と引き換えに、反乱鎮圧への出費を申し出た。すなわち、彼ら自身が鎮圧軍の士官任命権をもつこと。武器弾薬の経費は国庫から出すこと。彼らがイングランドで兵士を徴募する権限をもつこと。そして戦争終了時には、「彼らの現在のつつましい要求と将来の功績にもとづいて、反徒の所領から賠償がなされること[12]」である。この提案は実際に、提案者たちが鎮圧軍による戦争を遂行し、鎮圧後の戦利品はすべて彼らの所有となることを認知させようとしたものであった。

提案は、議会のアイルランド委員たちに委ねられ、かなりの変更が加えられたうえで三月一九日「陛下のアイルランド王国における反徒の迅速かつ有効な鎮圧のための法令」(Act for the speedy and effectual reducing of rebels in His Majesty Kingdom of Ireland. 以下「募金法」と略記。これはまた「投機者法」Act for Adventurers とも呼ばれている[13])として制定された。この法令は、提案者の申し出を受けて軍資金一〇〇万ポンドを出資者から募り、鎮圧後総計二五〇万エーカーの没収地で償還するという内容であったが、鎮圧軍の指揮権は出資者に与えなかった。注目すべきはむしろ、アイルランド全体の「良地」(profitable land)の一八%に当たるその二五〇万エーカーの土地が、アルスター、コナハト、マンスター、レンスターという各地方から均等に没収されるべきだ、と述べられている点だといえよう。チャールズ一世は、資金はすべて「反徒を鎮圧するためにのみ用いられる」べきだとの歯止めをかけてこの法令を承認したが、「アイルランドの売却」(Sale of Ireland) の規模は、アルスター地方のみならずこうして全島にまたがったのである。クラレンドンはいう。「アイルランドは、とりもなおさず、それによっていっさいの債務が弁済され、いっさいの奉仕がむくいられ、いっさいの恩恵がほどこされる大資本 great Capital であった」[14]。

ロンドン商人の要求

この「募金法」のもとで二九万三〇七二ポンドが徴募されたといわれている[15]。議会のアイルランド委員会は、四月にマンスター地方への五〇〇〇人規模の鎮圧軍派遣計画を出資者に提案、これを受けて議員とロンドンの出資者からなるそれぞれ別個の委員会が成立した。ところが、七月の鎮圧軍の出発間際になって、ロンドンの出資者委員会に「防衛委員会」(defense of committee) から一〇万ポンドの融資の要請がなされ、ロンドンの委員会は短期間での返済という条件でこれを受け入れた。

こうして遠征旅団は、議会軍に組み込まれてイングランド国内の内戦に参加することになったのである。他方で出資者は「海上遠征条令」(sea adventure ordinance)[16] のもとに、四万三〇〇〇ポンドを募り、鎮圧軍をアイルランド南岸に上陸させたが、これは失敗した。

鎮圧軍を内戦へ差し向けるという議会の姿勢はしだいに問われはじめた。九月、議会はそれまでのアイルランド委員会にかえて、アイルランド問題を処理するために、新しい委員会を二三名の庶民院議員で発足させた。それに呼応して、ロンドンでも、二〇名の出資者からなる「特別委員会」(select committee of adventurers for Ireland chosen in London) が組織された。一六四三年七月、出資者からさらに資金を募るために、「二倍条令」[17] (doubling ordinance) が制定された。これは、「募金法」での出資金のさらに四分の一を支払う者は、「募金法」であてがわれた土地の二倍——それもイングリッシュ・エーカーの約一・六倍に相当するアイリッシュ・エーカーで換算して——受け取るというものであった。しかし、この法令はわずか一万二二八三ポンドしか集められなかった。失敗の原因は、そうすることによってアイルランドの土地評価額が低くなること、イングランドの内戦で国王派が勝利したとしたら、法令ゆえに出資金が紙屑同然になることを恐れたからに他ならない。出資者によって新しく選出されたロンドンの特別委員会のメンバーは、アイルランドに駐屯する軍隊の兵站部門の供給に関して積極的であったが、内戦勃発による圧力は議会の対アイルランド政策に重くのしかかった。一六四三年六月までに、アイルランドに駐屯する約四万二〇〇〇人の軍隊は名目上議会が費用負担することになった。鎮圧軍の派遣どころか、この軍隊を維持することは議会の支払能力の限界を超えていた。そのため、アイルランドに駐屯するイングランド軍は慢性的な供給不足と遅配のもとに置かれていたのである。こうした欠乏状態のせいで、アイルランド南部のプロテスタント軍総指揮者インチクィン伯は、一六四三年九月に国王派のオーモンド侯がアイルランド・カトリック同盟とのあいだに締結した停戦協定に同意せざるをえなかった。そしてアイルランド問題の処理は「両国委員会」(committee of both kingdoms) に委ねられたのである。

スコットランドの介入による停戦の本格化を恐れたロンドンの出資者委員会は、アルスター地方の軍備増強の必要と停戦の破棄を執拗に訴えた。一六四四年三月、両国委員会は、「アイルランド特別小委員会」(special subcommittee for Ireland) を設置し、アイルランドに駐屯するイングランド軍に対してのみ支出される査定税を提案、議会で可決された。七月、インチクィン伯は停戦を放棄し、両国委員会も、ロンドンの出資者委員会に「マンスターとアルスターの欠乏を補給」する方法が見出されるまで毎日開催するよう要請した。資金がようやくマンスターのインチクィン伯のもとへ細々と流れはじめ、議会も、議員とロンドンの出資者の請願をうけて、新しい委員会を創設した。ところが査定税の実施は延期され、出資者はさらに一万四八五〇ポンドの融資を求められたのである。ロンドンの出資者委員会はこの要請を拒否し、一六四五年一〇月、シティの急進派商人デイヴィッド・ワトキンズの署名入りで、議会のアイルランド戦争の遂行と出資者の取り扱いについて次のような要求を発表した。(18) すなわち、

「二倍条令」が、それ以前の出資者にも遡って適用され、出資者以外の財産所有者からも出資がなされ、反徒の手にあるいくつかの都市の査定価格を以前の四倍にまで引き上げる条令が制定されるとしたら、二万ポンドをすぐさま支給してよいという提案である。[19] そこには、出資者が拠出したアイルランド戦争が彼らの意志とは別個に遂行されているという不満と、戦争の費用を補償するアイルランドの土地の没収が一刻も早くなされるようにとの意図が込められていた。また注目すべきことに、戦争後のアイルランドの土地については、大勢の新しいプロテスタント自由保有農によってすべて所有され、他方、カトリックは、その子弟のイングランドへの移動によって、プロテスタントへ「再教育されるべきである」とまで述べている。[20] 翌月、やはりロンドン商人のウィリアム・ホウキンズは、先の要求を補足するために次のような書簡を議会のアイルランド委員会に提出した。[21] それによれば、アイルランドに駐屯するすべてのイングランド軍の士官と兵士の給与は、アイルランドの土地でもって支払われ、戦争が長びこうが、士官と兵士は三年間分の支払いを受け取るべきである。もしこの要求通り支払われるとすれば、一〇〇万ポンドの出資金に対してアイルランドの土地二五〇万エーカーが没収されねばならないという当初の見積りに加えて、さらに三五〇万エーカーの土地が必要とされた。[22] ロンドン商人たちのこのように早急で大量の土地没収の要求こそ、K・ボティッグハイマーによれば、「アイルランド反乱へのイングランドの伝統的な対応である鎮圧と選択的没収 selective confiscation から、クロムウェル期の国家によって最終的に遂行された鎮圧と大量没収 massive confiscation への道にそった踏み石そのもの[23]」だといえよう。

「独立派」の思惑

これらの要求は議会によって拒否されたものの、他方、アイルランドにおいては新たな局面を迎えていた。一六四二年三月にアイルランド人とオールド・イングリッシュとのあいだで結成されたアイルランド・カトリック同盟[24]は、上述のように国王派のオーモンド侯と停戦協定を取り交わしていたが、国王擁護を掲げて一六四六年三月、両者はついに和平にいたった。和平路線に反対するローマ教皇特使リヌッチーニらは、カトリック聖職者や都市当局を煽動し、カトリック同盟はその結果、国王支持の穏健派と、プロテスタント議会とプロテスタント国王にあくまでも反対する熱狂派とに分裂した。オーモンド侯はダブリン城を熱狂派に明け渡すより、議会に降伏してもよいとの意向を示していた。(25)

そのような時、ジョン・テンプルらアイルランドのニュー・イングリッシュは、プロテスタント軍総指揮者インチクィン伯が優柔不断であり、カトリックに寛容であると非難し、(26)ロンドンで積極的なロビー活動をくり拡げた。彼らの目的は、議会によって一六四六年四月から一年間の期限つきで、総督に選ばれたライル卿をアイルランドに派遣することであり、これは、テンプルらが「ダービー・ハウス委員会」(Derby House committee) のアイルランド新委員会のメンバーに加わることによって翌年二月に実現した。(27)こうして、インチクィン伯と対立するようになったのである。インチクィン伯によれば、彼らは「独立派」Independents であった。だが、彼らが宗教上の独立派やニュー・モデル軍の士官であったわけではない。彼らに共通しているのは、ケルト人やカトリックへの妥協への反対者という意味でのニュー・イングリッシュ(28)的側面であった。とりわけ、一六四六年に至って、カトリック熱狂派の攻勢が強まり、長老派が国王との妥協の条件として、カトリック寛容の問題に言葉を濁していることが彼らの危機感をつのらせたのである。

長老派と独立派の対立する議会はライル卿の後任を決めることができなかったが、一六四七年にダブリンはマイケル・ジョーンズの指揮する議会軍の手に下った。同年六月には、ライル卿がマンスターに滞在していた間に、インチクィンと犯罪的に通信していたとして、一一人の長老派議員がイングランド議会から追放された。(29)この間、長老派は、イングランドの議会軍をアイルランドに派遣し、それによってイングランドの内戦を停戦に導こうと画策した。これに対して、テンプルらロンドンにいるニュー・イングリッシュは、見逃すことのできない働きかけをした。彼らは、ダービー・ハウスのアイルランド問題委員会にとり入って、議会軍代表の委員に、マンスターには何も支援せず、ダブリンに必要最低限のものだけを送るよう勧めたのである。その結果、一六四八年四月、自らが長老派として迫害されていると感じたインチクィン伯は、アイルランド人との交渉に入り、これは彼とイングランド議会との決別を意味したのである。

有名なドローイダの大虐殺を皮切りにアイルランドを征服したクロムウェルにとって、オーモンド侯の新国王派同盟に加え、プロテスタント軍総指揮官インチクィン伯のこの裏切りこそが、アイルランドの危機と映じたのであろう。だが、この危機は、ニュー・イングリッシュの働きかけによって、その必要な時期にアイルランドのプロテスタントの大義への支援を拒否した独立派の政策の副産物なのだ。この点において、「アイルランドの反徒との交渉という選択肢は、まず出資者の経済的利害によって妨げられ、次にアイルランド戦争は終わらせるだけではなく、克ち取るべきだという独立派の主張によって妨げられた(30)」といえよう。

第二節　クロムウェル・セツルメント

償還法

アイルランドを征服したクロムウェル・セツルメントは、反乱鎮圧のための戦費はアイルランドの没収地で償還するという「募金法」の原則にもとづいて行われた。そのさい、出資者への支払い以外に、上述のホウキンズの提案などで示されてきたように、駐屯する兵士や士官の給与についても没収地から支払われることになった(31)。そのため一六五二年のはじめから、議会、出資者、軍隊の間で、その方法をめぐる議論がつづいた。

四月、ロンドンの独立派商人トマス・アンドルースら一二人の出資者の委員は、請願のかたちで議会に次のような要求をした。彼らは、投資額の合計を公開し、それに見合う土地一〇三万八二三二アイリッシュ・エーカーの分配を、マンスター、レンスター、アルスター、コナハトの各地方に求めた。この時点で出資者たちは、すべてのカ

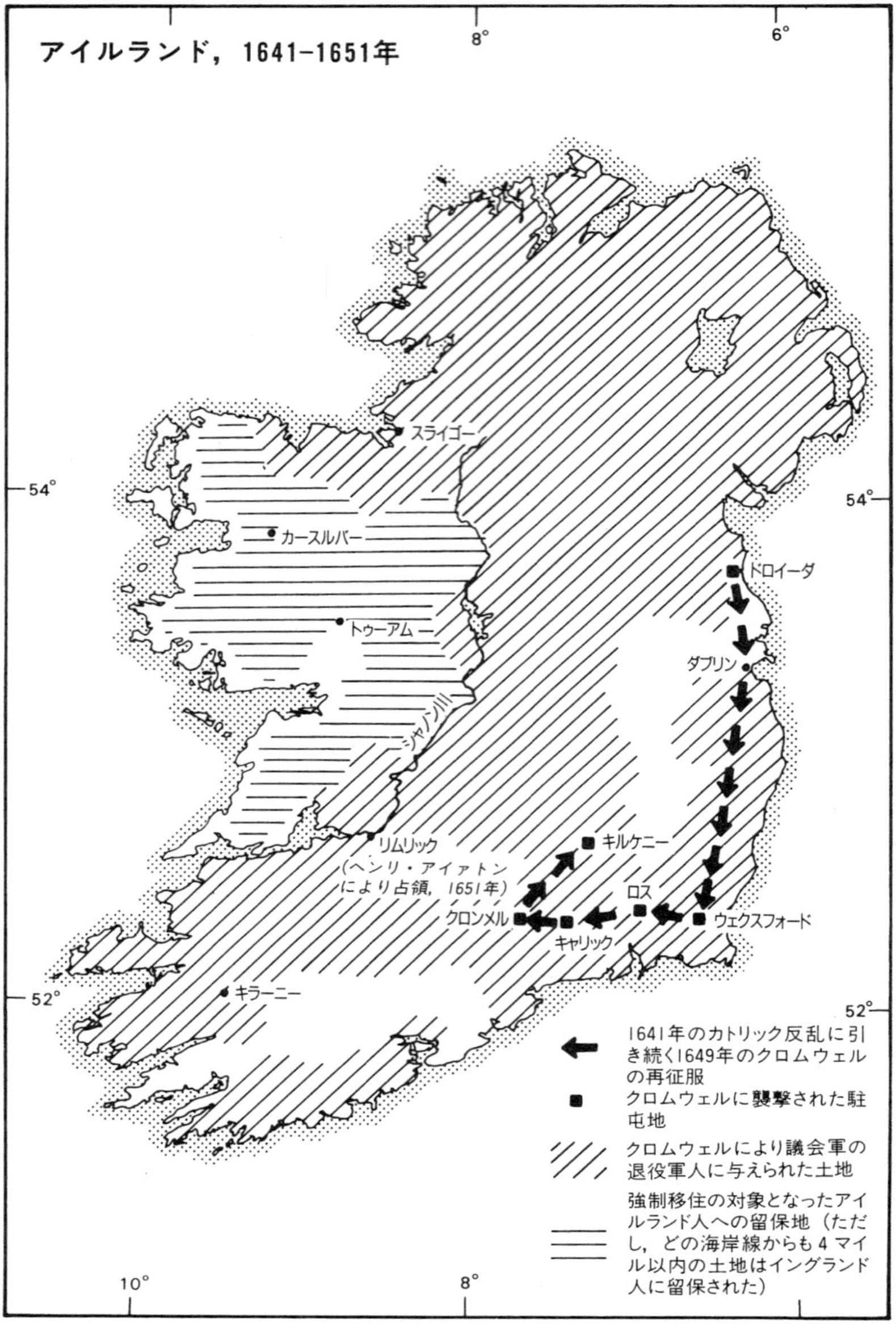

出典：A.N. ポーター編著，横井勝彦・山本正訳『大英帝国歴史地図』東洋書林，1996年，24頁。

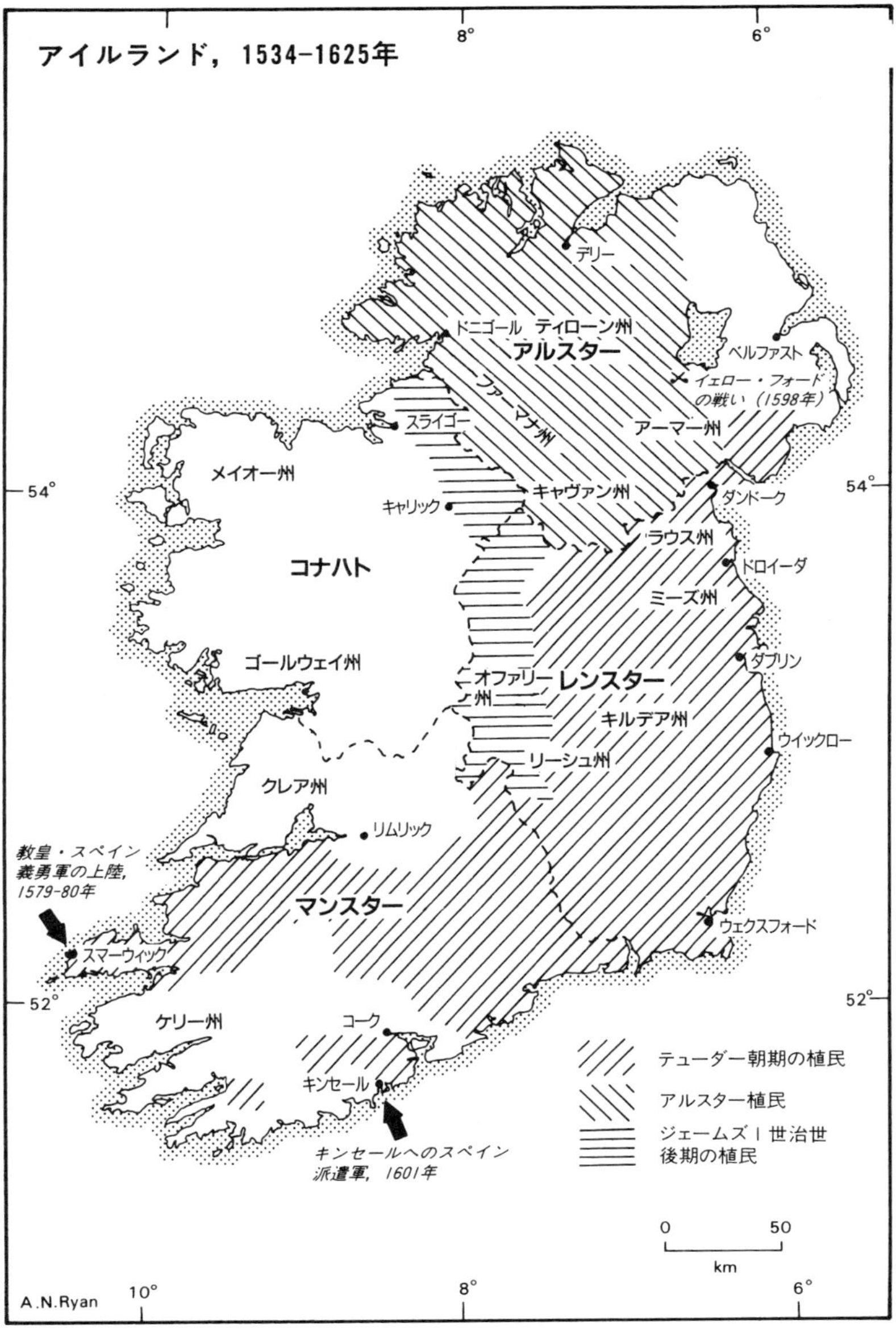

アイルランド植民地地図

トリックを西部のコナハトへの「強制移住」(transplantation) させる計画を知らなかったのである。[32] 他方、出資者は恩典や奨励なしに入植する時期ではないと主張し、入植を留保した。すなわち、彼らの土地はすべてマンスター地方とそれに隣接するレンスター地方に位置し、さらに五〇万アイリッシュ・エーカーの土地が追加されるべきである。立退き地代については「募金法」から削除され、関税、消費税、などは停止され、将来にわたる秩序の維持は、出資者ではなく、共和国の公的責任においてなされるべきである。このような恩典や奨励がなければ、出資金は年利八%の「合理的な利益」を追加して現金で返却されたい、と。[33] 五月、議会は次のような返答をしてきた。出資者はマンスター地方とそれに隣接するレンスター地方に土地を所有してよい。ただし五〇万エーカーの土地についてては議会がその位置を定める。出資者はむこう七年間輸入関税の支払いを免除され、分配された土地にかかる税金については、税額の五分の一以上を支払わなくともよい。だが、これらの譲歩への見返りに、人間の住みついていない土地や、小作経営がなされている土地は、三年後に共和国に没収されるであろう、と。出資者の委員たちはこの議会の返答を拒否し、入植する時期を決めるのは出資者の自由であり、「生得権」(birth right) であると述べた。こうしたやり取りのなかで注目したいのは、出資者にとって、カトリック全員の強制移住は問題になっておらず、たとえ関税や消費税の停止は要求されているにせよ、秩序維持のための国家統治を要求している点である。[34] これらの点は八月に制定された「アイルランド土地処分法」(Act for settling of Ireland)[35] にも窺われる。この法令では、地主は反乱への加担の度合いに応じて、その所領を全面的ないし部分的に没収されると述べられているが、他方、全財産が一〇ポンド以上に到達しない者には、共和国に忠誠を誓えば危害を加えないと述べており、安価な労働力としてのカトリックの存在を認めていた。この法令はまた、議会が選んだ「アイルランドにいる議会の四人の弁務官」(parliamentary commissioners in Ireland) に世俗統治権力はもちろん、被征服者の審判と土地没収の裁量権を委ねたのである。

一二月、ランプ議会はアイルランドにいる議会の弁務官に「兵士と出資者への償還」[36] についての草案を送り、その返答をまって入植地として、コナハト地方以外の一〇州を指示した。そこでは、アイルランドの没収地は兵士と出資者に平等に分配され、同時に入植すべき旨が記されていた。ランプ議会はクロムウェルによって解散され、一六五三年七月に聖者議会が召集されることになるが、セツルメントは国務院の手によって引き続き遂行された。六月、国務院は、出資者の抽選によって土地の分配をするために「グロサーズ・ホール委員会」(committee of Grocers Hall) を組織し、この委員には、もぐり商人ヘンリ・ブラントリィフら独立派会衆教会の会員らが選ばれた[37]。また国務院は、アイルランドにいる議会の委員に「出資者への債務や、兵士や士官の遅配を皆済するために」すべての土地を調査する権限を付与した。これが「概括測量」(gross survey) である。七月、最初の抽選会が行われ、国務院は、アイルランド人にシャノン川以西の不毛の地コナハト地方への移住を命じた。そして九月、聖者議会は、先に指示されていた一〇州計画に従って、「償還法」(Act for Satisfaction) を可決したのである。そこではまず、出資者への債務と兵士の遅配それぞれ三六万ポンドに相当する土地、次にそれ以外の土地から軍隊の残りの遅配に相当する土地、最後に公的信用に融資した個人や団体に償還される土地を順に没収すべきことが述べられていた[38]。クロムウェル・セツルメントを具体化したこの法律は、こうして共和国政府の財政的逼迫によって決定され、アイルランド駐留イングランド軍の大部分を解散せんとの願望に根ざしたものだった。

ウィリアム・ペティ (1623–1687)

実際の土地取得

この法令の実施は、没収の対象となる良地の面積と位置の正確な把握なしには不可能である。法令をそのまま実施したばあい、兵士の方の土地が不足するのではないかと思われた。一六五三年一一月、士官会議は、数州の土地評価額を二倍に見積ることを決定し、翌年一月、最初の分配が兵士のあいだで行われた。この年アイルランドの土地を精確に把握するために、共和国政府は軍医監ウィリアム・ペティと契約した。ペティは、予備的調査にもとづいて、たとえ法定評価額で見積ったにせよ、出資者の土地以外に兵士に分配される土地は十分存在すると発表し、これがその後の軍隊の二度の解散の根拠となった。

ペティ(39)は驚くべき精確さでもってアイルランドを調査し、地図を作製した。これが「ダウン・サーヴェイ」(down survey)と呼ばれるものである。それによると、アイルランドの二〇〇〇万エーカーの土地のうち、一一〇〇万エーカーが没収され、そのうちの七七〇万エーカーが良地とみなされた。確かに三万五〇〇〇人の軍隊は解散されたが、遺憾ながら出資者同様、兵士の入植についてもペティの記録は現存しない。イングランドの革命政府がその負債のどれぐらいの量をアイルランドの土地でもって支払ったのかも知られていない。ただ知られているのは、王政復古後の一六七〇年までに、わずかに約八〇〇〇名の出資者と兵士がチャールズ二世によって土地所有権を認められ、そのうち七五〇〇人が出資者で、残りの五〇〇人が兵士であったということだけである(40)。ただし出資者については、一六五四年から四年間の土地取得の記録が「バロウニ・テーブル」(barony table)に残っている(41)。そこからいえることは、これに記されている一〇四三名の出資者には、六九万六二九四アイリッシュ・エーカーの良地が割り当てられたということである。これはアイルランドの面積全体の五%を示し、アルスター、レンスター、マンスターの各地方の良地の約一七%を占めている。さらに興味深いのは、この一〇四三名の平均土地所有面積は七〇〇アイリッシュ・エーカーに少し満たないくらいであるが、「募金法」の土地評価額で換算すると三〇〇ポンドを超えている。これは、「募金法」の最初の出資額の平均二二〇ポンドを上まわっている。これらの数少ないデータは、出資者はたとえアイルランドの土地を取得したとしても、実際の入植に躊躇し、当初の小土地所有者は、しだいに大土地所有者に道を譲るというクロムウェル・セツルメントの特徴を物語っているといえよう。

第三節　出資者の社会学的分析

独立派商人による出資

ところで、アイルランドの新しい植民階級はどのような人びとだったのか。この問題の解明は、近代イギリスの植民地主義、帝国主義の理解に重要な示唆を与える。だが、上述のように入植者の記録が現存しない以上、この問いに答えるのはむずかしい。そこでまず、ボティッグハイマーによる出資者についての詳細な分析から述べてみたい。

ペティは、革命期のアイルランドへの出資を「かけごと」(Game)[42] であると表現した。イングランドが反徒に負けたら、政府には償還の義務はないからである。それでも三〇万六七一八ポンドも集まったのは、同時代の他のジョイント・ストック・カンパニーへの出資金よりも比較的少ないが、次のような魅力からである[43]。第一に、投機対象としてである。一六四二年の時点で一エーカーにつき平均八シリングという価格は安いと思われた。反乱が急速に鎮圧され、没収地の所有権が確定してそれを売却したら、公的信用への融資がもたらす年利八%の利率をはるかに上まわる

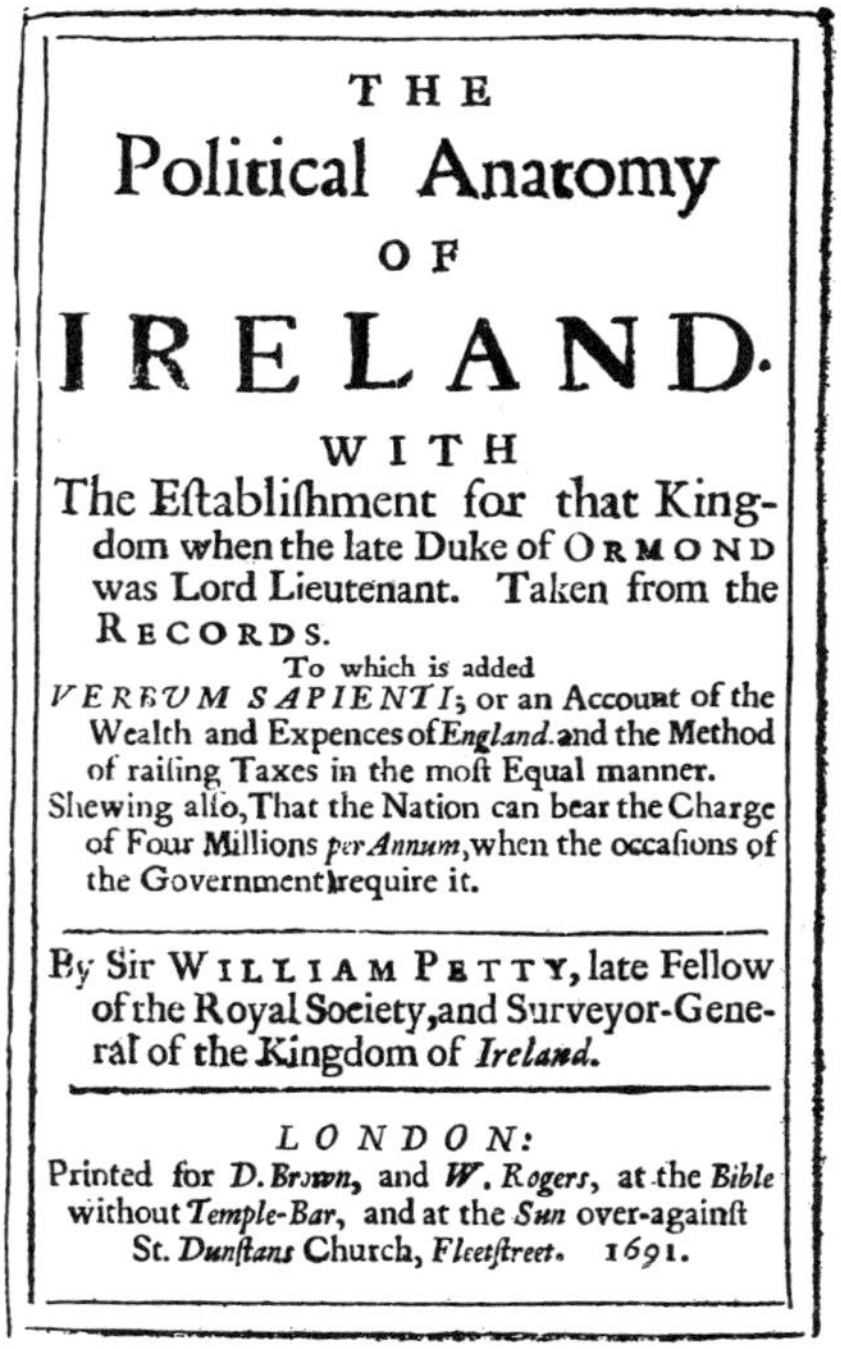
THE
Political Anatomy
OF
IRELAND.
WITH
The Eſtabliſhment for that Kingdom when the late Duke of ORMOND was Lord Lieutenant. Taken from the RECORDS.
To which is added
VERBUM SAPIENTI; or an Account of the Wealth and Expences of *England*. and the Method of raiſing Taxes in the moſt Equal manner.
Shewing alſo, That the Nation can bear the Charge of Four Millions *per Annum*, when the occaſions of the Government require it.

By Sir WILLIAM PETTY, late Fellow of the Royal Society, and Surveyor-General of the Kingdom of *Ireland*.

LONDON:
Printed for *D. Brown*, and *W. Rogers*, at the *Bible* without *Temple-Bar*, and at the *Sun* over-againſt St. *Dunſtans* Church, *Fleetſtreet*. 1691.

『アイルランドの政治的解剖』初版（1691）

利益が見込めるだろう。だが、一六四二年の時点での土地価格がピークであり、一〇年も待たされたあげく、結果的には年利二・五%分の利益しかもたらさなかった。第二の魅力は、宗教的、感情的なものである。カトリックへの恐怖と反感から、通常の出資では考えられないような人びとからも拠出金を集めることができた。最後は、真に入植せんとする者やその家族に該当する「植民的な誘因」(colonial incentive) である。

こうした魅力から出資した者の総数を、これまで三度なされた調査から判断してボティッグハイマーは一五三三名と述べている。(44) 地理上の分布では、この一五三三名のうち住所不明の二〇二名をのぞく一三三一名について確定できる。それによれば、一三三一名中七五〇名がロンドン出身であり、総額の半分以上の一七万ポンドを拠出していることが分かる。他の地域では、ホーム・カウンティーズ、西部諸州の関心の高さが目につく。

こんどは出資者の職業分析に移ろう。ボティッグハイマーは、列挙された職業名を「ジェントリ」(gentry) もしくは「非都市」(non urban) 集団と、「商人」(merchant) もしくは「都市」(urban) 集団の二つのカテゴリに分類している。聖職者、エスクワィア、ジェントルマン、ナイト、レディ、法律家、ヨーマンの七つの職業が前者に入り、六二の職業が後者に含まれる。出資者のうち九二八名についてその職業が知られているが、そのうち二三九名は「ジェントリ」であり、彼らは七万二九九六ポンドを拠出している。他方「商人」は六八九名であり、彼らは一三万九三三三ポンドを拠出した。平均すると一人当り、「ジェントリ」は三〇五ポンド、「商人」は二〇〇ポンドである。両集団の出資金の割合は、一五七五年から一六三〇年にかけて行われた他の貿易、植民計画についてT・K・ラブが示した割合(45)とそう変わらないように思われる。この時期においては、「商人」がいまだ卓越した役割を果していたからである。ところが、「ジェントリ」は、貿易会社よりも植民地建設へとより強く引きつけられる傾向(46)があることを発見したラブやR・G・ラングの命題に、このアイルランド出資は著しく矛盾するとボティックハイマーはいうのである。「商人」は通常、植民地建設に対して、その潜在的コストを恐れて慎重であり、他方「ジェントリ」は土地とその経営に通じており、海外の土地への入植計画を好むはずであるが、一六四〇年代のアイルランド出資にかんしては例外であり、依然として商人の比重が大きいのだ。ボティッグハイマーは、アイルランド出資に「商人」的性格が強い理由として、一六世紀以来のロンドンのカンパニーとアルスター地方の植民との深い結びつきによる「不在地主制」(absentee landlordism)の伝統と、最初の出資者の「移り気」(volatility)――拠金証書が投機目当ての新しい出資者の手に渡り、結果として大所有者の出現という統合傾向を招く――を挙げているが、この問題はさらに検討を必要とする。

最後に、出資者の党派分析であるが、これについては、議員を対象としたJ・R・マコーマックの研究がすでにある。「募金法」を立法化したせいか、議員は国民に模範を示さんと、出資額総計の五分の一以上の六万九九八二ポンドを拠出した。マコーマックによれば、そのうち、四一・六%は「独立派」、二六・四%は「長老派」、二三・七%は「分類できない議会派」が拠出しており、「国王派」議員も八・八%を拠出していた[47]。マコーマックの研究は党派決定の規準にいくつかの問題点を抱えているとはいえ、ボティッグハイマーもほぼ同様の結論に達しており、「独立派」が出資者の主力であったことは間違いない。

独立派商人の植民地主義的、帝国主義的側面

こうしてボティッグハイマーの分析によれば、出資者の特徴は、「都市」「商人」「独立派」という範疇で説明できよう。それをさらに補足するならば、出資者のリーダーは、ピューリタン革命期にロンドンで台頭し、革命の推移に大きな影響を与えたR・ブレナーのいう「植民地・密貿易商人」(colonial-interloping complex)であり、「独立派会衆教会」(Independent gathered churches)のメンバーであるという事実に突き当る[48]。

アイルランドの全面的植民地化にかんしても、出資者は融資のみならず、請願を通じて陰に陽に議会に圧力をかけてきた。例えば、「募金法」制定以前のロンドン市民の請願、アイルランド戦争の迅速な遂行を求めた一六四五年の二度の請願、そして鎮圧後の秩序維持を国家、すなわち共和国政府に求めた一六五二年の請願などである。そ

こで注目したいのは、それぞれの請願提出者や署名者の経歴である。一六四六年の請願に署名したデイヴィッド・ワトキンズ[49]は、一六四二年に植民地・密貿易に従事するリチャード・シュートらと一緒に、内戦の積極的な遂行と、国王派の財産からの戦費の賠償支払いや国王派聖職者の追放を要求する請願を庶民院へ提出した人物である。一六四五年に制定された長老制国教会設立令では「長老選抜審査官」(Trier)として任命されたが、独立派会衆教会に反対する市民に対して軍隊は対処すべきだと叫び、独立教会主義への彼の回心を明らかにしている。また軍隊の遅配をアイルランドの没収地から支払うように主張したウィリアム・ホウキンズは、所属教会は不明であるが、トルミーの研究によれば、一六四五年にウィリアム・プリンやジョン・バストウィックの長老派から嫌悪の情をもって見られており、「独立派の曾長」(バストウィック)として一六四九年の人民協定の軍会議版での重要な任務に指名されている[50]。一六五二年に出資者の代表として請願を起草した一二人のうち、トマス・アンドルース[51]は、地方商人の子であり、東インド密貿易のアッサダ商人団員でもあったが、革命期に政治に深くコミットし、共和政期の初代ロンドン市長をつとめた。彼もまたサイドラック・シンプソンが牧師であった独立派会衆教会の会員であったように思われる。一六五三年に、出資者の抽選によって土地を分配するためにグロサーズ・ホール委員会が設置されたが、その九名の委員のなかには、管見のかぎりでは、国内の市場統制に挑戦するヘンリ・ブランドリィフやフランス自由貿易商人のナサニエル・マントンといったジョン・グッドウィンの独立派会衆教会の会員や、ジョン・フェントンやトマス・ハバートといったセクトのメンバーまでいた[52]。

このように、「植民地・密貿易商人」「宗教的独立派」が出資者のリーダーをつとめていたのである。この「植民地・密貿易商人」は、ブレナーやファーネルが指摘するように、従来の伝統的な特許会社の商人とは異なり、植民地建設に積極的であり、航海法という国家独占貿易のもとで西インド諸島やアフリカ貿易へと乗り出していく新しいタイプの商人集団であった。この点は、アイルランド出資の「都市」的、「商人」的特徴を、ボティッグハイマーの指摘とは多少異なった視点から説明するものといえよう。他方、宗教的「独立派」については、従来その教会論から民主主義的側面が強調されてきたが、彼らのもつ植民地主義的、帝国主義的側面にかんしても、一六五〇年代前半の独立派総督ヘンリ・フリートウッド支配下の対カトリック政策や、バプテスト派軍人台頭と千年王国思想の検討を含めて究明すべき重要な問題点だといえよう。(53)

おわりに

このようなピューリタン革命期における全面的植民地化は、アイルランドに何をもたらしたのであろうか。当然のことながら、第一に土地所有権の大移動が起ったことが挙げられよう。全面的植民地化以前には、アイルランド人、オールド・イングリッシュといったカトリック勢力がアイルランド全土の五九％を所有し、ニュー・イングリッシュやスコットランド人入植者といったプロテスタント勢力の土地は四一％を占めていた。ところが、クロムウェル・セツルメント後は、プロテスタント勢力が全体の七八％を所有し、カトリック勢力は二二％を占めるにすぎなくなったのである。このカトリックの持ち分は、全員が移動したとはいえないにせよ、強制移住を命ぜられたコナハト地方の面積であった。(54) こうして、アイルランド近代史を特徴づける「プロテスタント優位」の経済的基礎が確立したのである。

では、出資者たちが夢みたプロテスタント自由保有農のアイルランドへの大量流入はどうだったのだろうか。農村については不明であるが、T・C・バーナードの詳細な研究によれば、都市について次のことがいえよう。(55) すなわち、すべての都市において、カトリックは市政権力とギルド支配権を少数派のプロテスタントによって奪取された。カトリック大商人は海外に亡命し、カトリック大衆は市壁の外側へ追放され、郊外に居住せざるをえなかった。こうして都市においても「プロテスタント優位」の支配体制が確立するが、注目すべきことに、カトリックに代わってアイルランドの産業を担うプロテスタント中流層の流入はほとんど生じなかったのだ。駐屯する軍隊の射程距離の範囲内でしか生命や財産の安全が保証されず、重税や、北米植民地とスコットランドよりも強力な貿易統制のもとであえぐ道を彼らは選択しなかったからである。実際に到着したプロテスタント移住者といえば、波止場で施しを受けねばならないほどの単純小生産者たちであったといわれている。他方で、出資者や兵士として実際に土地を取得した者たちの大半は、一度もアイルランドに足を踏み入れたこともない不在地主たちであった。それゆえ、このようなプロテスタント支配の実態からは、クロムウェルのアイルランド征服戦争のさいの檄にかんするM・ヴエーバーの次のような解釈は成り立たないように思われる。すなわち、クロムウェルが「アイルランド人自身にむかってその征服が道徳的に正当だということを、神に訴えつつ、イギリス人の資本がアイルランド人の労働を陶冶したという事実によって根拠づけている[56]」というくだりである。そのような事実はどこにもない。アイルランドのマニュファクチャーで働く熟練労働者は、つねにイングランド本国から調達される非国教徒たちであった[57]。不在地主と貧しい単純小生産者という貧富の二極化現象のなかで、アイルランドにあって、プロテスタンティズムは「資本主義の精神」を土着化できなかったといえよう。

　最後に、アイルランドの経済構造はどう変わったのだろうか。この点に簡単に触れて本章を閉じることにしよう。周知のとおり、イングランド本国の商品と競合するアイルランド産品の輸出は、絶対王政期のストラッフォード伯総督時代から規制されてきた。とくに全面的植民地化によってこの規制は強化され、主要産品の羊毛にいたっては全面的に輸出が禁止された。一七世紀アイルランド経済史を著わしたG・オブライエンは、ピューリタン革命のこの時期を対イングランド貿易が衰退したことから、「アイルランド経済の破壊期[58]」と述べている。だが、バーナードの研究は、この輸出規制の強化による対イングランド貿易の衰退によって、むしろアイルランドの産業が保護され、これが王政復古後の家畜と羊の輸出の伸張につながったと指摘している[59]。それらがまた重商主義植民地体制のもとで「家畜法」(Cattle Acts)、「羊毛輸出の禁止」(ban on wool exports) を生み出していくことはいうまでもない[60]。ただ、このピューリタン革命期の全面的植民地化という本章のテーマとの関連で注目したいのは、ダブリンの著しい人口膨張である。一六四七年に四万人であった人口は、一六八〇年には六〇万人に達し、ロンドンについでイギリス第二位の都市にのし上った。この成長の原因としては、プロテスタント商人が貿易独占をした結果、イングランドとの貿易量が飛躍的に増大したということが挙げられる。これは、その貿易を遂行したロンドン商人が、植民地・密貿易商人として、西インド諸島や北米植民地にも進出しており、それらの地域との貿易においてイングランドのどの都市よりも地理的に好位置を占めるダブリンに中継港としての機能を求めたからに他ならない。(61) さらに詳細な検討を必要とするとはいえ、こうしてアイルランドの全面的植民地がもたらした重大な帰結としてのダブリンの成長は、ピューリタン革命がもつ重商主義植民的帝国の出発点という側面を如実に示したものだといえないだろうか。

注

(1) C. Hill ed., *English Revolution 1640*, London, 1940, p. 70. 田村秀夫訳『イギリス革命』創文社、一九五六年、七八頁。

(2) 国の内外を問わず、ピューリタン革命期におけるアイルランドの研究は、十分になされてきたとはいいがたい。だが、一九七〇年代に入って、二つのすぐれた実証研究がオックスフォード大学出版部から刊行された。K. S. Bottigheimer, *English Money and Irish Land: The 'Adventurers' in the Cromwellian Settlement of Ireland*, 1971. T. C. Barnard, *Cromwellian Ireland: English Government and Reform in Ireland 1649–1660*, 1975 がそれである。邦語文献では、松川七郎『ウィリアム・ペティ〔増補版〕』岩波書店、一九六七年が唯一の研究であったが、あくまでアイルランド史の脈絡にそくして革命期を論じた山本正『「王国」と「植民地」——近世イギリス帝国のなかのアイルランド』思文閣出版、二〇〇二年が出版された。

(3) アイルランド問題を歴史的に論じたものとして、堀越智『アイルランド民族運動の歴史』三省堂、一九七九年、松尾太郎『アイルランド問題の史的構造』論創社、一九八〇年を参照。

(4) 絶対王政期のアイルランド植民史の詳細な叙述に、若原英明の「テューダー朝のアイルランド侵略」『研究紀要』(立教高校) 第一三集、一九八二年、「イギリス絶対王政期のアイルランド支配」同上、第一四集、一九八三年がある。

(5) Bottigheimer, *op. cit.*, pp. 30–31.

（6） Quoted, *ibid.*, p. 31.

（7） 征服と土地の没収を根拠づけるために、この蜂起におけるプロテスタントへの残虐行為を描いたのは、J. Temple, *The Irish Rebellion*, London, 1646である。またこの頃のカトリックに対する恐怖については、R. Clifton, 'The Popular Fear of Catholics during the English Revolution', *P & P*, no. 52, 1971を参照。

（8） 議会のこうした行動は、アイルランドの土地没収という国王の専権事項を議会が担ったという点において「革命的な意味」をもつ。浜林正夫『増補版イギリス市民革命史』未來社、一九七一年、一〇六頁。

（9） 「オールド・イングリッシュ」（Anglo-Irish）とは、テューダー王政期以前の入植者であり、カトリック教徒であった。彼らはこの直後に宗教を同じくするアイルランド人とともにカトリック同盟をキルケニーで結成し、プロテスタントと対峙していくことになる。「ペイル」（Pale）とは、本来「柵内」という意味であり、アイルランドへの侵入当初からイングランド人は、領地を柵や濠で囲み、そこでイングランドの法制度を適用して生活していた。ダブリン周辺のそのようなイングランド人の領土は、それゆえペイルと呼ばれた。

（10） S. R. Gardiner, *Constitutional Documents of the Puritan Revolution*, Oxford U. P., 1906, p. 205.

（11） 本書、第一章、第一節参照。

（12） Bottigheimer, *op. cit.*, p. 40. 革命初期のロンドン市政史を詳細に研究したV・パールは、これらの請願者が「これまで一六三〇年代にシティで指導的でなかった商人集団」であると指摘し、「ピューリタン植民事業にかんして卓越した商人のみならず、ブルック卿やウォリック伯といった貴族の同盟者をも含んでいる」と述べている。V. Pearl, *London and the Outbreak of the Puritan Revolution*, Oxford U. P., 1961, p. 208.

（13） Quoted, Bottigheimer, *op. cit.*, pp. 40–42.

（14） 松川七郎、前掲書、二六〇頁より引用。

（15） この節の以下の叙述は、Bottigheimer, *op. cit.*, chap. iv に基本的に負っている。

（16） *A. O.*, i, pp. 9–12.

（17） *Ibid.*, pp. 192–197.

（18） Anon., *The State of the Irish Affairs, for the Honourable Members..., from the Committee of Adventurers in London for Land in Ireland, sitting at Grocers Hall for that Service*, London, 1645.

（19） *Ibid.*, p. 5.

(20) *Ibid.*, p. 20.
(21) *C. S. P. I., 1633–1647*, p. 418.
(22) Bottigheimer, *op. cit.*, p. 95.
(23) *Ibid.*, p. 96.
(24) 「アイルランド・カトリック同盟」(Confederate Catholics of Ireland) は、立法機関としての総会、行政機会としての最高評議会、下部組織としての地方評議会や州評議会をもち、独自の統治組織をなしていたといわれる。またその憲法は、信教(カトリック)の自由、連盟員の生命・財産の自由、主張の自由を含み、「世界史上最初の近代的な成文憲法」だといわれているが、その立場が国王大権擁護というきわめて保守的なものであったことについては、山本正「「イギリス革命」期、カトリック同盟のアイルランド議会観」『史林』第六八巻五号、一九八五年が詳しい。
(25) Bottigheimer, *op. cit.*, p. 100.
(26) Anon., *A Letter from a person of quality residing in Kinsale, with an Attestation of the Officers of the Parliaments Army in Munster, in vindication of the Lord Inchiquin, Lord President of that Province*, London, 1646.
(27) 彼らのロビー活動の足跡は、*C. S. P. I., 1647–1660*, pp. 726–786 を見よ。
(28) 「ニュー・イングリッシュ」(New English) とは、テューダー王政期後半以降の入植者や官僚によって構成され、マンスター地方を地盤とした。
(29) S. R. Gardiner, *History of the Great Civil War*, London, 1893, vol. 3, p. 298.
(30) Bottigheimer, *op. cit.*, p. 111.
(31) 兵士の給与を出資者と同じ条件で没収地から支払うという約束は「二倍条令」*A. O.*, i, p. 196 においてもなされていた。これらの提案や約束が、アイルランドに駐屯する約三万五〇〇〇人のイングランド軍兵士のセツルメントへの参加を引き起したのである。
(32) これが、アイルランド人をして「地獄か、さもなくばコナハトへ!」"Hell or Connaught!" と叫ばせた悪名高い民族排斥計画であり、「二つのアイルランド」を創出する元凶となったものである。この計画は法令化されるが、どれぐらいのアイルランド人がコナハトへ移住を強いられたか定かでない。詳しくは、S. R. Gardiner, 'The Transplantation to Connaught', *E. H. R.*, vol. xiv, 1899 をみよ。
(33) Anon., *Humble Petition of the Adventurers, London*, 1652, quoted Bottigheimer, *op. cit.*, pp. 121–123.

(34) この一連のやりとりは *ibid.*, pp. 123–126.

(35) *A. O.*, ii, pp. 722–753.

(36) Bottigheimer, *op. cit.*, pp. 130–132.

(37) *A. O.*, ii, pp. 723–739.

(38) *Ibid.*, pp. 722–753.

(39) ペティによる測量調査にかんしては、松川、前掲書、二八七—三五二頁を参照。

(40) Bottigheimer, *op. cit.*, pp. 139–142.

(41) この資料は不完全ながら、*C. S. P. I.*, 1642–59 にも収められている。

(42) William Petty, 'The Political Anatomy of Ireland, 1672' in C. H. Hull, ed., *The Economics Writings of Sir William Petty*, Cambridge U. P., 1899, p. 154. 松川七郎訳『アイルランドの政治的解剖』岩波文庫、一九五一年、七五頁。

(43) たとえば、東インド会社の出資金の合計が二二八万七〇〇〇ポンドであり、ヴァージニア会社のそれは二〇万ポンドであった。それでも以前のデリィの植民地への出資金七万ポンドを大幅に上まわっている。Bottigheimer, *op. cit.*, pp. 55–58.

(44) 以下の分析は *Ibid.*, pp. 64–73 に述べられている。

(45) T. K. Rubb, *Enterprise & Empire*, Harvard U. P., 1967, p. 30, table 2.

(46) この傾向は、東方貿易商人によって一七世紀に開始された新大陸貿易が、プランテーションに投資しなかったために、ことごとく失敗した点に示されている R. Brenner, 'The Civil War Politics of London's Merchant Community', *P & P*, no. 58, 1973, pp. 65–66. ブレナーは、新大陸植民地貿易を成功させた商人は、植民地への投資に積極的な新しいタイプの商人だと述べている。

(47) J. R. MacCormack, 'The Irish adventurers and English civil war', *Irish Historical Studies*, vol. x, 1956–7, p. 39. ただし、彼が議員の党派の帰属を決定するさいに依拠したのは、D. Brunton & D. H. Pennington, *Member of Long Parliament*, London, 1954 である。議員の党派の帰属についてはその後も論争がつづいており、これについては、浜林正夫、前掲書、三三六—三四〇頁、青木道彦「長老派・独立派をめぐる諸問題——イギリス革命政治史の一側面」『専修人文論集』第二〇号、一九七八年。

(48) ロンドンにおいて、革命の推進力は「植民地・密貿易商人」と「宗教的独立派」であったといえよう。この点については、本書、第一章、参照。

(49) R. Greaves & R. Zaller, eds., *Biographical Dictionary of British Radicals in the Seventeenth Century*, vol. iii, Brighton, 1984, p. 294.

(50) M. Tolmie, *Triumph of Saints*, Cambridge U. P., 1977, pp. 140–141. 大西晴樹・浜林正夫訳『ピューリタン革命の担い手たち』ヨル

ダン社、一九八三年、二五五―二五六頁。

(51) Greaves & Zaller, eds., *op. cit.*, vol. i, pp. 16–17.

(52) 本書、第一章、表1–4参照。

(53) Barnard, *op. cit.*, chap. 5参照。ジョン・ロジャーズ、サミュエル・ブラックウッドらアイルランドでセクトの牧師をしていた者に十字軍的な千年王国思想があらわれ、地方、アイルランドへの派兵に反対したW・ウォルウィンら反律法主義者のなかから「アイルランド人の良心の自由」を擁護する主張があらわれたことは、思想史上、注目に価する。C. Hill, *The World Turned Upside Down*, Penguin ed., 1975, pp. 336–337.

(54) Bottigheimer, *op. cit.*, p. 3. Barnard, *op. cit.*, p. 11.

(55) *Ibid.*, chap. 4.

(56) M. Weber, Die protestantische Ethik und der ›Geist‹ des Kapitalismus, *Gesammelte Aufsätzezur Religionssoziologie*, Bd. i, Tübingn, 1920, S. 73. 大塚久雄訳『プロテスタンティズムの倫理と資本主義の精神』岩波文庫、一九八九年、一二〇頁。

(57) Barnard, *op. cit.*, pp. 38–39.

(58) G. O. Brien, *Economic History of Ireland in the Seventeenth Century*, London, 1919, rep. 1972, p. 115.

(59) Barnard, *op. cit.*, p. 47.

(60) この点については、角山栄「アイルランド羊毛工業の抑圧――イギリス重商主義論」『立命館経済学』一一巻二号、一九六二年。松尾太郎『近代イギリス国際経済政策史研究』法政大学出版局、一九七三年、第一章第二節参照。

(61) Barnard, *op. cit.*, pp. 47, 77–89. この点はまた、川北稔が明らかにしたイギリス植民地帝国の貿易構造と合致してくる。だがなぜか川北は「経済史にとってピューリタン革命の意義はますます不明確になってきているように思われ」ると述べ、ピューリタン革命と植民地帝国の貿易構造の形成過程との関連を明らかにしようとはしない。川北稔『工業化の歴史的前提――帝国とジェントルマン』岩波書店、一九八三年、八二頁、一四〇―一四四頁。

第三章　ピューリタン植民地帝国

——西インド諸島・プロヴィデンス島会社

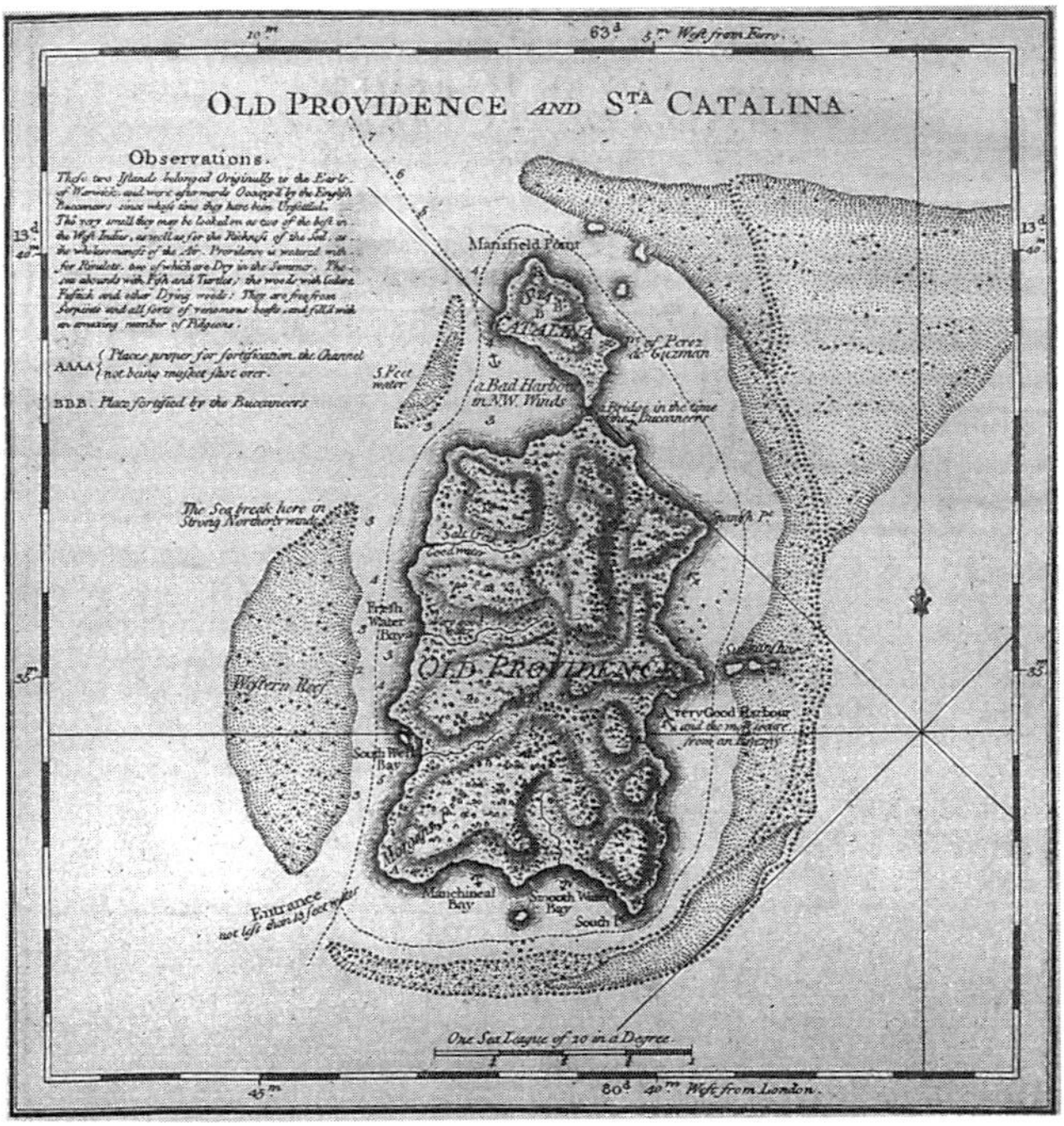

プロヴィデンス島。後に植民地化されたバハマ諸島のニュー・プロヴィデンス島と区別して，オールド・プロヴィデンス島と呼ばれた。島の周辺を囲むのはサンゴ礁。出典：T. Jeffreys, *The West-India Atlas*, London, 1783.

はじめに

「七つの海」と「陸地の四分の一」を支配した近代イギリスの植民地支配の発展において、北アメリカ、西インド諸島の植民地は重要な礎を築くものであった。その端緒はエリザベス女王時代の探検や私掠行為にさかのぼるとしても、一七世紀初期ステュアート期の植民会社による入植の企てなしには、王政復古から始まるとされる「商業革命」の展望を切り開くことはできない。ピューリタン革命前の植民会社といえば、北アメリカのマサチューセッツ湾会社、ヴァージニア会社について研究がなされてきたが、商業革命期に北アメリカ以上に入植者を引き寄せた西インド諸島の植民会社については十分な研究がなされてきたとは言い難い。

本章は、一六三〇年にマサチューセッツ湾会社とほぼ同時に発足しながらも、一六四〇年にはスペイン軍の攻撃によって実質的に解消した「プロヴィデンス島会社」(Providence Island Company)を追求することを目的としている。(1) かくも短命に終わった植民会社をなぜ言及するかといえば、北アメリカの植民会社ばかりが論じられ、西インド諸島の植民会社が扱われなかったことの弊害が指摘できるからである。すなわち、マサチューセッツ湾会社の研究に代表される北アメリカの研究において、ピューリタニズムと中産的生産者層の両極分解による近代資本主義的経済発展が強調され、(2) 他方で、西インド諸島においては、貴族的大土地所有と奴隷制砂糖プランテーションが前提とされてきた結果、(3) これらの生産様式の相違から、北アメリカと西インド諸島の間にはなんらの関連もないかのように考えられてきたのである。西インド諸島の植民地が当初から奴隷制砂糖プランテーションを目的としたものではないことや、世界システム論が強調するように本国、および双方の植民地間を双方向に行き来したヒト・モノ・カネの頻繁な移動を考慮するならば、(4) 従来の歴史認識は、双方の植民地を財政的にも精神的にも支援した本国イングランドの出資者の動機を曇らせ、イングランドと双方の植民地との間に存在した精神的絆であるピューリタニズ

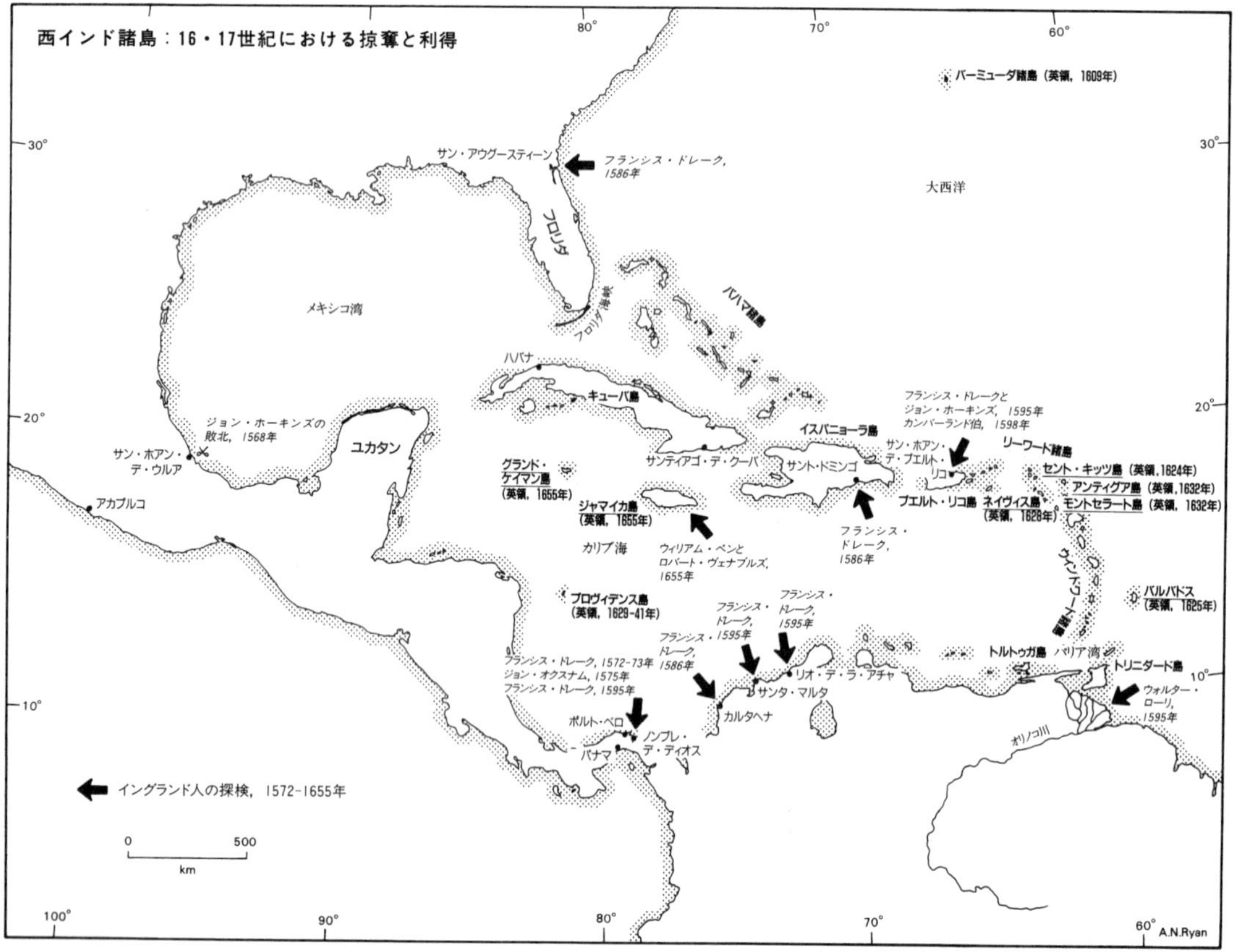

西インド諸島地図　出典：A.N. ポーター編著，横井勝彦・山本正訳『大英帝国歴史地図』東洋書林，1996年，26頁。

ムが果たした役割を矮小化し、ひいてはピューリタン革命へと流れ込むその変革力の性格すら見誤る危険を伴うからである。

プロヴィデンス島は、中央アメリカ・ニカラグア沖一一〇マイルに位置するサンタ・カタリーナ島のことで、南北六マイル、東西三マイルほどの小さな島にすぎない。第二代ウォリック伯ロバート・リッチ配下の船長が一六二九年に発見し、発見の報を受けたウォリック伯らピューリタン貴族が出資者として、国王から植民地勅許状を取得、そこに入植者を送りこみ、植民会社の経営に乗り出したのである。現在では住人は「ロック」としか呼ばないが、この小さな火山島がピューリタンにとって「神意」を表わす「プロヴィデンス」(Providence)とまで命名され、入植者が送りこまれた背景には、「(西)インドの中核、スペイン領の口元に位置するという地政上の利害や、「イングランドの財宝を二倍にも、三倍にも増大させる」という経済上の動機が働いた。(5) まさに「プロヴィデンス」は中南米に展開するカトリック・スペインの植民地帝国に挑戦し、三〇年戦争による毛織物輸出の不振がもたらした経済的不況からの救済を可能とする「神意」なのであった。

第二代ブルック男爵ロバート・グレヴィル（1607–1643）

第一節　社員とその目的

表3-1は、プロヴィデンス島会社の社員三三名のおもな履歴である。その中心的な社員には、セイ・アンド・シール卿、ブルック卿、トマス・バリントン、ジョン・ピム、ウォリック伯、オリヴァ・セント・ジョンなど錚々たるピューリタン貴族やジェントリが結集してお

表 3-1

氏名／称号／MP（議員の場合）／（生年－没年）	出資年出資額，会社での職位	親戚関係	他の貿易・植民会社への参加
Ball William	1633 年 Sherland の株の半分に出資		
Barbar Gabriel (d. 1633)	躊躇しながらも設立社員，1632 年に退社		東インド，ヴァージニア，サマーズ諸島，フランス
Barnardiston Thomas	1643 年割当て分の 4 分の 1 に出資	Knightley の実の従兄弟	東インド，レヴァント
Barrington Sir Thomas/MP/(1589–1644)	1631 年割当て分に出資	Gerard の義兄弟，Oliver Cromwell と John Hampden の従兄弟	フランス，ヴァージニア
Bosvile Godfrey/MP/(1589–1644)	1643 年割当て分の 4 分の 1 に出資	Brooke 卿の異母兄弟	ピスキャタカ
Cheeke SirThomas/MP/(d. 1659)	1632 年 N. Rich の株の 4 分 1 に出資	Warwick の義兄弟，Mandeville の義父	ヴァージニア，ギアナ，サマーズ諸島
Darley Henry/MP/(1596？–1671？)	1632 年 Gerard の株の 3 分 2 に出資		コネティカット川，マサチューセッツ湾
Dyke John	Company husband 設立社員 1639, 31 年副総裁に選任 32 年社員辞職		サマーズ諸島，ヴァージニア，東インド
Fiennes James	1633 年割当て分の 4 分の 1 に出資		
Fiennes William/Lord Say and Sele/MP/(1582–1662)	設立社員	娘は Linclon 卿と結婚 Sir Matthew Boynton と Sir Walter Erle の相続人	フランス，サマーズ諸島，コネティカット川，ピスキャタカ，東インド
Gawsell Gregory	設立社員	Warwick 伯の差配人である Saltonstall の義兄弟	フランス
Gerard Sir Gilbert/MP/(1587–1670)	設立社員，1634 年副総裁に選任	Barrington の義兄弟	ヴァージニア，サマーズ諸島
Graunt John	設立社員		フランス，サマーズ諸島
Greville Robert/Lord Brooke/MP/（1608–1643）	設立社員	Sir Arthur Haselrig の従兄弟，Bosvile の異母兄弟	フランス，東インド，コネティカット川，ピスキャタカ
Gurdon John/MP/(1595–1679)	設立社員	Sir Richard Saltonstall の従兄弟　Herbert Pelham の甥	フランス
Harwood Sir Edward/(d. 1632)	設立社員		フランス，ヴァージニア，サマーズ諸島
Knightley Richard/MP/(d. 1639)	設立社員		フランス，ヴァージニア，サマーズ諸島，コネティカット川
Michell or Machell John	1633 年 N. Rich の株の 4 分 1 に出資	Rich の従兄弟	東インド
Montague Edward/Lord Mandeville, Earl Manchester 1642/MP/(1602–1671)	1636 年割当て分の 2 分 1 に出資　1637 年に N. Rich の株を相続	Warwick の婿（最初の妻）Cheeke の婿（3 番目の妻）4 番目の妻は死亡した Warwick の元妻	サマーズ諸島
Moundeford Sir Edmond/MP/(1595–1643)	設立社員		フランス

Pym John/ MP/ (1587–1643)	設立社員 1638，39 年副総裁に選任		フランス，サマーズ諸島，コネティカット川
Rich Henry/ Earl of Holland/ MP	設立社員 総裁	Sir Nathaniel Rich の従兄弟，Warwick の兄弟	フランス，ギアナ，ヴァージニア，サマーズ諸島
Rich Sir Nathaniel/ MP/ (1585–1636)	設立社員 1635 年副総裁に選任	Warwick と Holland の従兄弟	フランス，ニューイングランド&マサチューセッツ湾，ヴァージニア，サマーズ諸島，コネティカット川
Rich Robert/ Earl of Warwick/ MP/ (1587–1658)	設立社員	Sir Nathaniel Rich の従兄弟，Holland の兄弟，Mandeville と Robartes の義父，Mandeville はまた Warwick の寡婦と結婚，Cheeke の義父相続人は Cromwell の娘と 1657 年結婚	アフリカ，ギアナ，ギニア，東インド，ニューイングランド&マサチューセッツ湾，サマーズ諸島，ヴァージニア，フランス
Robartes John/ Lord Robartes 1634, Earl of Rador 1679/ MP/ (1606–1685)	設立社員	Warwick の娘婿 姉妹は Rous 家に嫁いだ	フランス
Rudyerd Sir Benjamin/ MP/ (1572–1568)	設立社員		フランス，サマーズ諸島
St John Oliver/ MP/ (c1598–1673)	設立社員	Joan Altham と結婚 2 番目の妻 Elizabeth Cromwell は Sir Thomas Barrington の Niece であり従兄弟	ギアナ，ヴァージニア
Sherland Christopher/ MP/ (d.1632)	設立社員		フランス
Symons Thomas	1632 年 St. John の株の 4 分 1 に出資		東インド，レヴァント（?）
Upton John/ MP	1632 年 Dyke の株の 4 分 1 を Pym から獲得	Pym の従兄弟	
Waller Sir William/ MP/ (1598–1668)	1636 年割当て分の 4 分 1 に出資		
Woodcock William/ (d.1638)	1634 年 Lord Brooke により導入された割当て株の 4 分 1 に出資 company husband		コネティカット川
Jessop William/ (d.1675)	Company secretary		

出典：K. O. Kupperman, *Providence Ireland 1630–1641: the Other Puritan Colony*, Cambridge UP, 1993, pap. ed., 1995, appendix I.

り、商人を排除しているのが特徴である。[6] 排除の理由は、それ以前に探検家や商人のイニシアティヴで行われたアメリカにおける植民事業、すなわち、ヴァージニアのロアノーク（一五八五年発足、その後消滅）、ニューイングランドのサガダホック（一六〇七年発足、一年以内に失敗）、ジェームズタウン（一六〇七年発足、返済に苦労）、そして一六〇七年に設立、一六二四年に勅許状を廃棄・改組されるが、「好ましからざる産品」であるタバコによって繁栄しつつあったヴァージニア会社の経験に由来する。[7] プロヴィデンス島会社の社員は、組織的に制御されない商人主導の植民会社を嫌い、社員を少数の地主階級に制限し、神聖共同体を植民地に構築する植民会社の運営を目指したのである。他方、同じ年に発足したマサチューセッツ湾会社はその社員の大半が地主ではなく、中流層から構成されていたとはいえ、過去の植民地事業の失敗を踏まえ神聖な共同体を植民地に組織的に構築しようとした点において、プロヴィデンス島会社と同じ目的をもっていた。[8]

西インド諸島とイングランドとの経済的な関わりは、一五八五年のエリザベス一世による私掠行為の正当化にさかのぼる。これは、一説によるとイングランドの国民総生産を一〇％も押し上げ、プロテスタント国家としてのイングランドのナショナリズムを喚起したといわれている。[9] すなわち、アメリカからセヴィリアを目指すスペインの銀船団を襲撃することによって、カリブ海での私掠行為はスペインへの富の流れを妨げ、間接的にハプスブルク家のヨーロッパにおけるプロテスタントへの迫害を弱めることが出来たからである。このような宗教的愛国心は一六二〇年代後半の対スペイン戦争のさい、ピムによる西インド会社設立の提案[10]となって現われ、プロヴィデンス島会社を特徴づけるピューリタン地主階級の結束を強め、この組織を基盤にひいては王権への抵抗運動を引き起こしていくのである。

一六二六年、国王チャールズ一世が議会のバッキンガム公弾劾に激怒して議会を解散し、「強制貸し出し」を臣民から徴収しようとしたとき、これは「非議会課税」であるとして査定中に抵抗が国中で一斉に湧き起こった。将来のプロヴィデンス島会社の社員は、この抵抗運動を指導した。ノーサンプトンシァに所領をもつリチャード・ナイトレイ、オックスフォードシァに所領をもつセイ卿、クリストファー・シェアランドはピューリタン聖職者ジョン・プレストンと一緒に拒否者のネットワークを構築した。ウォリック伯、ナサニエル・リッチ、トマス・バリントンも自らの所領が広がるエセックスで別のネットワークを構築した。[11]また会社設立後に起こった船舶税への抵抗運動においても、彼らは指導的立場にあった。船舶税とは、王立海軍を補強するために緊急のさいに集められる税金であるが、ウォリック伯のもとで、「バリントントン・コネクション」はエセックスで抵抗運動を起こし、一六三八年初頭には、ウォリック伯、セイ卿、マンデヴィル卿、ブルック卿、そして会社書記ウィリアム・ジェソップはロンドンで会合をもち、抵抗運動はジョン・ハムデンの裁判で頂点に到達した。その際の弁護士は社員のオリヴァ・セント・ジョンであった。この運動は失敗するが、船舶税が革命後にウォリック伯のもとで遂行された近代海軍の創造に寄与したことを考えると、なんとも皮肉な結果である。[12]こうして、プロヴィデンス島会社の理事会は、議会が解散されていたチャールズ国王の個人支配の一〇年間に、反対派の会合場所となり、将来の長期議会の中間派の核心になるのである。[13]

これら錚々たるピューリタン貴族やジェントリの所領はおもにエセックス、ノーサンプトンシァ、オックスフォードシァであったが、その一帯はまたイングランド有数の毛織物工業地帯でもあった。毛織物工業は周知のごとくイングランドの重要な輸出産業であり、広幅織は総輸出高の八七%を占めた。[14]それゆえ三〇年戦争によるヨーロッパ市場の衰退は深刻な経済不況をもたらしていたのである。彼らが地図上取るに足らないプロヴィデンス島にかけた期待は、イングランドの不況に対する物質的救済でもあった。

ロバート・ハーコウトは一六〇九年に遡るギアナ体験をもち、一六一三年に初版のその著『ギアナへの航海物語』(*A Relation of a Voyage to Guiana*) は一六二六年に再版された。そのなかで彼は、植民地には貴重な森や価値あるスパイスが豊富になり、ほとんど維持コストがかからないと説いた。やがてマサチューセッツに渡ることになるジョン・ウィンスロップも植民地における熱帯作物の適切な選択は神聖な経験にとって重要であると指摘した。[15]社員

第二代ウォリック伯ロバート・リッチ（1587–1658）

は同時に、ヴァージニアやサマーズ諸島への出資者であり、タバコの欠点を知っていた。すなわち、タバコは初期のアメリカ植民地から採れる商品作物であるが、「イングランド人の肉体やモラルにとって危険」であるばかりでなく、自由市場により生産過剰状態にすぐさま到達し、植民地の「急速な滅亡」（speedy ruin）を招いた。タバコは一六二〇年代初頭に最高値を記録したが、ブームは一六二四年に終息し、社員はタバコには期待しなかったのである。[16]

では、実際にプロヴィデンス島ではどの作物が奨励されたかというと、繊維産業にとって重要な染料の栽培であった。承知のごとく、イングランドの毛織物工業における染色部門の立ち遅れは顕著であった。おもな染料原料である大青と藍は敵国スペインから、茜は低地地帯から輸入されていた。[17] 染料原料をプロヴィデンス島で栽培することによって、イングランドの毛織物工業は息を吹き返し、失業貧民は雇用の機会を得るのである。実際、プロヴィデンス島会社は、ブルック卿がパトロネイジをもつリチャード・レインを茜栽培の指導員として島へ派遣した。また繊維の仕上工程で石鹸を用いるが、イングランド産の石鹸は魚油が原料のせいで匂いを繊維に染み付けていた。プロヴィデンス島では、魚油に代わるスウィート・オイルの原料であるひまし油の栽培が奨励された。[18] しかしながら、これらの商品作物の栽培は失敗し、この島の商品は、対岸の大陸モスキート海岸で先住民が栽培する麻（対岸に遠征した隊長の名前をとって「キャモック麻」と呼ばれる）を交易によって獲得するぐらいしかなかった。[19]

結果として、これらの物質的救済は失敗に終わるが、ピューリタン貴族・ジェントリにとって、ローマ・カトリックとその指導者スペインを撃つことこそが「神の意志」、すなわち、「プロヴィデンス島」を必要とした理由なのである。イングランドはプロテスタント国家としての歴史的役割を回避し続けており、ピューリタン牧師は士師記五章二三節に従って、義戦への貢献を拒否したメロズの民に神が課した呪いを叫んだ。一六二〇年代の不況、凶作、貧困、ペストの蔓延、そしてアルミニウス主義の台頭による宗教迫害はイングランドから神の恩恵が失われつつある証拠であると考えられた。(20) 宗教的迫害は価値ある市民を亡命に追いやり、それによって生産力の低下を招いている。亡命者を匿い、スペイン領アメリカの眼と鼻の先に神聖な者たちによる共同体を建設し、スペインと戦う日に備えることこそが使命と考えられたのである。ニューイングランドへもいく人ものピューリタンが亡命したが、ニューイングランドへ渡った者たちは、自分たちの安全だけを考えているとの批判が生じるほどであった。(21)

第二節　プロヴィデンス島の統治と産業

ピューリタン革命以前のイングランド領アメリカ植民地における政治経済体制は、土地所有の不安定さ、不当に高い物価、公共事業への労働供与のせいで、すべての移住者にとって不満を抱かせるものであった。以下述べるように、個々の植民地はそれらの制約から次第に脱皮していくのに対して、プロヴィデンス島だけは、土地所有階級の強力な支配の下でそのような脱皮を成し遂げることが出来なかった。

プロヴィデンス島の植民事業の特徴は、社員資格をもつ少数の出資者がロンドンにおいて権力を維持し、入植者に土地所有を認めず、入植者をロンドンの理事会の強力な統制下におくという点で、当時のイングランド国王の中央集権支配に似ていた。(22) すなわち、プロヴィデンス島の初代総督はウォリック伯配下のフィリップ・ベルであるが、社員は総督を「州長官」と見なした。州長官は地方に対する中央政府の代表であり、国王大権のもとで国王の命令を実行し、治安を維持し、国王や枢密院と地方を結び付けた。すなわち、プロヴィデンス島においてベルとその後継者は理論上最終的な権限を有しているのだが、ロンドンの理事会に相談しないと何も決定できず、入植者と理事会の間に立って、その活動は絶望的に停滞した。また総督のもとにある陪審員は、イングランドの治安判事に相当した。「総督は三六名の候補者から二四名の陪審員を選ぶことができ」、陪審員たちは、「イングランドの法律に合致しうる明白な判決文に従って」事実を裁かなければならず、地方ジェントリの四季裁判所と王室の代理によって管轄される巡回法廷の役割を果たした。そして違反者には、イングランドにおいては反乱者に対してしか用いられない「鉄の足かせ」(bilboes)が嵌められたのである。[23]

周知のとおり、アメリカ植民地へ移住した入植者の大多数は「年季奉公人」(indentured servants)として海を越えたのであった。年季奉公人制とは、植民地に奉公人を調達する手段であり、長期にわたってイングランドで確立されてきた実践の拡大であった。[24]イングランド農村の多くの男女は一四、五歳ごろ故郷を離れ、年季奉公人として国中の定期雇用市で合意された年間契約にもとづいて働いた。契約期間中、主人の奉公人に対する支配は父親の支配と同様であり、奉公人は年に一日だけ主人を選択する自由があった。イングランドにおいて奉公人は、借地農として家庭を持つまでに通常一〇年間以上働いたが、植民地に移住する場合、労働環境は変化した。すなわち、主人は奉公人の渡航のために金を支払い、奉公人の義務はその初期投資を相殺する目的で長い間働くことになったが、譲渡証書は主人の死、あるいは、ごまかしを通じて奉公人に有利なように、イングランドで合意されたものから隔たったものになっていたからである。植民地に移住すれば、本国において一〇年以上かかった独立と土地がより短期間に入手できたのである。これが多くの移住者を魅了した動機であった。[25]しかし、プロヴィデンス島においては、先に述べたロンドン中心の中央集権的支配と、土地の公有地化、すなわち、それはあくまで出資者の私有財産であり、入植者による私有地化を許さないとの会社の基本路線は、他のアメリカ植民地に比してこの島の発展を妨げたのである。

「社会的基礎として土地における私有財産制の確立はイングランドの初期植民地の驚くべき革新であった[26]」とア

メリカ人史家がいうように、アメリカの各植民地は土地の私有財産制の確立と植民地議会の設立に努力した。ヴァージニア植民地では、一六一六年から一六一八年にかけて植民地の再編に取り組んださいに、土地の半分は公共事業のような植民地の社会的必要を満たすために奉公人に、残りの半分は「個別のプランテーション」として出資者に与えられた。入植者は七年間の年季奉公期間を終了するや、年間二シリングの放免地代を払って一〇〇エーカーを受け取るのである。一六三二年にメリーランドのボルティモア卿への勅許状は総督と陪審員以外に、植民地議会を召集する権利を認めた[27]。サマーズ諸島、あるいはバミューダ諸島植民地は、一六一五年にヴァージニア植民地から枝分れして勅許状を受け取った。土地はプロヴィデンス島同様、植民会社によって留保されたが、五年間の年季期間終了後に入植者に折半され、残りの半分の土地も出資者が自ら購入することによって継承した。植民会社は一六二〇年に新総督のナサニエル・バトラーに議会を召集することを命じた[28]。プリマス植民地では、「ピルグリム」すなわち、入植者はロンドンの出資者と同等のパートナーであった。合本組織は七年間で解体し、その後はイングランドの出資者と入植者との間で平等に分配された。一六二六年入植者は失意の出資者の分を買い上げ、業務をアメリカへ移転した。各入植者は二〇エーカーを受け取った。八人が出資者への負債の支払責任を取り、植民地貿易の独占的支配権を与えられた。一六三六年植民地議会が召集された[29]。バルバドス島植民地では、入植者は所有者であるカーライル卿によって地代の支払いを要求された。地代は当初収益金の五%であったが、各戸別の定量計算となった。受取人は地代の徴収が困難であり、一六四〇年代初頭にフィリップ・ベル総督は、地代は停止されるべきであるという植民地議会（一六三八年設立）の要求に従った[30]。マサチューセッツ湾植民地では、すべての植民者が出資者であることによって株式所有者となり、土地の権利が与えられた。一家庭当たり五〇エーカーである[31]。こうして、ヴァージニアやマサチューセッツ湾植民地では、土地の私有制が認められた結果、一六三〇年代に前者は後者よりも低い社会層を受け入れたとはいえ、それぞれ一万人ぐらいの入植者を受け入れた。土地の私有制も植民地議会も認められなかったプロヴィデンス島植民地では、数百人の入植者を見出すのに苦労したのである[32]。

アメリカにおける土地取得によって入植者が手にした「独立」の意味は、奴隷を究極的に自らの財産であると定義し、こうして自由土地保有農民に隷属する他の男女の自由と個人の尊厳の喪失、すなわち、「奴隷制」を生み出したのである。プロヴィデンス島においては、他のどの植民地よりも早く奴隷の導入が進んだ。ピューリタンである出資者たちは、環境決定論の観点から奴隷の受け入れを確信した。一六三二年に彼らがアソシエーション諸島へ入植する労働力を検討したさいに、「イングランド人の肉体はその労働に適合しない」がゆえにアフリカ・ニグロ奴隷の供給に言及した。[33] しかしプロヴィデンス島への即座の導入には躊躇した。神聖な男女の共同体の治安が逃走奴隷によって悪化することを恐れたからである。また先住民はこの島に住んでいなかったが、近隣先住民の奴隷化も禁じられた。しかしながら、奴隷の国際貿易がオランダ商人の手により西インド諸島で活発であったこと、プロヴィデンス島においては、先に述べた理由から年季奉公人の入植がままならず、公共事業のための労働問題を解決することが急務だったことから、一六三三年には二〇〜四〇人の奴隷が輸入された。[34]

だが、神聖共同体の建設という使命を入植者が忘れていたわけではない。プランターとして入植したサミュエル・リッシュワースはただ一人奴隷制を嫌悪し、人間を奴隷に留めおくことはキリスト者には禁じられていると主張した。それに対して、理事会は奴隷制が合法であるとの見解を打ち出し、プロヴィデンス島においては奉公人制から奴隷制に変化していったのである。[35] 一六三八年四月、総督は一〇〇人の奴隷の購入を命じ、翌月には逃走奴隷の強硬な捜査ゆえにイングランド領で最初のニグロ奴隷反乱がこの島で起こった。結局、一六三九年後半か一六四〇年初頭にブルック卿へ宛てた手紙のなかで、総督ナサニエル・バトラーは「黒人はわれわれよりも多くなった」と警告し、一六四一年に島を占領したスペイン軍は三八一人の奴隷と約三五〇人のイングランド人を捕捉したと報告している。[36] 他の植民地と比較すると、ピューリタン革命期に砂糖プランテーションが発達を遂げたバルバドス島さえ一六六〇年まで、セント・キッツ島も一六八〇年までこのような高い奴隷比率に到達していなかった。いかにプロヴィデンス島が奴隷制において突出していたか容易に分かるのである。[37]

出典：ジャン・バプテスト・デュ・テルトル著『アンティル諸島の一般史』（パリ・1667）より

さて、意図した商品作物の栽培に失敗し、労働力である年季奉公人の移住もままならなかったプロヴィデンス島の最後の切札は、私拿捕許可状（letters of Marque）による私掠行為であった。一六三五年にスペインの攻撃を撃退し、王権から拿捕状が保証されたさいに、経済に対する受け止め方は劇的に変化した。私掠行為は島を財政的に成功させると同時にスペインによる攻撃の危険を増大させた。許可が下りてから島には毎日四、五隻の船舶が行き来し、あるものはイングランドから来た船舶で、そのうちの何隻かは社員の所有する船舶であり、他はオランダ船であった。出帆する船舶は、対岸のモスキート海岸産のリクガメ、魚、木材であり、時には兵士と、掠奪品を積んでいた。会社は入植者に私掠船を出すことを許可し、分捕品の二〇％を分け前として与えた(38)。総督バトラーは私掠航海に出たが成果はあがらなかった。むしろロンドン商人モーリス・トムソンに支援されたウィリアム・ジャクソン船長の遠征隊の方がスペインの奴隷船を拿捕し、その船はこの島から北アメリカに向けて航海し、本国に凱旋した(39)。島から四五〇マイル離れたダリエン海岸で金銀の鉱石が発見され、会社はトムソンとパートナーシップを組んで開発に乗り出そうとしたが、トムソンの船舶がアルゼンチンの海賊に掠奪されたために、この事業は頓挫した。しかし、会社は入植者に対して自由貿易もダリエン鉱山の開発も許さなかったのである。(40)

第三節　二種類の入植者

入植者は土地の自己所有を許されなかったとはいえ、神聖共同体建設の中核を担うために中流層からも徴募された。中流層の者たちは奉公人を雇用し、プランテーションの経営にあたる傍ら、軍事訓練への参加、牧師給与の支払、そして公共事業、すなわち、要塞・道路・教会・総督館・牧師館などの建設を期待された。また家父長として、その民のよき秩序に責任をもち、朝夕の祈りに声をそろえ、怠惰・酒酔い・冒瀆など神に反する行為を処罰しなければならないのである。このようなピューリタン中流層の入植者は、社員との結びつきで入植した者が多く、出身地は社員の所領との関係を示している。たとえば、この島の軍人支配を緩和したヘンリ・ホルヘッドはブルック卿の勧めで移住したが、卿の影響力の強いオックスフォードシァのバンブリの商人であった。(41) また、バリントンの所領であるエセックスのブレイントリという町からは、ジョン・ビィチャー以下多くの中産者や奉公人が移住した。(42) バンブリとブレイントリの共通項は、いずれも毛織物工業の盛んなピューリタン都市、さらには、「軍隊の民泊」(billeting) に反対する運動の活発な地域であったという点である。軍隊の民泊は、王権の一方的な課税に反対する者を処罰する意味で実行された。実際には、無法な兵士により市民が犠牲になるため評判が悪く、時には反対蜂起が起こる始末であった。(43) 社員のナサニエル・リッチは軍隊の民泊反対請願運動の指導者として逮捕され、エセックスでは、「ウィタムの乱闘」(Witham Affray) という事件が、バンブリでは、軍隊のなかのアイルランド人に対する反発から大火事件が起こり、ホルヘッドは最大の損害を被った四人のうちの一人に数えられる。(44) これに出身地は特定できないが、ニグロ奴隷反対論者のリッシュワースが加わり、派遣された牧師を中心としながらピューリタン中間層の集会がプロヴィデンス島においても形成されたのである。

他方、スペイン軍との軍事的対峙という状況のなかで、総督に歴代就任し、要塞建設、島民に対する軍事訓練の指導にあたったのは、おもに大陸で三〇年戦争に参加の経験を持ち、その後長らく西インド諸島に止まり、私掠行為を繰り返していた職業軍人たちであった。最初バミューダ島から移住してきた初代総督ベル、軍人として第二位の地位である提督ダニエル・エルフリース、第三位の地位である軍事教練閲覧総督ウィリアム・ルディヤード、そして最大のウォリック要塞を建築したサミュエル・アックスはいずれも上記の経歴を有する職業軍人たちであり、とりわけエルフリースは、ウォリック卿の配下として、有名な私掠船トレジャー号の艦長としてカリブ海域でその名を馳せていた。[45] また一六三五年スペイン軍による攻撃後会社は私拿捕許可状を得て、島における軍人の発言力は以前にも増して大きくなるが、そのさい第二代総督に就任したロバート・ハントはブルック卿の配下であり、ネーデルラントにおける従軍の経験をもっていた。[46] 敬虔なハントは島のコングリゲーションの指導者と同盟したために一六三八年に総督職を解任され、その後総督を務めたのがバミューダ諸島の総督をしていたバトラーであった。バトラーはバミューダ島の総督時代に、土地の私有化、議会の設置を成し遂げたが、この島では、軍事と私掠行為に力を注ぎ、中流層の入植者とはことごとく対立し、彼らを押えこんだ。[47]

プロヴィデンス島は神聖共同体を目指したはずなのに、実際には、職業軍人が支配し、スペインに対する私掠船の基地と化したのである。ここには、中流層の入植者が信奉する「神意主義」の立場、すなわち、神意を考慮し、現実の出来事を将来の出来事の徴として理解する立場と、戦場において明日知れずとも知れない自己の命運から現実を今日限りのものとして理解する軍人特有の「運命」(fortune) と立場の相違が反映しているのである。[48] 元来ピューリタン貴族やジェントリが有していた「神意主義」と「運命」の二重性がこの島では当初から分裂し、軍人とピューリタン中流層の不和対立として立ち現われた。島の初代牧師ルイス・モーガンとエルフリースの不和として露呈した対立図式はやがて島の牧師ホープ・シェラードが投獄される一方で、エルフリースが破門される事態にまで至り、ついにはピューリタン中流層が結集する分離コングリゲーションを産み出したのである。[49] 一六四〇年スペインが再びこの島を攻撃したときには、シェラード、ホルヘッドら四名はすでに本国へ送還され、他五名のピューリタン・コングリゲーションの残党は迫害に対して、マサチューセッツに援助を求めて訴えを起こしていた。[50] こうして、プロヴィデンス島においては、マサチューセッツのような中流層を中心とする「市民社会」が生まれることは決してなかった。

おわりに

以上、プロヴィデンス島の経済活動について考察してきたが、この島においては、ロンドンの会社理事会が中央集権的な統治を行い、入植者には「土地の私的所有」も「交易の自由」も許されなかったのである。そのため、年季奉公人の入植者が少なく、経済活動は奴隷労働と私拿捕許可状の許可による私掠行為に移っていった。会社理事会の構成員は本国では国王に対して「議会の自由」を要求した錚々たるピューリタン貴族ジェントリであったが、自己の植民地に対しては裏腹の統治を行っていたのである。砂糖栽培で発展したバルバドス島、それに倣ったセント・クリストファー島、モントセラット島、またタバコ栽培を行ったヴァージニア、商品作物がなく移民の吸引力を失ったとはいえ、持続的成長を遂げたニューイングランドはいずれも土地の私有財産制、植民地議会の設立、民兵隊のシヴィリアン・コントロールという成功の三条件を実現していった。ピューリタンによる鳴り物入りの「神意」の島は、本国の大土地所有者が支配したために、あまりにも「民意」に欠ける島だったのである。だが、スペインの攻撃によって歴史上姿を消したとはいえ、プロヴィデンス島の経験はピューリタン革命が勃発した一六四〇年代にピューリタン貴族・ジェントリと西インド貿易商人との同盟を帰結し、革命勢力である政治的独立派の推進勢力として、航海法の制定やクロムウェルによるアイルランドや西インド遠征を支えることになる。[51] またピューリタンの北アメリカ入植においても、コネティカットのセイブルック計画は失敗したとはいえ、マサチューセッツ以外の地域におけるピューリタンの入植を推進する勢力を形成したのである。(52)

注

(1) 近年プロヴィデンス島会社に関してなされた詳細な研究には K. O. Kupperman, *Providence Ireland 1630–1641: the Other Puritan Colony*, Cambridge U. P., 1993, pap. ed., 1995 がある。先行研究として、A. P. Newton, *The Colonising Activities of the English Puritans*, New Heaven, 1914 があるが、歴史叙述の精確さという点に難がある。

(2) 平出宣道『近代資本主義成立史論』日本評論新社、一九五八年。中村勝己『アメリカ資本主義の成立』日本評論社、一九六六年。三崎敬之『マサチュセッツ湾植民地公民の研究』大明堂、一九八三年。田村光三『ニューイングランド社会経済史研究』勁草書房、一九九五年。大西直樹『ニューイングランドの宗教と社会』彩流社、一九九七年。

(3) E. Williams, *From Columbus to Castro: The History of the Caribbean 1492–1969*, London, 1970. 川北稔訳『コロンブスからカストロまで——カリブ海域史 1492–1969』岩波書店、I・II、二〇〇〇年。池本幸三『近代奴隷制社会の史的展開』ミネルヴァ書房、一九八七年。

(4) 川北稔『工業化の歴史的前提』岩波書店、一九八三年。I. Wallerstein, *Modern World-System II: Merchantilism and the Consolidation of the World-Economy, 1600–1750*, New York, 1980, 川北稔訳『近代世界システム 1600–1750』名古屋大学出版会、一九九三年。和田光弘『紫煙と帝国——アメリカ南部タバコ植民地の社会と経済』名古屋大学出版会、二〇〇〇年。

(5) Kupperman, *op. cit.*, p. 26. Do., 'Capt. Philip Bell to Sir Nataniel Rich, March, 1629', in Vernon A. Ives (ed.), *The Rich Papers: Letters from Bermuda, 1615–1646*, Tronto, 1984, pp. 319–321. 一八世紀初頭であるが、イギリスの対スペイン領アメリカに対する貿易、植民地構想については、薩摩真介「「自由な貿易」か征服か」川分圭子・玉木俊明編著『商業と異文化の接触』吉田書店、二〇一七年所収、参照。

(6) これらのピューリタン貴族・ジェントリの結合については、修正主義者C・ラッセルも認めている。C. Russell, 'The Parliamentary Career of John Pym,' in P. Clark, A. G. R. Smith and N. Tyack, eds., *The English Commonwealth, 1547–1640*, New York, 1979, p. 148. また彼らは厳格なピューリタンではなく、時にはゲームや観劇、ダンスに興じたことは、J. T. Cliffe, *The Puritan Gentry: The Great Puritan Families of Early Stuart England*, London, 1984, pp. 143–144 が述べている。実際にパートナーシップを組んでビジネス

を担当するモーリス・トムソンらの新興貿易商人は社員には加えられなかったとはいえ、株式の二〇％を所有していた。Kupperman, *op. cit.*, p. 201.

（7） *Ibid.*, p. 24.

（8） この指摘は、T. K. Rubb, *Enterprise and Empire: Merchant and Gentry Investment in the Expansion of England, 1575–1630*, Cambridge MA, 1967, pp. 88, 146.

（9） エリザベス期の私掠行為については、K. R. Andrews, *Elizabethan Privateering: English Privateering during the Spanish War, 1585–1603*, Cambridge U. P., 1964 参照。

（10） 一六二六年に始まった西インド会社設立の提案は一六三七年、一六四一年にも繰り返された。J. C. Applebye, 'An Association for the West Indies? English Plans for a West India Company,' *Journal of Imperial and Commonwealth History*, no. 15, 1987, pp. 220 ff.

（11） R. Cust, *Forced Loan and English Politics, 1626–1628*, Oxford, 1989, pp. 102–105ff. Do., 'Politics and the Electorate in the 1620,' in Cust and Ann Hughes, eds., *Conflict in the Early Stuart England: Studies in Religion and Politics, 1603–1642*, London, 1989, pp. 157–158. Hughes, *Politics, Society and Civil War in Warwickshire, 1620–1660*, Cambridge U. P., p. 88.

（12） E. Cope, *Politics Without Parliaments, 1629–1640*, London, 1987, pp. 106–121. Andrews, *Ships, Money and Politics: Seafaring and Naval Enterprise in the Reign of Charles I*, Cambridge U. P., 1991, chap 6.

（13） C. Thompson, 'The Origins of the Politics of the Parliamentary Middle Group, 1625–1629,' *Transactions of the Royal Historical Society*, 5th ser., 22, 1972, pp. 71–86.

（14） D. Hirst, *Authority and Conflict: England, 1603–1658*, London, 1986, p. 4.

（15） R. Harcourt, *A relation of a Voyage to Guiana, now newly reviewed and enlarged*, London, 1613, 2nd ed., 1626. J. Winthrop, 'A Model of Christian Charity,' in *Winthrop Papers*, vol. ii, Massachusetts Historical Society, 1944, pp. 282–295.

（16） *C. S. P. Col., 1574–1660*, pp. 124–25. R. R. Menard, 'A Note on Chesapeake Tobacco Price, 1618–1660,' in *Virginia Magazine of History and Biography*, no. 84, 1976, pp. 401–410.

（17） E. Kerridge, *Textile Manufactures in Early Modern England*, Manchester, 1985, pp. 166–168.

（18） Kupperman, *op. cit.*, pp. 86–87.

（19） *Ibid.*, pp. 95–104.

（20） W. Gouge, *Gods Three Arrows: Plague, Famine*, Sword, London, 1631. メロズの呪いにかんして、W. Hunt, *The Puritan Moment: The*

Coming of Revolution in an English County, Cambridge MA., 1983, pp. 199–200.

（21） 実際には実現しなかったが、一六三八年にウォリック伯、ブルック卿らは、プロヴィデンス島に行くことを宣言した。また彼らの、ニューイングランドの移住者に対する批判については、'Lord Say and Sele to John Winthrop,' in *Winthrop Papers*, vol. iv, Massachusetts Historical Society, 1944, pp. 262–267. 本書、第五章、第三節参照。

（22） しかし、本国では、このような中央集権支配体制が変化し、地方政府の権限が強化されつつあった点については、A. Fletcher, *Reform in the Provinces: The Government of Stuart England*, New Heaven, 1986 を参照。

（23） Kupperman, *op. cit.*, pp. 52–56.

（24） 北米植民地に渡った年季奉公人については、川北稔『民衆の大英帝国』岩波書店、一九九〇年が詳しい。

（25） A. Kussmaul, *Servants in Husbandry in Early Modern England*, Cambridge U. P., 1981. W. M. Billings, 'The Law of Servants and Slaves in the Seventeenth-Century Virginia,' *Virginia Magazine of History and Biography*, no. 99, 1991, pp. 45–62.

（26） Kupperman, *op. cit.*, p. 142.

（27） W. F. Craven, *Dissolution of the Virginia Company: the failure of a colonial experiment*, Gloucester MA, 1964, pp. 52–58. メリーランドについては、和田、前掲書、第一章が詳しい。

（28） J. H. Lefroy, ed., *The historye of the Bermudaes or Summer islands*, London, 1882, pp. 189–92. W. E. Craven, *An Introduction to the History of Bermuda*, Williamsburg, 1940, pp. 53–59, 75.

（29） C. M. Andrews, *The Colonial Period of American History*, New Haven, 1934, vol. i, pp. 264–267, 283–290.

（30） G. A. Puckrein, *Little England: Plantation Society and Anglo-Barbadian Politics, 1627–1700*, New York, 1984, pp. 48–51.

（31） B. Rutman, *Winthrop's Boston: portrait of a puritan town, 1630–1649*, Chapel Hill, 1965, pp. 40–46.

（32） Kupperman, *op. cit.*, p. 143.

（33） *Ibid.*, p. 166.

（34） *Ibid.*, pp. 165–170.

（35） *Ibid.*, p. 177.

（36） *Ibid.*, p. 172. メナードは、「解放された奉公人」（Freedman）の高賃金への要求が、チェサピークにおける奴隷制への変化を加速させたと主張している。R. Menard, 'From Servant To Slave,' *Southern Studies*, vol. xvi, 1977, pp. 374–375.

（37） 植民推進者は、植民地の長期的成功は、女性が鍵であることを知っていた。女性は食料の保存や準備、衣服の製造や維持にかんする必須の技術を身につけていたからである。一六三五年のエクスペクティーション号の七二人の乗客中二七人が女性であった。Kupperman, *op. cit.*, p. 160.

(38) *Ibid.*, p. 274. 薩摩真介『〈海賊〉の大英帝国――掠奪と交易の四百年史』講談社、二〇一八年において、薩摩は、近世ヨーロッパの掠奪行為を海賊行為、私掠行為、そして海軍による拿捕行為の三種類に分類して説明している。

(39) ジャクソンはニューイングランドに立ち寄り、掠奪品の砂糖とインディゴを一四〇〇ポンドで売却し、更なる私掠航海に必要な物を購入した。J. K. Hosmer, ed., *Winthrop's Journal: History of New England, 1630–1649*, vol. i, New York, 1908, pp. 309–310.

(40) Kupperman, *op. cit.*, pp. 280–283. 自由貿易を許さなかった点が、オランダから砂糖プランテーションを導入したバルバドス島とのその後の発展の格差につながった。

(41) D. E. M. Fiennes and J. S. W. Gibson, 'Providence and Henry Halhead, Mayor of Banbury 1630/31,' *Cake and Cockhorse*, no. 7, 1978, pp. 199–210.

(42) B. Bonagun, 'Codes and Conduct in English Civil War,' *P & P*, no. 118, 1988, pp. 70–73.

(43) Kupperman, *op. cit.*, pp. 47–48.

(44) ブリーンは「ウィタムの乱闘」がニューイングランドへエセックスの男女を誘った出来事であると指摘している。T. H. Breen, 'English Origins and New World Development: The Case of the Covenanted Militia in Seventeenth-Century Massachusetts,' *P & P*, no. 57, 1972, pp. 80–81.

(45) Craven, 'Earl of Warwick, A Speculator in Piracy,' *Hispanic American History Review*, no. 10, 1930, pp. 463–465.

(46) Kupperman, *op. cit.*, p. 267.

(47) バトラーは、バミューダ諸島の歴史を書いた。これがJ. Smith, 'Generall Historie of Virginia New England, and the Summer Isles,' in P. L. Barbour, ed., *Complete Works of Captain John Smith*, vol. ii, Chapel Hill, 1986 の叙述の基礎を成した。

(48) 「神意主義」と「運命主義」の対比については、K. Thomas, *Religion and Decline of Magic: Studies in popular belief in sixteenth and Seventeenth century England*, London, 1971, chap. 4. 荒木正純訳『宗教と魔術の衰退』(上)法政大学出版局、一九九三年、第四章。

(49) Kupperman, *op. cit.*, p. 259.

(50) Hosmer, ed., *op. cit.*, vol. ii, pp. 33–35.

(51) 本書、第二章でアイルランドの植民地化を、本書、第五章において西インド遠征を取りあげる。

(52) ブルック卿、ウォリック伯はボストンの神政政治に批判的であり、ハートフォード、ニューヘイブンを建設した。

Kupperman, 'Definism of Liberty on the eve of Civil War: Lord Say and Seles, Lord Brook and the American Puritanism,' *Historical Journal*, no. 32, 1989.

第四章　ピューリタン革命と「商船船乗り」層

——軍事財政国家の出発点

王立海軍の旗艦「王権号」(*Royal Sovereign*)。共和国海軍時代は「コモンウェルス号」(*Commonwealth*)と改名。1638 年に船舶税により建艦。全長 39 m，船幅 14 m，乗組員 690 名，砲門 106 門。出典：J. Morrill, ed., *The Oxford Illustrated History of Tudor and Stuart Britain*, Oxford U. P., 1996, p. 363.

はじめに

イングランドはどうして一八世紀初頭までにフランスと海外植民地を二分する「世界強国」(world power) に近づいたのか。

その関連で注目したいのは、ピューリタン革命期の軍備拡張と財政政策である。対外戦争や内戦という戦争状態の中で、従来の関税に加えて内国消費税や査定税が導入され、それらの諸税は一八世紀末まで国家収入の主要な源泉であり続けた。軍事的資源を欠いていた絶対王政期とは異なり、議会はニューモデル軍と職業的海軍の創設に着手し、王政復古期を経て、イングランド銀行の設立によって一六九〇年代に国家財政にかんする責任を最終的に受け入れたとき、イングランドの財政は膨張し、高い割合の軍事費を支出する「軍事財政国家」(fiscal-military state) に到達していたのである(表4-1、図4-1参照)。

またこの点は近年活発に議論されている軍事財政国家論にも看取される。軍事財政国家論はそもそも軍事史研究の立場から提起された。一九六五年にM・ロバーツは「火器」の使用という戦術上の変化が中世と近代を分かつ推進力であると述べ、常備軍の必要と国家権威の増大を指摘した。(1) J・パーカーは一五〇〇年から一六六〇年に起こった海戦における戦術革命を議論することによってこの議論を海軍の領域にまで拡大した。(2) しかしながら、J・ブリュアは「イングランドは一六、七世紀にヨーロッパのいわゆる「軍事革命」の主要な参加者でなかった」と主張し、(3) 軍事財政国家の出発点を一六八八年以後、フランスとの第二次百年戦争の後に置いたのである。

それに対して最近出版されたJ・S・ウィーラーの研究は、ブリュアの議論に関して、問題点を以下の二点から指摘している。それによれば、第一にブリュアは一六、七世紀ヨーロッパにおけるイングランドの相対的地位と軍事革命を混同した。たとえば、エリザベス期に一〇万のイングランド人が海外派兵のために徴募されたにもかかわ

表 4–1　国家支出全体に占める軍事費の割合（1600 年 1 月 – 1699 年 9 月）

期間		総支出（£）	軍事費（£）	軍事費比率 %	平均年間軍事費（£）
1600–4	W	2,366,444	1,672,545	70.7	334,509
1605–9	P	2,571,959	752,330	29.2	150,466
1610–14	P	2,931,725	735,672	25.0	147,134
1615–19	P	2,112,393	431,596	20.4	86,319
1620–4	P	1,869,831	430,388	23.0	86,077
1625–9	W	3,356,683	1,405,989	41.9	281,197
1630–4	P	2,155,890	735,865	34.1	147,173
1635–9	P	3,106,807	1,299,369	41.8	259,873
1640	W	899,519	658,766	73.2	658,766
1642–60	W	34,352,545	29,173,019	84.9	1,535,422
1660–4	P	5,706,492	3,650,814	63.9	730,162
1664–9	W	9,398,653	6,254,184	66.5	1,250,836
1670–4	P	10,216,899	5,081,023	49.7	1,016,204
1674–9	P	9,046,627	5,102,760	56.4	1,020,552
1679–84	P	6,605,992	3,667,730	55.5	733,546
1684–8	P	7,421,940	4,197,341	56.6	1,049,335
1688–97	W	49,823,023	36,272,274	72.8	4,030,252
1697–9	P	11,387,663	4,562,756	40.1	1,937,913

P ＝平時　W ＝戦時

出典：J. S. Wheeler, *The Making of a World Power: War and the Military Revolution in Seventeeth-Century England*, Stroud, 1999, p. 209.

らず、エリザベス期の軍事戦略と外交を過小評価した。第二に財政面に関しても、P・G・M・ディクソンの研究に依拠したため、イングランドの財政革命の開始をイングランド銀行の設立、戦費と政府の財政上の責任を議会が次第に負うことになった一六八八年以後に求め、「英仏第二次百年戦争」の勝利を公信用の起債に結びつけて説明している。(4) 他方、M・J・ブラディックの研究は、財政革命をより長期の一六四五〜一七六〇年に置き、その原因を軍事革命に求めた。すなわち、J・シュンペーターのいう「租税国家」を引き起こした財政的政治的変化は直接的には、一六四〇、五〇年代、およびそれ以前の軍事的変化と緊密に結びついていたのである。(5)

ウィーラーやブラディックの「軍事財政国家」成立について、歴史的背景を説明すると以下のようになる。王立海軍（Royal Navy）の確立はテューダー朝の一五四七年に遡るが、一五八八年にスペインの「無敵艦隊」とアルマダの海戦を戦った船舶の多くは個人的に所有された商船であり、戦時のためにだけ傭船された。つまり、王立海軍は国王所有の軍艦を備えたとはいえ、常備軍ではなく、平時に職業軍人として時間をささげてくれる海軍士官と水兵幹部を欠いていた。とやかくするうちに一七世紀前半、地中海、東インド、新大陸貿易など遠隔地貿易の興隆により軍艦はより大型化し、大砲用の甲板を艤装するようになった。それによって、必然的に多くの火器は舷側に搭載されることを意味し、「ブロードサイド」といわれる攻撃方法が一般化した。軍艦はもはや前面から砲撃しながら迫ることをせず、一斉砲撃を集中するための横隊になった。そのような船舶は大きく、非常に重たかった。(6) そのため軍艦と商船の分離が要求され、傭船商船は補助艦（フリゲイト）の役割を果たすようになった。一六二〇年代までに軍艦と商船の分離の必要性が痛感され、軍事改革は、海戦への責任を直接とるように政府に圧力をかけた。

図 4–1　国家支出全体に占める軍事費の割合（1600–1697 年）

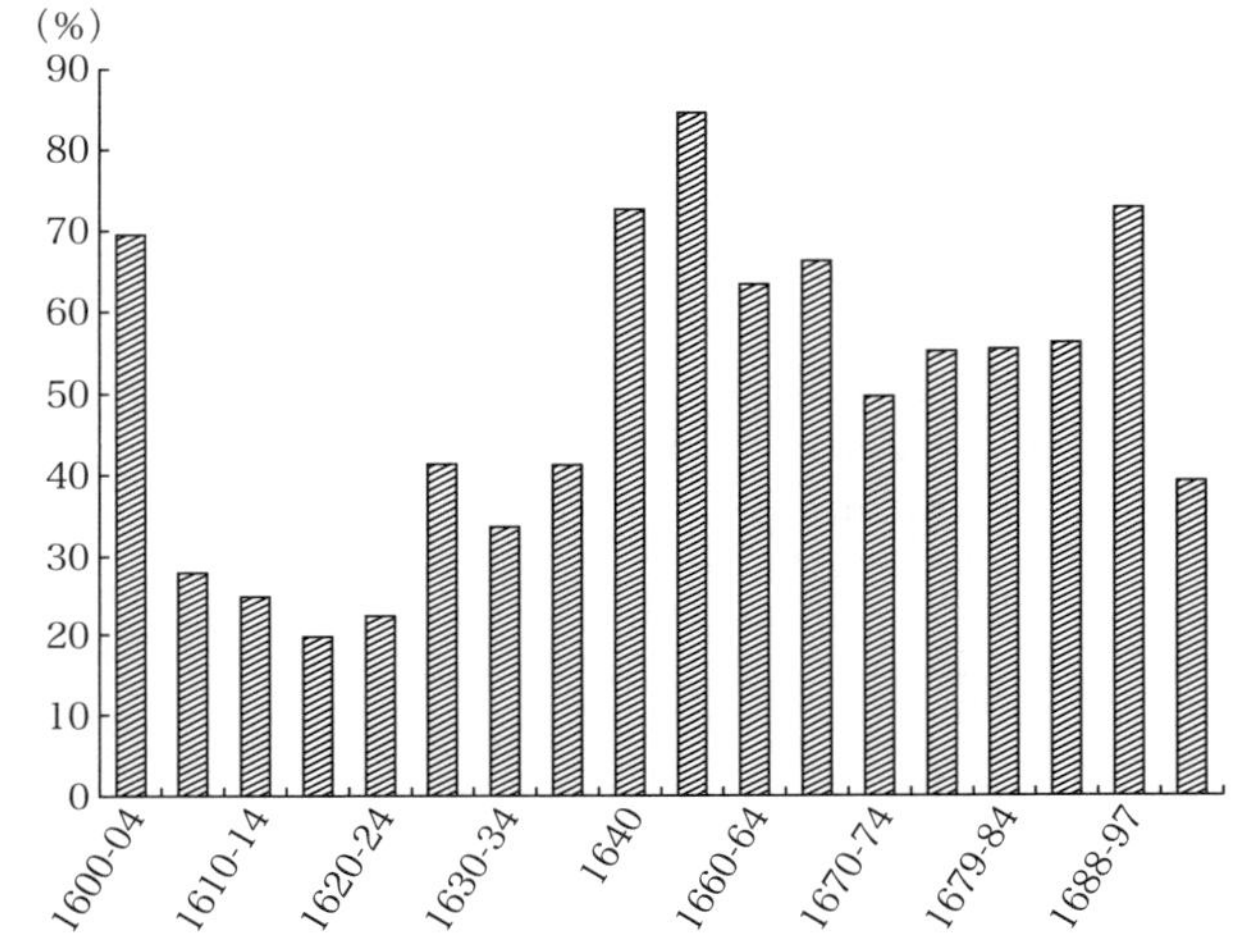

出典：Wheeler, *op. cit.*, p. 210.

一六三〇年までにチャールズ国王は、イングランド外交上の無能さが財政の議会への全面依存と職業的海軍の欠如にあることを悟った。「船舶税」(ship money) といわれる非議会課税を徴収し、一六三四～三八年に王立海軍を拡大した。一六三七年から一六七四年までイングランドは戦争状態に突入し、スコットランド戦争（一六三九～四〇年）は王権の軍事財政システムにより遂行されたため失敗した。L・ストーンが指摘するように、旧来のシステムである王室財政は一六四〇年までに崩壊したのである。(7) 一六四一年

表 4–2　国家収入全体の主要な構成要素（1603–1700 年）

期間		a. 総収入（£）	b. 関税（£）	c. 内国消費税（£）	d. 査定税（£）	b, c, d, as % of a
1603–5	P	1,319,234	291,260	—	—	22
1606–10	P	2,775,666	691,804	—	—	24
1611–15	P	2,813,786	1,024,032	—	—	36
1616–20	P	1,834,362	816,853	—	—	44
1621–5	P	2,166,988	1,043,083	—	—	48
1626–30	W	3,140,241	1,129,380	—	—	36
1631–5	P	2,285,131	1,088,881	—	—	48
1636–40	P/W	3,541,981	1,781,277	—	750,613	71
1643–50	W	13,299,645	1,485,191	2,195,203	5,228,871	67
1650–9	W	18,565,731	3,777,864	3,720,910	6,676,578	76
1660–4	P	5,208,842	1,346,797	1,358,475	1,703,030	85
1665–9	W	9,251,201	1,550,817	1,394,625	5,055,888	86
1670–4	P	9,005,725	2,433,992	2,236,773	1,446,965	68
1675–9	P	8,261,103	2,883,907	2,721,303	1,307,520	84
1680–4	P	7,286,176	2,845,797	2,418,914	521,417	79
1685–8	P	7,701,732	3,472,165	1,837,983	10,331	69
1689–91	W	8,613,190	1,919,514	2,429,750	3,171,739	87
1692–5	W	19,643,620	3,335,538	3,915,411	7,059,064	72
1696–1700	P	24,301,914	5,742,898	5,759,988	7,289,303	77

P＝平時　W＝戦時
出典：Wheeler, *op. cit.*, p. 213.

一〇月アイルランド反乱が勃発し、一六四一年から一六五二年まで投入された兵力はイングランド、アイルランドともに三万五〇〇〇人に到達した。戦争のコストは六〇〇万ポンドにも跳ね上がった反面、本書第二章で見たように、クロムウェル・セツルメントによりアイルランド全体がイングランドの領地となった。一六五三年までに、イングランド軍は五万人の職業軍人をアイルランド、スコットランド、イングランドに展開し、海軍は二〇〇隻の軍艦と三万人の水兵を擁するまでに膨張した。その背景には、議会派の闘将ジョン・ピムが、交易上、軍事上の先進国オランダを模倣し、「オランダ財政」と称して一六四三年に「内国消費税」（excise tax）を導入し、チャールズ時代の船舶税は一六四五年に「査定税」（assessment）として拡大採用され、最終的に一六九三年の「土地税」（Land tax）に発展した財政政策が挙げられる（表4－2参照）。こうして、第一次英蘭戦争（一六五二

〜五四年)、スペインとの海上戦(一六五六〜六〇年)が勝利のうちに戦い抜かれ、一六八七年までにイングランド軍はイングランド国内だけで二万人を超え、海軍は一七三隻の大艦隊、数千の水兵を擁し、名誉革命以前には、ヨーロッパ有数の軍事力に成長するに至ったのである。平時の陸軍はフランスやオーストリアよりも規模は小さかったが、海軍は欧州二大勢力の一角となった。(8)

本章は、絶対王政期に「半ば私的な海軍組織」(semi-private naval organization)にとどまっていた王立海軍が「職業的海軍」(professional navy)として成立する転換点をピューリタン革命に求め、イングランドにおける軍事財政国家の成立の特徴を明らかにしたい。そのため、第一節では、ピューリタン革命期の海軍で起こった政治的変化、第二節では、その担い手である商船船乗りの社会層としての特徴、第三節では、行政面から議会派海軍を担った集団の分析、第四節では、共和国海軍の軍備拡張とその成功要因である短期信用の実践、第五節では、職業的海軍形成のさいの士官層とその宗教活動を論じることにする。

第一節 「二段階の海軍革命」

一六四二年の「革命」

革命史の叙述は陸軍が中心であったため、S・R・ガードナーでさえ海軍は革命期において大方「中立」であったと考えた。(9)ガードナーはのちにこの見解を改めたけれども、D・E・ケネディの研究によれば、海軍においても一六四二年と一六四八年に政治史同様「二段階」の革命があった。すなわち、一六四二年の革命は国王派から議会派への、一六四八年の革命は、議会派内部でも国王主権の長老派から、議会主権の独立派への海軍における権力移動なのである。(10)

一六四二年七月の海軍における「革命」は十分に準備されていた。その前年、議会は艦長として一六二〇年代に王立海軍を指揮したジョン・ペニントンの海軍大臣就任を拒否し、ノーサンバーランド伯を選択した。国王所有のプロヴィデンス号が議会派貴族ロバート・リッチこと第二代ウォリック伯所有の船に追いかけられた腹いせに、国王チャールズはウォリック伯を指揮官から下ろすためにノーサンバーランド伯の許可を撤回し、ペニントンを強引に任命したからである。議会はさらに、ウォリック伯を海軍大臣にするための法令化を急いだ。他方、チャールズは一六四二年六月海軍大臣を辞めさせ、議会に服従せず、ウォリック伯を支持しようとしない主要な士官を海軍の防衛艦隊に参加させようとしたのである。(11)

議会は一六四二年夏季防衛艦隊に参加する一八隻の軍艦と二四隻の商船を注意深く選んだ。同年七月、すべての士官にウォリック伯への忠誠宣誓を求め、同意しない艦長を追放した。表4-3が示しているように、海軍指揮官の分裂は政治的であると同時に社会的である。ウォリック伯への忠誠宣誓を拒否した国王派艦長九名(うち本章では八名を確認)は王立海軍でキャリアを積んだジェントリたちであった。これらの者のうち、ジョン・メンネス、リチャード・フォジ、ジョン・バーレイ、トマス・ケトルビは一六二〇年代に艦長に就任した年配者であった。若い士官は一六三〇年代から一六四〇年に艦長に就任したヘンリ・ストラディング、ロバート・スリングスビー、ロバート・フォックス、ブラッドイン・ウエイクであった。彼らは内戦以前に一般的であったジェントルマン海軍士官の代表であった。

他方、ウォリック伯へ服従した議会派艦長の大半はロンドン東郊のテムズ川河畔に居住する「商船船乗り」(merchant-seaman)たちであった。一六四二年の国王派の追放は、士官クラスの社会的性格を変えたのである。ブライアン・ハリスン、ジョージ・ハッチ、トマス・トレンチフィールド、エドマンド・シーマン、トマス・ホワイトは全員、ウィリアム・レインバラ司令官の指揮下に、北アフリカ・バルバリア沿岸のサレーの海賊を征伐するための遠征に選ばれたが、職業的な海軍士官ではなく、船舶を所有するロンドンの航海士、船大工、船長たちであり、船舶税により増大する海軍に一六三〇年代末に入隊したのである。彼らはまた「トリニティハウス」(Trinity

表 4-3　1642 年夏季防衛艦隊の主要な艦長

氏名	出身地	国王派	職業	艦船の名前	艦長就任
William Rainsborough	Wapping		merchant seaman		1635
George Cartret	Jersey		baronet		1637
Brian Harrison	Wapping		merchant seaman	Vanguard	1637
George Hatch	Wapping		merchant seaman	Henrietta Maria	1637
Thomas White	Deptford		merchant seaman		1637
Edmund Seaman	Wapping		merchant seaman		1637
Thomas Trenchfield			merchant seaman	Unicorn	1637
William Batten			merchant seaman	St George	1641
Henry Bethel			merchant seaman	Mary Rose	1641
Richard Blyth			merchant seaman	Vanguard	1641
Richard Owen			merchant seaman	Entrance	1638
Abraham Wheeler			merchant seaman	Greyhound	1638
John Burley	Isle of Wight	○	gentry	Antelope	1628
Richard Fogge		○		Victory	1628
Robert Fox		○		Lion	1638
Thomas Kettleby		○		Swallow	1627
Sir John Mennes	Kent	○	gentry	Rainbow	1626
Robert Slingsby	West Riding	○	comptroller of navy	Garland	1633
Henry Stradling	Glamorganshire	○	gentry	Bon-adventure	1631
Richard Swanly	Limehouse		merchant seaman	Charles	1641
Bladwin Wake		○		Expedition	1640
called Stachin				Providence	
Richard Hill				Providence の副艦長	1636

出典：D. E. Kennedy, 'Naval Captains at the Outbreak of the English Civil War', *M. M.*, no. 46, 1960, pp. 181–198 より作成

House）と呼ばれ、伝統的に海軍を補完してきた水先案内人協会に属し、いずれも長老会員であるか、あるいは将来長老会員になる船乗りたちの指導者であった。ウィリアム・バッテン、リチャード・ブライス、リチャード・スワンリ、ヘンリ・ベセル、リチャード・オウエン、エイブラハム・ウィーラーも同様の社会的背景をもっていた。彼らの誰も船舶税が導入される以前には王立海軍の指揮権を握っていなかったのである。わずかにジョージ・カートレットだけがこの社会集団の圏外にいた。これらの艦長のみならず、海軍に傭船された二四隻の商船の艦長も同様に商船船乗りたちであった。

一六四八年の「革命」

こうして議会は艦隊の支配権を掌握し、第一段階の「革命」を成し遂げた。

ウィリアム・バッテン（1600/01–1667？）

内戦中ウォリック伯に代わって実際に海軍を指揮した副司令官はウィリアム・バッテンであり、彼は強力な長老派として議会とシティから信頼されていた。しかし、一六四七年四月議会がニューモデル軍を解散させようとした頃から、革命を更に推進しようとする独立派と、バッテンのような長老派指揮官を頂く海軍の関係が怪しくなる。議会のニューモデル軍解散要求に対して、同年八月、クロムウェルらのニューモデル軍はロンドンを占拠し、独立派というその政治的同盟者を再び議席につけ、六人の長老派議員は亡命を余儀なくされた。亡命議員の船が海峡で捕捉された時、バッテンはあえて彼らを逃がしたのである。独立派は海軍司令官を信頼の置ける人物に取り替えようとした[12]。

バッテンは国王派との共謀の容疑をかけられ、トマス・レインバラ陸軍大佐に取って代わられることになった。トマスは、上述のサレー海賊征伐艦隊司令官ウィリアムの長男であり、独立派であると同時にレヴェラー思想の持ち主でもあった[13]。バッテン辞職後の一〇月、庶民院により冬季防衛艦隊の副司令官にトマスが任命された。しかし、新しく指揮権を執る前にトマスはウェアでレヴェラーの行動に関与し、貴族院はそれゆえ就任を妨げた。だが、チャールズ一世を海軍が国外に逃がすことを怖れ、陸軍大将フェアファックスやウォリック伯の反対にもかかわらず、一六四八年三月ついにトマスは夏季防衛艦隊の司令官に任命されたのである[14]。

指揮下の士官の大半は、バッテンの行動を支持していた長老派であった[15]。一六四八年五月テムズ川河口のダウンズに停泊中の艦隊はついに反乱を起こし、レインバラ司令官を拒否した。議会の執行組織であるダービー・ハウス委員会は、一六四五年の「辞退条令」により軍務を退いていたウォリックを再び海軍大臣に任命し、反乱を沈静化するために彼をダウンズに派遣した。イギリス海軍史上、この一六四八年の反乱はケント州のジェントリの反乱も巻き込んで、これに比肩しうるものはないといわれている。北艦隊からグレイハウンド号、ウォリック号が反乱を起こした六隻に加わった。これら二隻は再び議会派に寝返ったが、六月にコンスタンス・ウォリック号が他の一一隻と一緒に亡命中のチャールズ二世に加勢するためにオランダに去った。ハーウッチ軍港においては、タイガー号、プロヴィデンス号が反乱船となり、結局、夏季防衛艦隊の三九隻のうち、一八隻が反乱船であった。これは、イギリス海峡と北海に展開する海軍の艦船の半数以上を示している[16]。

では、反乱の原因は何か。五月二八日付の海軍の宣言は、ワイト島に幽閉中の国王との和平協定である「個人的な交渉」の支持、ニューモデル軍の解散など、伝統的な政府への回帰という要求を示している。確かにレインバラの夏季防衛艦隊司令官就任は反乱の直接的な引き金であった。彼に対する不信の真の基礎は、レインバラが「国王、議会、王国に対して十分な影響力をもたない者」とみなされたがゆえであり、「宗教と政治に関して最も破壊的な主張を持ち、この王国の平和と古い政府に対する有名な敵対者」だからである[17]。実際に、彼がレヴェラーズと結びついていることはあまりにも有名であった。つまるところ、レヴェラー色の強いレインバラでは、彼自身「これらの地域での船乗りの混乱の最大動機は完全に国王支持である」と喝破したように、王政を維持できないという長老派、ひいては根強く残る国王派の思惑が背後で働いていたのである[18]。だが、反乱グループはその後次第に影響力をなくしていった。

トマス・レインバラ（1610–1648）

八月バッテンがオランダに到着したとき商船船乗りはまだ暖かい歓迎をした。[19] そのうち、水兵を連れ、テムズ川に攻め入るとの話が出た。しかし、実際には反乱船はダウンズに止まり、商船に対する臨検を継続した。これは悪評であり、私掠船同然であるという憤りが商船船乗りの間に生じた。ロンドンの貿易商人たちはバッテンを支持しなくなり、五月にはワイト島から国王を連れ出す事も成功できたのだけれども、いまやその好機も失せた。八月の終わりまでに食糧の供給とモラールが低下し、バッテンをはじめとする反乱軍のリーダーたちはオランダに戻る事を決心した。こうして海軍から国王を支持する長老派の影響力は急速に衰えた。

第二節　商船船乗り層

船舶の大型化、私掠行為

職業的海軍の必要性は、近距離の北欧貿易から出発したイングランドがしだいに遠距離のレヴァント、東インド、新大陸貿易に乗り出していくにつれて大型化する船舶の問題と密接に関連していた。

一六世紀末から一七世紀初頭にかけて（一五八二年から一六二九年の間）、イングランドの保有船舶積載量総トン数は七万一〇六〇トンから一二万一〇〇〇トンへと七〇％の伸びを示した。[20] 九九トン級以上の大型船舶の平均トン数は一五八二年の一三八トンから一六二九年には一九四トンに伸びた。イングランド全体におけるロンドンのシェアは、一五八二年の一七％から一六二九年の二七％、大型船舶は三三％から四〇％、イースト・アングリアを入れると、一六二九年には七六％を占めるようになった。原因は、一五七〇年代の地中海への再参入と一五八〇年代のトルコ貿易の開始である。一五八一年にレヴァント会社が設立され、二〇〇トンから五〇〇トンの船舶が使われるようになった。一六〇三年のスペイン戦争の結果、アングロ・イベリア貿易が高まり、三〇年戦争中イングランドは中立であり、毛織物・鉛・錫を他国よりも安く輸出したがゆえに、ヴェネチア人、フランス人との競争で勝利を収めた。この間、大西洋植民地貿易、アフリカ貿易が開始され、大型船舶はいっそうの需要があったのである。[21]

船舶の大型化に伴い海賊も一七世紀の第一・四半世紀に変化が生じた。独航船や二、三隻の海賊船団という事はなくなり、地中海のみならず、いわゆる北アフリカ・バルバリア沿岸のサレーの海賊が支配するようになり、大西洋においても「掠奪艦隊」(Fleets of marauders) に地位を譲った。サレーの海賊は通常、地中海で活動しなかった。むしろ関心を大西洋に向けた。そこでは人数の多かったアルジェリア人と並んで、新参者として一六一〇年代に出現した。一六二〇年代にはフランスやイングランドの航海を妨げるようになった。一六世紀以来、西部諸州の港はニューファンドランドの漁業で繁栄しており、一六二五年末まで二五〇隻の船と五〇〇〇人の漁民を毎年雇用した。王室海軍はウィリアム・コークとバッキンガム卿が一六一八年に責任を負って以来、攻撃力を強化した。しかし、一六二〇年代のダンケルクの海賊とサレーの海賊に対抗することは出来なかった。[22]

海賊船に対抗するための職業的海軍を構築する目的で促進されたのが船舶税の徴収であった。一六三四年一〇月チャールズ一世は港や沿岸都市、他にイングランド・ウェールズの海に関係する地域に船舶税徴収の文書を出した。それによって州長官は翌年三月までに半年の航海のために完全に艤装され、武装され、人員を整えられ、食糧を備えられた軍艦の数を正式に備えるよう命ぜられた。最初の船舶税艦隊は一六二五年五月リンゼイ伯の指揮下で進水した。一九隻のうち国王所有の軍艦六隻、他は商船の傭船である。[23] 先述のウィリアム・レインバラによって指導された一六三七年のサレーの海賊への遠征は、船舶税徴収の正当化を意味するものと受け取られた。

また商船に「私拿捕許可状」を発行して海賊行為を政府が公認する「私掠行為」(privateering) は、エリザベスの時代同様、チャールズの時代にも繁栄し、一六二七年に頂点に到達した。戦争状態の五年間に少なくとも七三七隻の拿捕船が海事裁判所によって合法的であると調停され、証拠不十分を入れると実際の総計は一〇〇〇隻に欠けるところに落ち着いた。七三七隻の積荷と船舶の商品価値は約八〇万ポンドか九〇万ポンドにも到達した。当時の王室海軍の指揮官は私掠船の船長を経験したペニントン、ジョン・ワット、トマス・ラブであり、他の艦長職のジョン・バッグ、ジョン・ドレイクも戦争中は私掠行為に励んだ。貴族は一部を除いて海賊や私拿捕に熱心でなかったが、例外は海軍大臣に就任するウォリック伯であった。ウォリック伯は一六二〇年代にスペイン船に対する私掠行為の推進者であり、一六三〇年代は、前章で述べたように、プロヴィデンス島会社を設立し、カリブ海のスペイン船を狙ったのである(25)。

遠距離貿易の発達による船舶の大型化、軍艦の増大、私掠行為、その実質的担い手となったのが商船船乗りたちであったのである。彼らは、もともと当時の先進的な通信手段、流通手段、軍事手段である船舶に関して、造船術、航海術、砲術に通じた「船大工」(shipwright)、「航海士」(master)、「船乗り」(seaman)たちであり、船舶の部分所有や、「船長」(shipmaster)として自らも貿易に乗り出すことによって富を蓄積し、ある者は新興貿易商人として商人化していった。なかでも、一六二四年のヴァージニア会社の崩壊により特権的貿易会社の独占事業でなくなった新大陸貿易や西インド諸島貿易はその台頭にとって絶好の機会を提供したのである。一六二五年から一六四五年にかけて、商船船乗りたちは、貿易商人のパートナーと結合して年季奉公人とタバコを運搬する植民地貿易を開始した(26)。彼らは、船長として、自らの計算に従って一定量の積荷を無料とみなす習慣的権利を主張し、船舶所有者や荷主との利害対立をときには孕みながらも、資本を蓄積した。それに抗して、船舶所有者たちは船舶の積載許容トン数や積載価格を下げ、船長の積荷の比率が余りにも高くなることを妨げたのである。船長はまたいわば「独立生産者」として、それ以外にも「船舶の利用に関する」多くの権限を有しており、乗組員と積荷、そして乗客の確保にも責任があった。実際に「商船船乗り」として成功した者たちは、植民地の「門戸開放」(free for all)のさいに乗り出した数多くの船乗りの中でも最も卓越したわずかな者たちであった。商船船乗りはこうして自ら船舶を操縦する「船乗り業者」(seafaring)から出発して、船舶所有を目的とする「海運業者」(shipping)や、荷主として彼らに依頼する「貿易商人」(merchant)、そして海軍士官へと渾然一体となりながら発展を遂げたのである。

図 4–2　1700 年のロンドン東郊

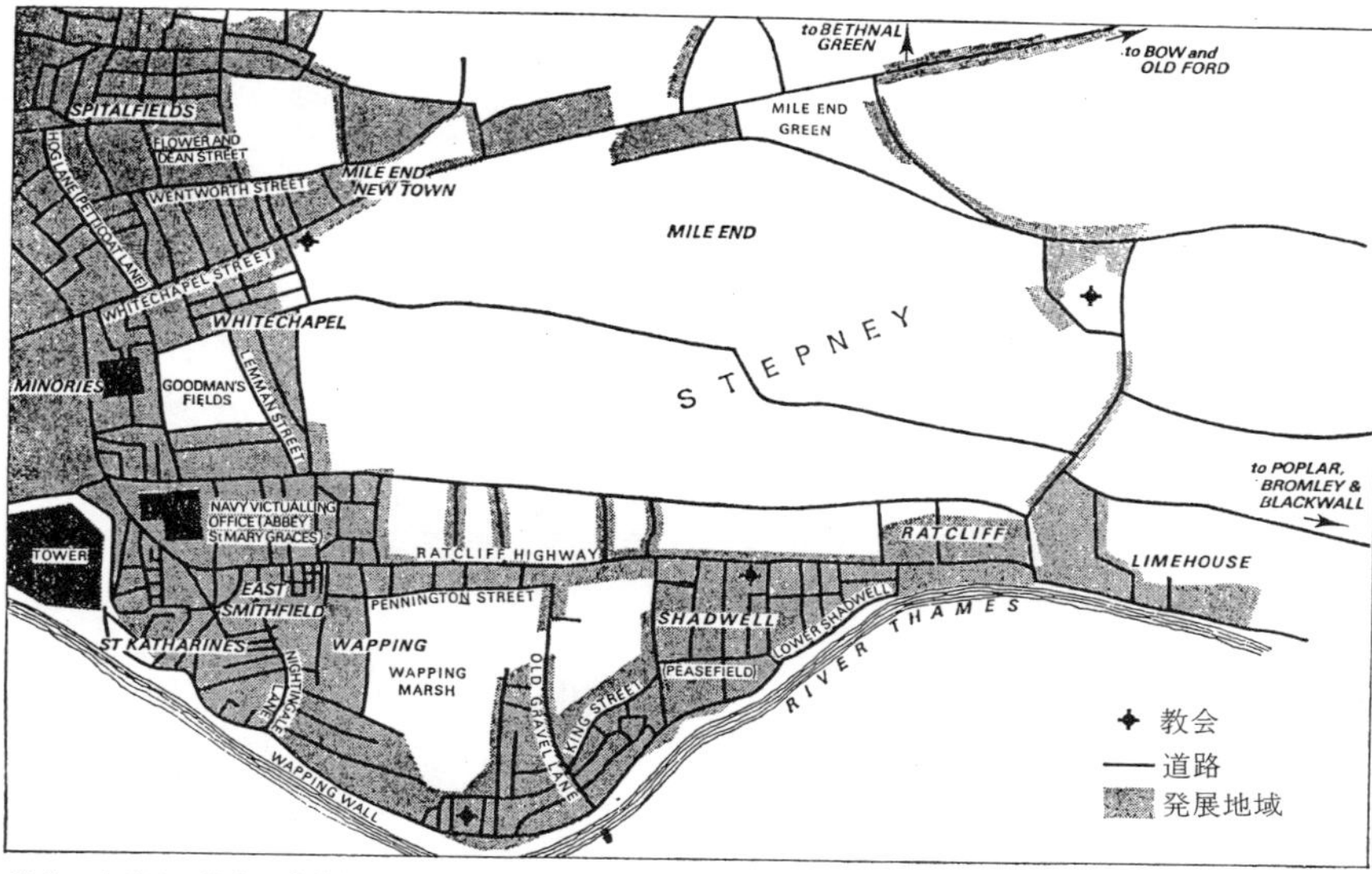

出典：イギリス都市・農村共同体研究会編『巨大都市ロンドンの勃興』刀水書房，1999 年，42 頁。

「商船船乗り」の特徴：ウィリアム・レインバラとニーマイア・ボーンの場合

本節では、ロンドン東郊セント・メアリ・ホワイトチャペル教区の小村であるワッピング出身の二人の商船船乗りを叙述することにより、この社会層の特徴を浮き彫りにしたい。ワッピングという場所は図4–2にあるようにテムズ川河畔に面しており、表4–4が示しているように、ワッピングを含むロンドンのイースト・エンド（近隣のシャドウェル、ラトクリフ、ライムハウス、ポプラー）は、造船、海運業に従事する者の比率がロンドンのどこよりも高く、船舶の大型化にともなう造船地帯、港町を形成していた(27)。

先にのべた一六四八年夏季防衛艦隊司令官トマスの父であるウィリアム・レインバラ（William Rainsbourgh, 1587–1642）は、商船船乗りトマス・レインバラの長男であり、自らも海軍司令官、庶民院議員になった人物である。ウィリアムは若い頃父の船を操舵し、おもにレヴァント貿易に乗り出した。一六二二年、父の死後彼はすでに成功した船乗りになり、一六二五年一一月にはサンプソン号の船長であり、その船

表4–4　1606-10年のテムズ河畔各小村の洗礼記録に現れる父親の職業（％）

	Wapping	Shadwell	Ratcliff	Limehouse	Poplar
商人および専門職	1(　1)	—	7(　3)	9(　5)	4(　5)
食品関係	5(　6)	4(　6)	32(12)	14(　7)	9(11)
小計	6(　7)	4(　6)	39(15)	23(12)	13(16)
造船	12(15)	6(　9)	29(11)	23(12)	4(　5)
製造および建築	16(23)	8(12)	51(20)	29(15)	12(15)
小計	28(38)	14(21)	80(31)	52(27)	16(20)
農業	—	—	2(　1)	2(　1)	9(11)
海運	35(44)	48(72)	119(50)	100(53)	41(50)
雑職業	8(10)	1(　2)	19(　7)	13(　7)	3(　4)
合計	77(99)	67(101)	259(104)	190(100)	82(100)

出典：イギリス都市・農村共同体研究会編，前掲書，43頁

船の部分所有者でもあった。その船舶は五〇〇トンという大型船であり、テムズ川河畔のライムハウスで進水したばかりの船であった。船長となると同時に彼はデトフォードにある水先案内人協会の会員資格を獲得した。これは、海軍大臣に提出され、私掠行為、あるいは海軍への傭船のための大砲を搭載することを承認する証明書の発行に導いた。(28)

レインバラは一六二五年に、水先案内人協会の長老会員となった。一六三五年リンゼイ伯の艦隊がフランスやオランダに対抗して軍備を整えたとき、ロンドン市から五隻が参加した。レインバラが部分所有者であったサンプソン号、ロイヤル・エクスチェンジ号もそれに参加した。海軍本部はレインバラを艦長に任命した。翌年彼は、艦隊の旗艦プリンシパル号の艦長となり、ウィリアム・クックを船長に確保したのである。レインバラの海軍での活躍を物語るのは、サレーの海賊の征伐遠征である。一六三六年夏にサレーの海賊はブリストルを狙い、カーディフ近くに上陸した。二〇〇〇人の捕虜がこの二年間にサレーの海賊に捕えられたといわれている。そのため、レインバラ海軍大佐が遠征隊に加えられるべきだとの提案がなされ、彼とジョージ・ペン（将来の海軍大将の父でレヴァント商人）が国王のもとに呼び出された。(29)一六三七年レインバラは司令官として、ジョージ・カートレットは副司令官として出帆した。三月艦隊はサレー沖に錨を下ろした。包囲の結果、（約束はすぐに破られたが）再びイングランドの海岸を荒らさないとの条件で和解した。同時にすでにイングランド船に逃

ガリアス船。出典：S. Land-Poole, *The Story of the Barbary Corsairs*, New York, 1896, p. 69.

げ込んでいた多くの捕虜に加えて、三〇〇人の捕虜を解放した。八月レインバラはバルバリアを出発して、一五日後にダウンズに着いた。国王はその功績によりレインバラを騎士に叙任しようとしたが辞退するほどの、生粋の船乗りであった。

このレインバラと北アメリカ貿易でパートナーシップを組んだこともある人物が、もう一人の商船船乗りニーマイア・ボーン（Nehemiah Bourne, 1611-?）である。彼は、ワッピングの船大工からニューイングランドのボストンに移住し、卓越した貿易商人、造船業者として活躍、ピューリタン革命のさいに帰国し、陸軍少佐、護国卿時代の海軍で海軍少将、海軍弁務官を務め、王政復古後に水先案内人協会の長老会員になった人物である。(30) 図4-3が示すように、レインバラの二番目の妻ジュディスはワッピングの船大工レイノルド・ホクストンの娘であったが、ホクストンの息子ジョンはボーンの妹マーサと結婚しており、ワッピングの商船船乗りを代表する両家は婚姻関係で結ばれていた。ジョンは、船大工、貿易商人であると同時に、後述するように、ステップニーで活動した独立派会衆教会の指導的な信徒でもあり、また上述

図4-3　ニーマイア・ボーンを中心とした家系図

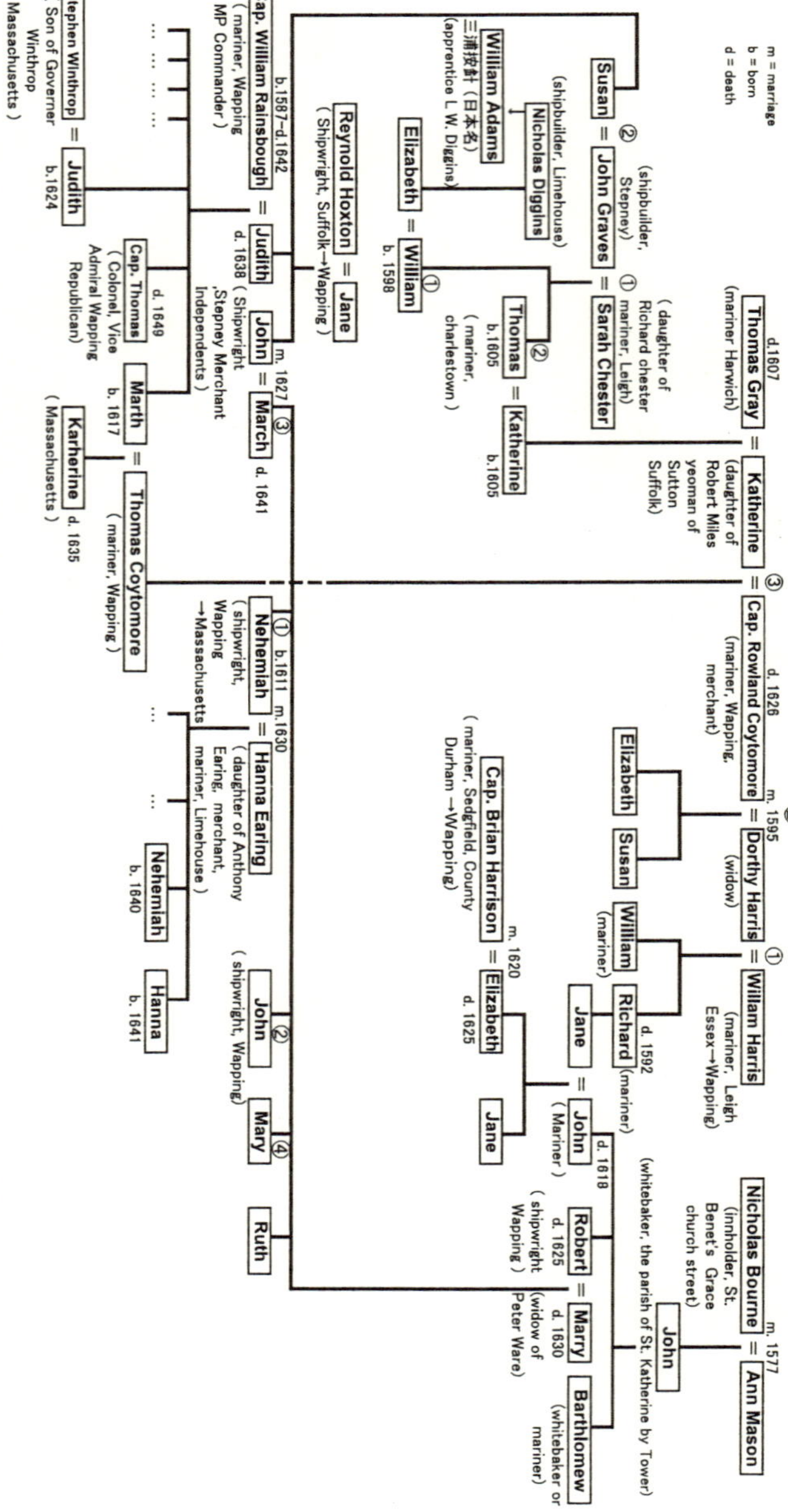

出典：W. R. Chaplain, 'Nehemiah Bourne', *Transactions of the Colonial Society of Massachusetts*, vol. xl iii (Boston, Mass., 1925–6), pp. 29–60 から作成

したようにウィリアムの息子トマスも独立派であるうえにレヴェラー思想へと傾斜しており、その姉ジュディスはマサチューセッツ総督ウィンスロップ家の息子スティーヴンと結婚したことから判断して、ワッピングの商船乗

りの間ではピューリタニズムがいっそう信奉されていたことを窺わせる。

図4-3から看取できる特徴は次の二点である。第一は、ボーン家と婚姻関係にある有力な家系の出自を辿っていくと、地方に在住していた船大工、船乗りたちがロンドンを中心とした遠距離貿易の発達にともなって、ワッピングへと移住してきていることである。たとえば、ニーマイアの叔父ジョンの妻ジェーンの家系はエセックスのレイの船乗りであり、ジョンとジェーンの子エリザベスが結婚したブライアン・ハリソン艦長も元はダラムの船乗りであった。ホクストンは、サフォークの船大工であった。

第二の特徴は、船大工から船乗り、そして貿易商人となる者はいるが、その逆、つまり商人化した者が船大工や船乗りになることはない、という厳粛な事実である。この点は商船船乗りの条件に造船術、航海術、砲術という科学技術の習得が据えられている点を意味し、大型船舶という当時の先端的な通信的、商業的、軍事的手段といえども、スキルを習得するための職人的な訓練が必要であったことを物語っている。図4-3には一六〇〇年に日本に最初に上陸したイギリス人である三浦按針こと、ウィリアム・アダムスが登場する。ヤン・ヨースデンと一緒にはるか「極東」までオランダ船で航海した彼は、ライムハウスの造船親方ニコラス・ディギンズのもとで一二年間も修行した航海士であった点も留意されなければならない[31]。

ウィリアム・アダムス［三浦按針］（1564–1620）

第三節　革命期の海軍行政機関

一六四〇年代

一六四二年七月のクーデターで海軍を掌握したウォリック伯は、一六四三年一二月正式に海軍大臣（Lord High Admiral）に就任した。彼は一六四五年四月の「辞退条令」によりその職責から退くも、一六四八年の反乱によって再び海軍大臣に就任するのである。しかしながら、この反乱の失敗により、海軍において国王を支持する長老派、国王派が一掃され、国王裁判に反対するウォリック伯は一六四九年二月に失脚した。(32)

内戦期における議会派の海軍行政機関には以下のようなものがある。ウォリック伯を海軍大臣として正式に任命するために一六四二年九月に創設されたのが「議会の海軍委員会」（parliamentary Navy Committee）であった。ここは海軍行政の要として、夏季防衛艦隊と冬季防衛艦隊の調整、事務的業務を果たす「海軍弁務官」（Commissioner of Navy）の任命をおもな仕事とし、貴族院から三名、庶民院から六名（最初の構成員はホラント伯、ノーサンバーランド伯、ウォリック伯、その後はジャイルス・グリーン、ヘンリ・マーティン、ロバート・ペイ、ヘンリ・ヴェーン父子）を委員とし、一二月には貿易商人であるアレクサンダー・ベンス、スクワイアー・ベンス、サミュエル・ヴァッサルが加わった。この委員会はウォリック伯が海軍大臣に就任した四三年一二月までに消滅した。(33)

そして海軍大臣空席の期間中、その業務は同じく一六四二年九月に創設された「海軍本部」（Admiralty in commission）に引き継がれた。海軍本部は、国王派の主要な海軍弁務官を議会派の弁務官に置き換え、船舶から水夫の調達に至るまで広範な権限を行使し、特に私掠船の統治に専念し、分捕品の判決に従事した。(34) 委員会の働きは、「出納長」（treasurer）を国王派のウィリアム・ラッセルから議会派で元ニューイングランド総督のヘンリ・ヴェーンに置き換え、独立派のヴェーンは革命期の海軍行政家として顕著な役割を果たすことになる。(35) そのさい国王派の

表 4-5　1640 年代の諸会派海軍の有力な海軍行政家

人名	①	②	出自，経歴	政治的長老派	部分所有船舶の傭船状況
Robert Rich (second earl of Warwick)	委員		海軍大臣（1643）。スペイン船の私拿捕，西インド諸島の植民地化，プロヴィデンス島会社の推進者。	○	Constant Warwick 号
Sir Henry Vane		出納長	MP。元ニューイングランド総督。議会の植民地委員会委員。共和制期の貿易委員。		
Thomas Smith		書記官	Warwick の前任の海軍大将 Northumberland の書記官。私拿捕による分捕品収集官。		
John Holland		有給役人	海軍事務官。海軍弁務官助手から私拿捕による分捕品分配弁務官，主計官，検査官，弁務官に昇りつめる。		
Richard Cranley		有給役人	艦長。船長から商船所有者へ Clement and Job 号（300 t）。私拿捕による分捕品収集官。	○	Providence 号（271 t） Angel 号（300 t） Anne Percy 号（？） Honour 号（359 t）
John Morris		有給役人	艦長。私拿捕による分捕品収集官。船長から商船所有者へ Blessing 号（200 t）。	○	Blessing 号（200 t） Anne Percy 号（？）
Roger Twiddy		有給役人	艦長。船長から商船所有者へ Lesser George 号（240 t）。私拿捕による分捕品収集官。	○	
Alexander Bence	委員	無給弁務官	MP。サフォーク Aldeburgh の貿易商人の子。貿易商人。Vassall の姉妹と結婚。長老派として失脚するが（1648），クロムウェルの下で復活。アイルランドに大土地所有。水先案内人協会総裁（1659）。	△	Blessing 号（200 t） Samuel 号（90 t）
Sir Willam Batten		検査官	ブリストルの船長の子。1620 年代はロンドン・ヤーマス間，30 年代は船舶税艦隊の傭船船長として活躍。夏季防衛艦隊の司令官（1648）になるが，海軍反乱を指揮。	○	
Thomas Smith		有給弁務官	艦長 Anne Percy 号。Maurice Thompson の仲間。共和制期に水先案内人協会長老会員。		Lucy 号（164 t） Angel 号（300 t）
Giles Green	議長	無給弁務官	MP。	○	
Squire Bence		無給弁務官	MP。Alexander の弟。船長から商船所有者へ Friendship 号（300 t）。没（1648）。Aldeburgh 他に土地を残す。	○	Samuel 号（90 t）
Samuel Vassall	委員	無給弁務官	MP。ユグノーの家系の船乗りの子。レヴァント貿易商人として，非議会課税であるトン税ポンド税に反対（1629）。	○	Mayflower 号（450 t） Samuel 号（90 t）
John Rolle		無給弁務官	MP。レヴァント貿易商人として，非議会課税であるトン税ポンド税に反対（1629）。アイルランドに土地を所有。	○	

注：① 1641 年の海軍委員会　② 1642 年の海軍事務局

出典：K. Andrews, *Ships, Money and Politics: Seafaring and Naval Enterprise in the reign of Charles I*, Cambridge, 1991. R. Brenner, *Merchants and Revolution: Commercial Change, Political Conflict and London's Overseas Traders, 1550–1655*, Cambridge, 1993 より作成

「監督官」(comptrollers)や「艦政部長」(ship of clerk)は切り捨てられ、やがて反乱者となるバッテンだけが「調査官」(surveyor)として残った。商船船乗り出身でも、海軍保有軍艦を指揮するバッテン、ピーター・ペット艦長、リチャード・クランドリ艦長、ジョン・モリス艦長、ロジャー・ツウィディ艦長、そして海軍事務官のジョン・ホランドはいまや給与の支払われる役職者であり、庶民院議員のグリーン、ジョン・ロール、ヴァッサル、ベンス兄弟とともに海軍の細かな行政に責任を持った。(36) 一六四二年に認められた給与各一〇〇ポンドは従来の高級将校が受け取っていた給与よりもかなり低かった。議会は低い収入が汚職の原因となることを知っており、一六四六年に二倍となった。(37)

「海軍委員会」(Navy Commitree)、あるいは以前「海軍と関税委員会」(Commitree of Navy & Customs)と呼ばれた委員会は、短命で終わった議会の海軍委員会とはまったく異なった団体であり、おもに海軍財政にかかわった。一六四一年に形成され、そこにはアレクサンダー・ベンス、ヴァッサルが含まれ、その議長グリーンのもとで海軍財政の重要な部分を扱った。(38)

表4-5は、一六四〇年代の議会派海軍の有力な海軍行政家一四名の出自と経歴について調査したものである。これによれば、ウォリック伯、ヴェーン、そして海軍の事務官育ちのトマス・スミスとジョン・ホランドを別にすれば、貿易商人の家系が多い庶民院議員といえども、多くの者が「船長」から「商船所有者」へと道を登っていった商船船乗り層の出身であることが一目瞭然である。政治的党派は長老派が多く、ウォリック伯同様、独立派が政権を掌握する共和政期までに下野することになる点も特徴的である。ウォリック伯失脚後の一六四九年二月、海軍大臣職は国務院に移った。

モーリス・トムソンの「貿易商人委員会」

ウォリック伯の失脚後、国務院が海軍の実権を握ることになる。そのさい差し迫った課題は、一六四八年の反乱分子を海軍から排除することであった。一六四九年一月ランプ議会は、「海軍、および関税官の取締法」(touching the Regulating of the Officers of the Navy and Customs) という法令を完成し、シティでいまや卓越していた独立派のロンドン貿易商人たちを「取締官」(regulators) に任命してパージを委ねたのである。(39) この委員会はその有力者の名前からモーリス・トムソンの「貿易商人委員会」(committee of merchants) として知られた。表4-6はその構成員の出自と経歴であるが、二人の経験豊かな海軍事務官ホランドとリチャード・ハティンソン(元ニューイングランド居住者で海軍出納長としてヴェーンの代理人、後継者)を別にすれば、いずれもR・ブレナーによって「植民地・密商人集団」(complex of colonial merchants and interlopers) と呼ばれた新興貿易商人たちであった。彼らは商船船乗り層を出自とするものの、「東インド・アッサダ商人団員」「ヴァージニア貿易商人」など、その貿易ルートは、アッサダ(ノッシ・ベ)というマダガスカル北部の島の地名から知られるように、東インド密貿易や新大陸、西インド諸島であり、現地での商品作物栽培(プランテーション)のためにアフリカ奴隷の取引を組み込んだ三角貿易に従事する者たちであった。また追放された長老派と異なり独立派会衆教会に属する者が五名もいた。その首領であるトムソン(Maurice Thompson, ?-1676) はジェントリの出自ながら自ら船長としてヴァージニア自由貿易に乗り出し、私掠行為や奴隷貿易を遂行し、革命期にこれらの貿易商人たちを束ねながら、改組した東インド会社の総裁にまで登りつめた人物であった。(40) とりわけ、海軍とトムソンの結合は一六四二年に遡る。この年、募金法によりアイルランド遠征が計画されながらも、実際に軍隊が派遣されなかったとき、トムソンの新興貿易商人集団はトムソン自身が会計係となって、募金を集め、アイルランドに対する私的な遠征、いわゆる「追加的海上遠征」(Additional Irish Adventure) を敢行し、実際に兵士をアイルランドに派遣した。これは議会で法令化され、彼らは実際に特権化された掠奪遠征を敢行したのである。(41)

さて、海軍役職者では一六四八年の反乱を指揮したバッテンが引き摺り下ろされ、水先案内人協会の総裁として国王との和平請願に関与していたリチャード・クランレーも失脚した。貿易商人委員会は彼らをホランドと、一六

表 4-6　M・トムソンの「貿易商人委員会」の構成員

人名	出自，経歴	追加的海上遠征への出資額（£）	宗教的独立派
Thomas Andrews	地方商人の子。亜麻織物卸売商，東インド密貿易のアッサダ商人団員。革命期の市参議員。民兵委員。共和制期のロンドン市長。	500	
Willam Barkley	カナダ産毛皮，西インド諸島，新大陸貿易商人。革命期のロンドン市評議員，民兵委員。		
Maurice Thompson	ジェントリの次三男。船舶部分所有船長としてヴァージニア貿易に従事。西インド諸島，アフリカ黒人奴隷貿易，プランテーション，私拿捕，海運，糧食供給業者，1658 年東インド会社総裁。	George と一緒に 1000	
Richard Shute	小間物商人。Thompson と植民地密貿易に従事。アイルランド海上遠征の弁務官。週割査定税出納長。東インド会社で行なう国王忠誠を拒否。	300	○
William Willoughby	ニューイングランド航路船長，船舶所有者，ヴァージニア・タバコ貿易，私掠船で Thompson のパートナー。西インド諸島の所有権をカーライル伯から購入。海軍弁務官。	50	
Willam Pennoyer	金細工商，仕上げ商。アイルランド駐留軍への衣糧武器供給業者，バルバドス島の砂糖プランテーション，ヴァージニアの土地所有における Thompson のパートナー。独立派牧師，W. Greenhill, W. Bridge に 20 £を遺贈	350	○
Samuel Langley	不詳		
Stephen Estwick	小間物商人。アッサダ商人団員。革命期の市評議員，民兵委員。宗教的独立派。		○
John Holland	海軍事務官。海軍弁務官の助手から海軍主計官，弁務官，検査官へと登りつめる。		
John Langley	レヴァント会社の改革派，ピューリタン貿易商人。独立派による『人民協定改定版』制定委員。		
Richard Hill	デヴォンシァの鞣革製造業者の息子。スペイン貿易，アメリカ産タバコ，ニューファンドランド産魚油貿易商人。Pennoyer と一緒に軍隊への供給業を行なう。	700	
Robert Thompson	Maurice の兄弟。陸軍少佐。もう一人の兄弟 George は国務院のメンバー。	100	
James Russell	ハーフォードシァのジェントルマンの息子。スペイン貿易。冒険商人組合員であると同時にアッサダ商人団員。革命期の市評議員，民兵委員。「教区の独立派」。		
Samuel Moyer	父 James は Leigh Essex の出身。船舶所有者。北米と地中海貿易商人。東インド密貿易で Thompson のパートナー。	300	○
Jonathan Andrews	Thomas の息子。北米貿易，西インド諸島，東インド密貿易商人。		
Richard Huthinson	ニューイングランド貿易商人，土地所有者。東インド密貿易商人。塩商会館に結集した志願兵小委員会のメンバー。共和政期の市評議員。	100	○

出典：R. Brenner, *Merchants and Revolution: Commercial Change, Political Conflict, and London's Overseas Traders, 1550–1653*, Cambridge, 1993. R. L. Graves & R. Zaller, eds., *Biographical Dictionary of British Radicals in the Seventeenth Century*, vol. i–iii, Brighton, 1982–84. 拙稿「ロンドン商人社会の動向とピューリタン革命」『西洋史学』第 124 号，1982 年より作成

四八年に強力な支援をしたニューイングランドの商船船乗りウィリアム・ウィロビーに置き換えた。一六四八年には明らかに国王を支持した水先案内人協会もまた取締下に置かれた。水先案内人協会では、トムソン、サミュエル・モイヤー、新将軍のリチャード・ディーン、そして海軍委員のトマス・スミスらが含まれる新しい理事会が発足した。(42)

取締官は海軍弁務官を評価する事から始めた。そして造船所に責任をもつ上級士官、船舶の備品、雇用、人員配置、水夫の給与にいたるまで詳細に調査された。また彼らが政治的に不健全で不十分であると考える士官を移動させる権限を与えられた。一六四八年に国王を支持した者は「取締法」(Regulators Act)によって自動的に妨げられた。それにしても、士官団の再建が大変だった。一六四七年夏季防衛艦隊四三名の指揮官のうち、三分の二(二七名)が一六四九年、あるいは空位期に再任されなかったのである。一六四八年の夏季防衛艦隊はバッテンを排除して選んでいるが、そのうちの四分の一は再任されなかった。(43)だからといって、大きな船舶での経験がないし、その政治的見解も疑わしい下士官をあまりにも早く昇進させるのに躊躇した。その代わり、共和国海軍は、ニーマイア・ボーンのような急進派として知られている経験豊かな商船船乗りの指揮官を徴募することを好んだのである。

第四節　軍備拡張

植民地の帰順と諸外国の認知

共和国海軍は、国王なき共和国を盛り立てるための、高度に政治化された愛国的な力であった。それを象徴するように、革命の勝利にちなんで軍艦には新しい名前が付けられた。国務院は新しい旗を供給し、共和国の紋章が国王の紋章の代わりに各船の船尾に刻まれた。またチャールズ号はリバティ号、プリンス号はリソリューション号、メアリ号はユニテイ号と改名された[44]。革命は陸軍の仕業であったが、防衛は海軍の役割であった。共和国成立時にランプ議会はイングランドとウェールズしかその版図においていなかった。スコットランドは先の国王の息子チャールズ二世への忠誠を表明していたし、アイルランド全域は国王派の手中にあり、シチリア島、チャネル諸島の大半、ヴァージニア、バルバドス島のような定住植民地もそうであった[45]。共和国海軍の戦略目標は以下の三点であった。第一に、国王派の影響力をアイルランド、スコットランドから削ぎ落とすこと、第二に、国王を支持する大西洋植民地の帰順を獲得すること、第三に、諸外国に共和国政府に対する認知をさせることである。

一六四九年一月処刑されたチャールズ国王の甥に当たり、チャールズ二世から国王派海軍の提督に任命されたルパート王子はアイルランドのキンセールに基地を置いた。アイルランドの私掠船と合わせると三〇隻。それに対して議会は最強の四九隻の夏季防衛艦隊を派遣し、うち八隻は傭船商船であった。クロムウェルは八月アイルランドに軍隊を率いた。悪名高い「アイルランド遠征」である。共和国海軍はウェックスフォードの包囲を手伝い、一六五〇年リマリック、ウォーターフォード、ギャロウェイを海上包囲した。またクレイヴに向かい、沿岸を砲撃した。ルパート王子はリスボンに亡命。それに対してブレイク司令官はポルトガルに向かうブラジル船団の七隻を拿捕した[46]。ポルトガル国王ジョンは、ステュアート家を支持することの代償が高いことをこの事件で学び、即座の退却をルパート王子に求めた。その後二年間彼は残党一隻とアフリカ海岸、カリブ海を彷徨、そして一六五三年にフランスへ帰還したのである[47]。こうして一六五一年末までに国王派の海上勢力はヨーロッパ海の藻屑となった。共和国海軍の最初の仕事は終わったのである。

ジョージ・アスキュー司令官が一六五一年にバルバドス島に到着したとき、彼は即座にそこで交易していた一一隻のオランダ船を拿捕した。航海法の先駆であり、外国人貿易商人にイングランドの植民地との貿易を許可制にした一六五〇年の法を犯したという理由である[48]。バルバドス島も一六五二年一月にウースターの戦いで国王派が敗走したとの報が届くや、アスキューの提案した共和国への帰順を受け入れ、他の西インド諸島も抵抗なくこれを受け入れた。ヴァージニアも一六五二年までに受け入れ、第二の目的である大西洋を固めた。こうして共和国海軍が拡大するにつれて、イングランドが主権を主張する「海洋主権」(British Sea) の領域が広がった。(49)

第三の目標は、他国政府による共和国の認知である。ポルトガルはルパートの一件ですっかり共和国を恐れ、ポルトガル植民地との自由貿易、ポルトガルでのイングランド貿易商人の宗教的寛容を取込んだ協定が一六五四年に最終的に署名された。(50) スペインはブレイク司令官の攻撃を見てにじり寄ってくる。ブルボン王家とステュアート王家の血縁関係によって、国王殺し対するフランスの憎しみは深まった。英仏間の貿易を全面禁止し、王座奪回の支援を惜しまないとの主張からいくつかの船を拿捕した。ランプ議会はこれに強く反応し、一六四九年六月貿易商人に私拿捕許可状を発行し、八月フランス製品の輸入を禁じた。ブレイク司令官の前にダンケルクは降伏しかなかったが、一六五二年一一月に結局フランス宰相マザランは共和国を形式的に認知した。(51)

ヴェネチア使節は一六五一年までにランプの議員は「無恥な職人」だが、世界で最良の海軍をもっていると述べ形式上認知した。(52) オランダはどうかというと、オラニエ派は、ステュアート朝を力ずくで回復させるためにフランスとの同盟を夢見た。しかしオランダは農村と都市で分裂していた。ホラントというもっとも富裕な都市州を支配した商人寡頭支配者は、おもに商業保護に関心があった。連邦議会は中道を進み、ステュアート朝に同情的であっても、戦争を回避したかった。一六五〇年一〇月にオラニエは突然死した。オラニエ派はリーダーを失い、貿易商人は即刻共和国を承認した。イングランドは代表使節としてオリヴァ・セント・ジョンとジョン・ストリックランドを派遣した。一六五一年一〇月に航海法が制定されたが、航海法それだけでは、おそらく英蘭戦争へと導かなかったといえよう。より重要な事は、イングランドが「海洋主権」を主張した点である。こうしてプロテスタント国家同士の第一次英蘭戦争が始まるのである。(53)

一六五二年一二月一〇日にランプ議会は国務会議の「海軍本部」を(戦時用に合致させるために)洗い直し、新たにより専門的な「海軍事務局」(Body of Admiralty Commissioners) を創設した。ヘンリ・ヴェーン他わずか六名か

共和国の紋章が刻まれたスヘフェニンゲン海戦祝賀メダル。出典：*WKW*–2–140.

ら構成され、議会に直接責任を持つのである。再組織化により司令官職は急進派がより掌握するようになった。士官の選任にあたってのイデオロギー的な規準が強調された。他方、海軍委員会は伝統的に財政問題にかかわり、委員会の手によって海軍は強化された。その委員会は、マイルス・コルベットのような卓越した急進派によって支配され、彼らの影響力により海軍は「マイルス・コルベットの艦隊」と呼ばれるほどであった[54]。そこで練られた建艦計画がいまや実行されていくのである。

建艦計画と短期信用の実施

一六四九年の共和国海軍はわずかに五〇隻の軍艦、それと少数の補助艦、帆船を保有していたに過ぎない。一六四三年の夏季防衛艦隊は三〇隻の軍艦と四三隻の商船から構成された。一六四九年から一六六〇年にかけて共和国海軍は二一六隻の軍艦を付けくわえた。未曾有の拡張であった。約半分の一一〇隻は分捕品であった。大半はオランダ、他にポルトガル、フランス、スペイン、フレミング、そしてジェノアのものであった。より重要なことは、巨大な建艦計画の実施にランプ議会が着手したことである。軍艦はその規模に応じて、第一級から第六級に区分されるが、一六五〇～五一年には第三級から第五級までの二〇隻が建造された(55)。また、王政復古期に海軍大臣にまで登りつめた海軍事務官で、有名な日記作家のサミュエル・ピープスによれば、一六六〇年の海軍には一六一隻の国家保有軍艦を数えることができ、そのうち一三五隻は第一級から第六級に区分することができた(56)。他方、フランスでは一六六〇年に宰相マザランがわずか二〇隻を宰相リシュリューから受け取った。スペインは一六三九年にダウンズでオランダ海軍司令官トロンプに敗れてから回復しなかった。オランダだけがイングランドに対抗し得たが、一六四八年の平時に四〇隻、その後急速に強化したが、一六五二〜五三年のイングランド勝利に終わった第一次英蘭戦争の海戦が示すように、イングランド艦隊に競合し得なくなった(57)。

では、どのようにして共和国海軍はその軍拡費用を賄っていったのだろうか。ブリュアの指摘するように、一七世紀末のイングランド銀行の設立によって、長期債や短期債の起債が可能となり、ステュアート朝イングランドの資金能力は高まった。しかしながら将来の租税によって担保され、歳入増大のために使われた短期債借入という手段はこの時が最初ではなかった。短期債借入の方法は空位期の政府によって工夫、改善され、王政復古政府がそれに追従したと言われるように、一六五〇年代には成功裏に導入されていたのである。ウィーラーが明らかにしたように、イングランドの海軍行政と後方展開は、空位期を通じて短期債借入、すなわち、短期信用という着実な資金の流れに依存していたのである(58)。

さて、図4-4は一六四九年一二月から一六六〇年七月の毎年の支出額を示している。一六五二年五月から一六五四年一月の第

図 4-4　毎年の海軍支出（1649 年 12 月 - 1660 年 7 月）

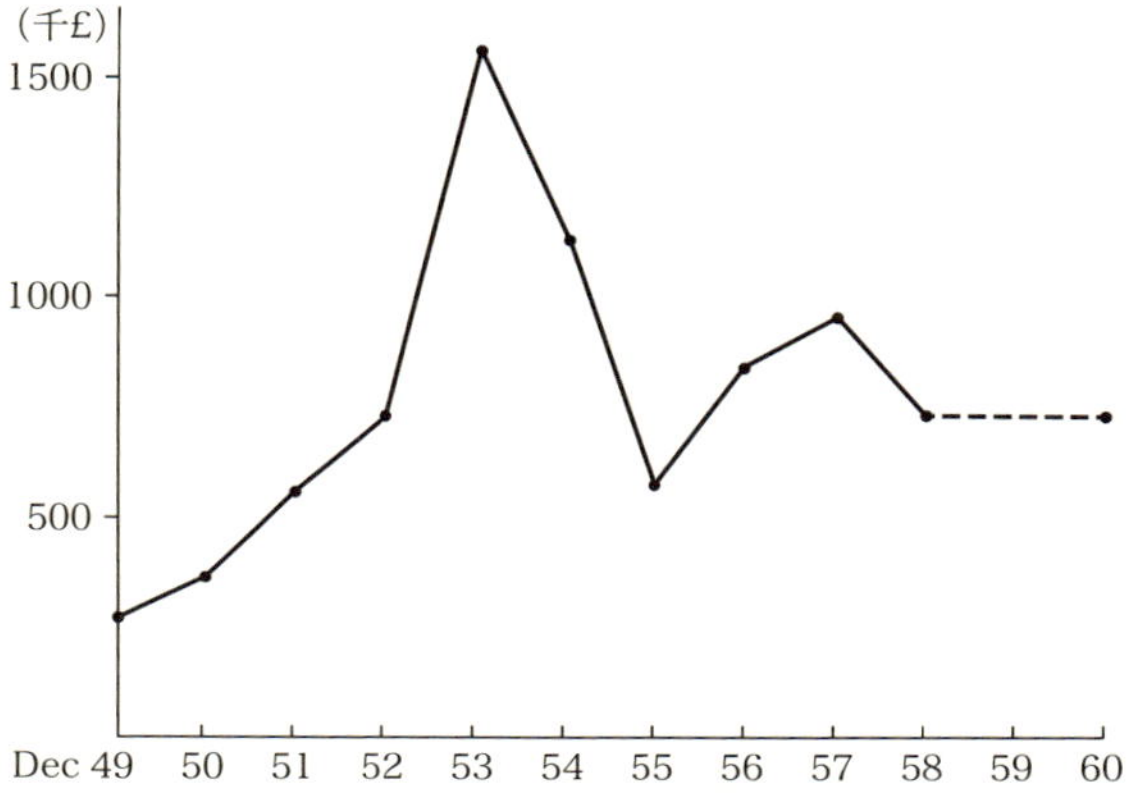

出典：J. S. Wheeler, ‘Navy Finance, 1649–1660’, *Historical Journal*, no. 39, 1996, p. 459.

図 4-5　海軍による負債の増大（1650 年 12 月 – 1660 年 7 月）

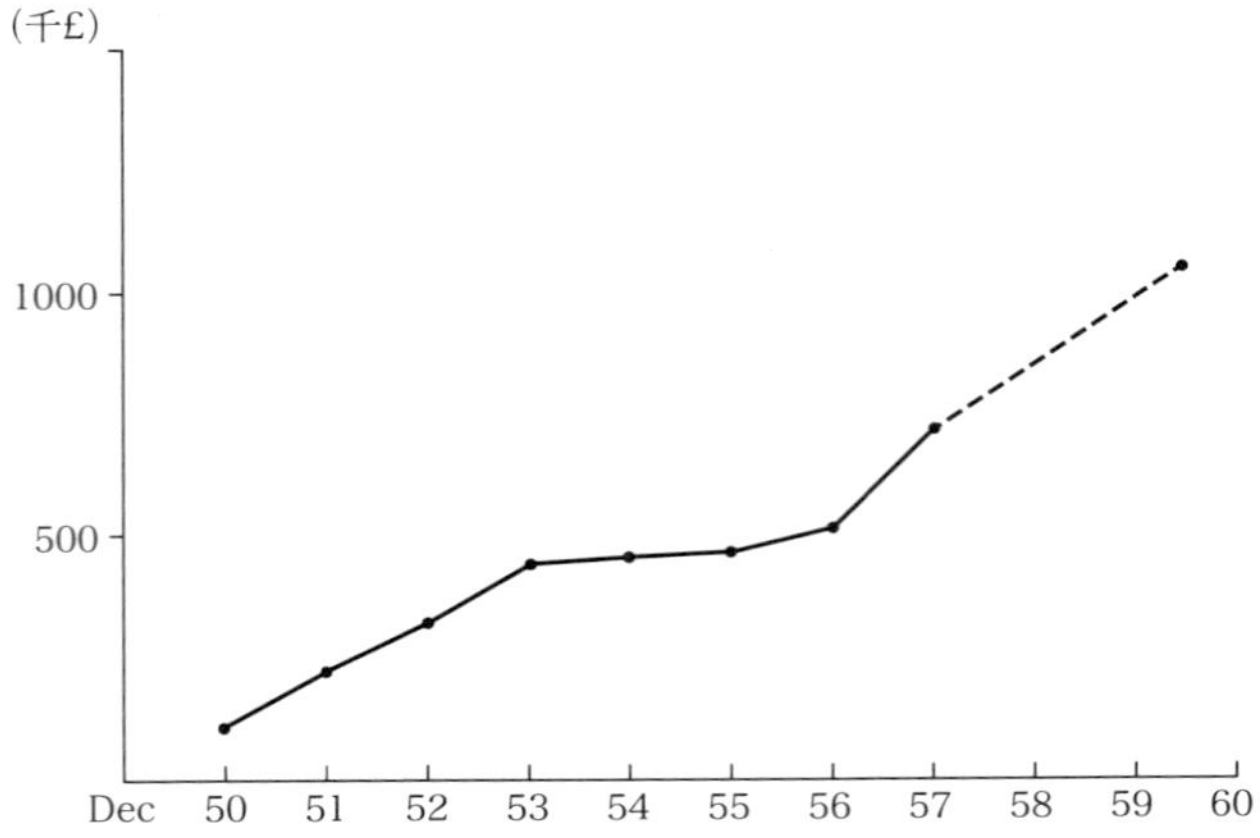

出典：Wheeler, *'op. cit.'*, p. 461.

一次英蘭戦争中に、海軍を支える支出がもっとも急激に増大し、その間にイングランド海軍は八〇隻から二〇〇隻に成長した。それにもかかわらず図4-5が示しているように、一六五六年まで負債は急増しなかったのである。一六五七年に護国卿クロムウェルが査定税を削減し、負債の削減はそれ以後困難となるが、それまでは、驚くべきことに海軍支出の増大にもかかわらず負債は順調に償却されていたのである（表4-7）。他方、一六四八年一月期から一六六〇年七月期までの海軍出納長による支払合計額の九〇%以上は現金に由来し、新しい負債の分は九・四%だけでしかなかった。換言すれば、八九九万九六九三ポンドという合計のうち、八一四万九七七二ポンドが現金収入に由来していたことになる[59]。そこで問題は、支払いと租税の徴収の間にはタイムラグによる遅延があり、それゆえ、これらの収入を期待するための短期信用による運用は、海軍の財政システムにとって必須であった、という点である。収入を見越して支出するシステムにおいて、契約者、その契約額の六、七割は「糧食補給業者」(victuallers)であるが、納品後の支払いの約束によって海軍への品物やサービスを供給した。それは以下のような仕方で行われた。すなわち、海軍委員会は、海軍に納品した品物に対して短期信用、すなわち、前貸した契約者に対する「前払金請求書」(bills of imprest)と「支払命令書」(warrant)を発行する。払い戻されたとき、「前払金請求書」「支払命令書」は手形のように裏書された。それは王政復古期の短期信用を研究したD・C・チャンダマンによって叙述された「出納長証書」(exchequer orders) を予期させるものであった。(60)

近代海軍史の権威であるP・ケネディは、共和国海軍の資金の大部分は国王派没収財産に由来すると述べている。(61)

しかしながら、没収財産が海軍に資金を提供したのは一六五〇年という年に三七%を占めたにすぎず、一六四八年一月期から一六六〇年一月期までの海軍収入合計額八一四万九七七二ポンドの八〇・八%にあたるものが関税・内国消費税・査定税と呼ばれる主要な租税から現金で海軍に渡された。残りの五・九%は借入金、二・七%は余剰食糧の売却と船舶に由来し、四・一%だけが拿捕した分捕品の売却に由来し、没収財産、敵から徴収される科料の総計は海軍支出のわずか六・三%にすぎなかった。(62)

表4-7　海軍負債弁済率(1650–1660年)

Due in	Paid by Dec. 1656 (£)	Per cent paid
1650	40,805	35.4
1651	78,979	73.6
1652	171,643	90.6
1653	254,672	88.6
1654	214,477	90.0
1655	4,862	7.5
Total	765,439	(p.a. avg £153,087)
Still due in 1660: £179,183 (p. a. avg £29,863)		
Due in	**Paid by Dec. 1660 (£)**	**Per cent paid**
1655	14,028	21.8
1656	30,537	11.8
1657	34,114	13.5
1660	0	0
Total	78,674	(p.a. avg £26,557)
Still due at end 1660: £869,264 (p. a. avg £173,852)		

出典：Wheeler, 'op. cit.', p. 461.

また収入面において、関税収入が共和政期に伸びたことも上記の手堅い資金運用を手助けした。革命による新しい関税委員(エドマンド・ハーヴェイ大佐、ロバート・ティッチボーン、マーク・ヒルデズリ、ダニエル・テイラー)は、そのうち三人は独立派会衆教会の信徒であったが、経験を積んだ実務家として関税に対して決然とした行動をとることができた。彼らの忠誠心と能力とが一六四九年の海軍の財政危機を解決するのに必須であり、一六五六年まで関税から国家への増大する収入を用意した。収入は一六四九年七月から一六五〇年六月まで三〇万ポンドを超え、一六五四年六月から一六五五年九月の五〇万一五五二ポンドに上昇した。この収入の多くは海軍へ流入した。(63) その際、徴税官には、以前の関税請負人のように受領額の何%を取り分とするという方法ではなく、海軍弁務官のように固定した給与が支払われた。これが海軍行政のコストを劇的に下げ、汚職を妨げることにもつながったのである。海軍弁務官は月給制の役人であり、革命前の海軍弁務官とは異なり、彼らは手数料や手がけた資金の何%かを受け取ることを禁じられた。共和政期には年間二五〇ポンドを支払われた。海軍最高司令官は四〇〇ポンド、三人の書記官はそれぞれ一五〇ポンドであった。(64) 同時代証言によれば、このように海軍役職者を給与制にしても汚職はなお後を絶たなかった。この点は、当時の海軍委員や弁務官を歴任した海軍事務官ホランドの著作やピープスの日記に数多く記されている。とくに事務官ホランドは、傭船契約に応じる側である商船船乗りが海軍役職者を勤めていることの矛盾を鋭く告発した。だが、同時代人の愛憎関係が入り混じったそれらの証言を「額面通り」受け入れるかどうかは別にして、そのことによって、職業的海軍の成立を理解するうえで、「所有と経営の分離」を意味する給与制が旧来の役得や手数料に取って代わったことに対する歴史的意義が曇らされてはならないのである。(65)

一六六〇年七月までに、クロムウェルが土地所有階級と妥協したといわれる査定税の削減、対スペイン戦争により国家負債は二〇〇万二〇〇〇ポンドを超え、そのうち共和国海軍の負債は一〇五万九二九一ポンドに到達した。この負債額は平均的な年間政府収入とほぼ等価であった。空位期のイングランド財政を論じた歴史家は、これがクロムウェルの護国卿政権崩壊の主要な原因であるとの結論を下した。(66) しかしながら、軍備拡張を支えた効率的な資金運用が一六五六年まで存続した点は忘れられてはならないのである。

第五節　共和国海軍の特徴

新士官の社会層

空位期の海軍を研究したB・S・キャップによれば、一六五〇年代に国有軍艦の「艦長」(captain)として従軍した者は三七五名いた。艦長はしばしば唯一の乗船士官であった。「副長」(lieutenant)は大きな船に一人いた(第一級から三級の船に一人、一六五二年からは第四級の船にも)。いかに大きな船舶でも一人以上は許されなかった。[67]ランプ議会の下では国務院が高級将校の任命に責任を負った。その多くは海軍委員会が手がけた。夏季防衛艦隊と冬季防衛艦隊の年二回、国務院は指揮官の名簿を吟味した。そして批准のために議会に提出した。そのさい海軍大臣に指導を仰ぎ、草案を用意するのは将官たちであった。この任命方式は第一次英蘭戦争まで続いた。選考にはイデオロギー的要素が以前にも増して強くなった。宗教的な熱意も同様に重要なものとして考慮された。宗教的な熱意が考慮されたことは、イギリス海軍史上最初で唯一の機会であった。[68]

二三〇人が共和政期(一六四九〜五三年)に初めて艦長に就任した。この時期が軍備拡張期と重なったせいもあって、その後一六五四年から一六六〇年の間に初めて艦長に就任した八九人と比較すると断然多い。二三〇名中五四人だけが一六四二〜四八年の間に議会派海軍の指揮官を経験した。革命前に従軍したのはわずか二人だけにすぎない。[69]「艦長」や「副長」ら当時の士官層(commissioned officer)の出自は以下の三集団に分けることができる。

第一に、傭船商船の経験から正式に海軍入りした船長たち。この集団には一〇〇人以上の艦長がいる。いく人かの元船長には副長として従軍しているものも見出される。彼らの何人かは最初、彼ら自身しばしば部分所有者であった傭船商船で働き、軍事的に成功したら、軍艦の指揮者として招聘された。四〇人ほどがまず傭船商船で働き、それから艦長となった。他にも、それほど有能で、招聘されたわけでなかったが、自己都合で海軍に転じた者たちもいた。それでも年輩の補充者には、大きな艦船があてがわれた。というのは、海軍のほうが待遇がよかったことがあげられる。第三級の軍艦の艦長は月給一四ポンドであり、第五級でも七ポンドであった。商船と比較すると、第五級のロンドン商船船長の月給はすこし少ない六ポンドであった。それと戦時には、分捕品の分け前も手伝って短期間で金持ちになれるチャンスであった。英蘭戦争中の一六五三年には、船長も水夫も貿易に関心を示さないという嘆きがある貿易商人から聞こえたくらいであった[70]。

商船から補充された者のなかでは、アメリカ貿易商人が著しく卓越していた。少なくとも三〇人がアメリカ貿易商人であった[71]。この理由はアメリカ貿易の自由な性格やピューリタンの移住とスペイン船掠奪にあり、いくにんかの士官は、本書、第三章で述べたプロヴィデンス島会社と関係があった[72]。それに対して、長老派海軍行政家の追放が物語るように、レヴァント、東インド貿易の元船長は、一六四〇年代の議会派海軍の重要な人物であったが、共和政期に至るとごく少数の艦長しかいなかった。他に沿岸交易に従事していた船長、とりわけ東部と東南部の出身者たちであり、それに弁務官やその代理人の在住する軍港ヤーマス、ポリマス、ドーヴァーは、商業港であるブリストルやリヴァプールよりも多くの士官たちを輩出した。ヤーマスは少なくとも一〇人の艦長を輩出した[73]。

第二集団は、内部からの昇進組である。軍備拡張期を経た護国卿政権下、内部の昇進は外部からの補充よりはるかに一般的であった。一六五四〜六〇年の間に初めて艦長に任命された八九人のうち、商船船長から直接移籍してきたものは四名だけにすぎず、だれもが大きな艦船をあてがわれたというわけでもなかった。この頃から海軍の専門化・官僚化が急速に進行したといえよう。すなわち、「准尉」(warrant-officers) といわれる「掌砲長」(gunner)、「甲板長」(boat-swain)、「大工長」(carpenter) などが、自らの職責を果たした末にたどり着く先が士官就任なのである[74]。

第三集団は、以上の二つの集団は専門の船乗りであったのに対して、艦上勤務に移籍した陸軍士官たちである。共和制期に海軍を支えた六人の司令官のうち、五人は陸軍の称号で呼ばれていた。わずかにウィリアム・ペンだけが一貫して海軍育ちであった。一六五三年にブレイクが負傷で死んだとき、後任は、議会のパージを遂行したトマス・プライド大佐という話もあった[75]。

革命前のチャールズ一世の時代には、多くの艦長はジェントルマン出身者であった。そして経験を積むように早くから船に乗った。N・A・M・ロジャースが明らかにしているように、ジェントルマンの次、三男である士官は一八世紀中葉に再び増加するようになるが、[76] 一六五〇年代の共和国海軍は、ジェントルマン出身の艦長を少数しか抱えていなかったし、王政復古期に見出される貴族出身の艦長はだれもいなかった。そして一七世紀末までに、およそジェントルマンの子弟にとって経験することのない「給仕」(cabin boy) から出発し「司令官」(Admiral) に至るまで昇進した二〇人を列挙すると、一四名は共和制期に初めて士官に就任した者たちなのである。[77] N・エリアスは一九五〇年の論文において、この共和国海軍の社会的特徴を「ジェントルマン」(gentleman) に対する「タールポウリン」(tarpaulin) という呼称で対比している。[78] 後者は文字通り「タール塗りの帆布」を意味し、王政復古期の海軍において、商船船乗り層を中心とする非ジェントルマン層を象徴する言葉として用いられた。もちろん共和国海軍全体が「タールポウリンの海軍」であったわけではない。司令官たちは富裕であり、ジェントルマン層の出身であった。具体例をあげると、エドワード・ポパムはチャールズ一世に仕えた経験があり、富裕な地主の出身。エドワード・モンターギュはジェームズ一世のもとで貴族になった家柄。ジョージ・モンクとリチャード・ディーンは二人とも地主の出身であった。ブレイクの背景は商人的であったが、オックスフォードでジェントルマンの教育を獲得した。ペンとジョージ・アスキューは地主の出身である。反面、士官クラスをみれば、ジェントルマンは空位期の海軍において小さな役割しか果たさなかったのである。わずかに約二〇名の艦長しか土地所有ジェントリと結合し得えなかった。[79] だが「タールポウリン」といえども、その経済的規模が考慮されなければならない。それは、「商船船乗り」は、富裕な船長から通常の無一文の水夫までを包含したあまりにも広範な言葉遣いであり、なかでも単純技能しか持ち合わせない職人たちは通常、富裕な者や有力なパトロンを海軍行政家に持つ者よりも昇進に長い時間を費やしたからである。[80] しかし、共和政期という軍備拡張期に経験豊かな商船船乗りたちが多数海軍入りしたことは事実であり、彼らは海軍の伝統主義的な性格を変えることに関与したといえよう。

宗教的独立派

イギリス海軍研究において、宗教が問題にされたことはなかった。古典的な通史を書いたM・オッペンハイムは、共和国海軍にかんする部分においてもピューリタンの香り、否、宗教の香りさえも否定している[81]。しかし、たとえ少数派であったとはいえ、ピューリタンはエネルギッシュであり、空位期の海軍において大きな役割を果たしたのである。

とくに、一六四九年から一六五三年末まで宗教的コミットメントは士官選抜の重要な基準であった。ヴェーンやコルベットが海軍行政の中枢を担っていた時期は第一次英蘭戦争による艦隊の急激な拡張期と符合し、上述のように、この時期の任命の洪水は空位期末期に至るまでの将校団の性格に影響した。その帰結は、士官の中における実質的なピューリタン陣営の成長であり、キャップは広範な資料の使用によって、艦長全体の四分の一以上にあたる約一〇〇人の艦長がピューリタンであると推測し、彼らは司令官や旗艦艦長に多かったと述べている[82]。

さて、表4-8は一六五三年夏季防衛艦隊各船団の司令官一〇名の宗教的、人的関係を示したものである。この艦隊の二人の最高司令官であるディーンとモンクは一〇五名の艦長のリストを見て「その名の多くは敬神な者であると知っている」と満足を表明したといわれている[83]。司令官一〇名中、ジェントリ出身四名、商船船乗り出身六名であり、宗教的にピューリタンと推測される者が七名いる。内訳は、ラディカルな分離教会に属する者が二名、非分離教会に属する者が三名、そして非分離教会に属するペンとパトロネージ関係にある者が二名である。そして各船団の旗艦司令官は第一船団のモンクを除いていずれも、ディーン、ペン、ローソンといずれも熱心なピューリタンであった[84]。このように共和国海軍中枢部においてピューリタンはむしろ多数派であったといえよう。

では、このようなピューリタニズムはどこに由来するのか。海軍ピューリタニズムの主要な源泉は次の三カ所に由来する。第一は、ロンドンにおいて商船船乗りが多く居住するイースト・エンドのステップニーにある二つの教会である。それらは、宗教的独立派のウィリアム・グリンヒル、ウィリアム・ブリッジ、ジェリマイア・バロウー

表 4-8　1653 年夏期防衛艦隊の司令艦長の宗教的・人的関係

船団名	軍艦名 （人員）	人　名	宗教関係（上段） 人的関係（下段）	出身その他
第一船団旗艦 (赤)司令官	Revolution (500)	R. Dean	Non-separate church Cromwell がパトロン	ジェントリ 英蘭戦争で没
〃	〃	G. Monck	secular	ジェントリ 王政復古の立役者
第一船団副司令官	Triumph (350)	J. Peacock		Ipswich 商船船乗り 英蘭戦争で没
第一船団後方司令官	Speaker (300)	S. Howett	 Penn がパトロン	商船船乗り
第二船団旗艦 (白)司令官	James (360)	W. Penn	Non-separate church を当時は支持	ジェントリ
第二船団副司令官	Victory (300)	L. Lane		Ipswich ジェントリ
第二船団後方司令官	Andrew (360)	T. Graves	Non-separate church	Chaleston, Boston 商船船乗り
第三船団旗艦 (青)司令官	George (350)	J. Lawson	Separate church Penn がパトロン	Scarbourgh 商船船乗り
第三船団副司令官	Vanguard (390)	J. Jordan	 Penn がパトロン	商船船乗り
第三船団後方司令官	Rainbow (300)	W. Goodson	Separate church	Yarmouth 商船船乗り

出典：Capp, *CN*, passim. C. T. Atkinson, ed., *Letters and Papers relating to the First Dutch War 1652–1654*, London, 1991, vol. v, pp. 16–20 より作成

ズが一六四〇年代に聖書講師を務め、一六五二年にグリンヒルが牧師に任命された教区教会と、そこから一六四四年に分離し、やはりグリンヒルが教区教会の牧師に就任するまで牧会した独立派会衆教会である。ステップニーの教区教会記録には、新興商人集団のリーダーであるモーリス・トムソン、会衆教会の中心メンバーであるレイノルド・ホクストンなど貿易商人、チャタム工廠の造船業者でフリゲイト艦を発明したフィナス・ペットの弟ピーター、ウイロビーのような海軍弁務官、それに旗艦艦長ロバート・デニス、ロバート・ハックウェル、ジョン・クローサ、そして多数の艦長が教区委員として名を連ねている[85]。より急進的な独立派会衆教会の方には、ホクストン自身とトムソンの娘メアリー、自らも宗教書を記した海軍中将リチャード・バディリ、艦長のリチャード・ライオンズ、ピーター・ストロング、アンソニー・アーニング、エドワード・トムソンらが教会員であっ

ウィリアム・ブリッジ（1600 ?–1670）

た。[86] この教会の受洗記録には、一六四四年から一六六〇年までに一三七件が記されているが、うち父親の職業が明記されている四二件中、約七〇%にあたる二九件は「船乗り」（marriner）であり、これはステップニーの独立派会衆教会の社会的特徴を示すものといえよう。[87]

海軍ピューリタニズム第二の源泉は、ノーリッジの軍港であり、ウィリアム・ブリッジが一六四〇、一六五〇年代に牧会したグレート・ヤーマスの独立派会衆教会である。海軍委員会のマイルス・コルベット議員、海軍行政家のウィリアム・バートン、艦長クラスではロバート・マッキー、ジョーゼフ・エイムス、エドモンド・トムソンがこの教会の教会員となった。[88] 上述の一六五三年夏季防衛艦隊第三船団後方司令官W・グッドソンの妻と子供はこの教会に属していたが、本人はロンドンでは厳格な分離教会の会員であった。[89] 第三の源泉はニューイングランドのピューリタニズムである。ヴェーンが元ニューイングランド総督であったことから、海軍弁務官のウィロビー、ボーン、エドワード・ホプキンズ、そしてヴェーンから出納長を引き継いだハティンソンはニューイングランド出身であった。軍人としてもニーマイアの弟で司令官に就任したジョンがいた。[90] こうしてニューイングランドにおけるコングリゲーショナリズムの実践は革命期の海軍へと逆流したのである。

では海軍と独立教会主義の結合をどのように説明できるのか。この答えを商船乗りの国境を越えた活動と亡命独立派聖職者の結合に求めたい。一六四三年に他の元亡命聖職者三名と一緒に『弁明の陳述』を出版し、独立教会主義の立場を表明したジェリマイア・バロウーズとウィリアム・ブリッジは、オランダでの亡命期間中、ヒュー・

ピーターが一六三〇年代後半に結成したロッテルダムのイングランド人貿易商人のコングリゲーションで説教や牧会に従事した。[91] ピーターはニューイングランドにも亡命経験をもち、新興貿易商人との結合のせいでアイルランドへの追加的海上遠征のさいに従軍牧師をしたのである。[92] M・トルミーの研究によれば、独立派会衆教会は亡命先で結成され、革命勃発前夜にロンドンに密輸入された。商船船乗りで海軍少将になるウィリアム・グッドソンは、迫害され亡命したブリッジとそのさい運命を共にしたという。[93] このような亡命知識人と商船船乗りの結合こそ海軍と急進的で新しいピューリタニズムである独立教会主義の結合を説明するのである。チャタム工廠も王政復古後そのバプテスト派の工廠長が「秘密集会」のかどで逮捕されるほど宗教的急進主義の温床であったが、英蘭戦争のさいに五〇〇〇人のイングランド人が造船先進国オランダで働いていたことから判断して、この結合は無理からぬことであったように思われる。[94]

このような海軍ピューリタニズムの結果、共和国海軍では、それぞれの船舶で宗教的儀式が遵守されるようになり、一六五八年にバルト海に出帆したグッドソンの艦隊は二九隻で構成されていたが、うち二二隻は従軍牧師を載せていたほどであった。[95] また海軍全体としてもタバコは木造船のためにデッキの下や船室では禁じられ、アルコールの販売も禁じられた。[96] 王政復古後に誇張を含んでいるが、議会派寄りの海軍省の役人による以下のような嘆きは、革命期の規律を回顧してのことであろう。すなわち、王政復古後の新しいジェントルマン艦長たちの唯一の貢献は「酒、ゲーム、売春、悪罵などありとあらゆる不敬虔さを、従僕、仕立屋、バイオリン弾き、腐った血縁関係など役立たないお荷物と一緒に艦隊に持ち込むことであった」。[97]

おわりに――ジェントルマンとタールポウリン

リチャード・クロムウェルの護国卿就任とともに頭角を現した海将モンターギュを中心に海軍は王政復古に貢献

し、彼のもとで議会派の指揮官に対するパージが行われた。ペンは寝返り、カートレット、バッテンの地位は回復し、海軍大臣書記官になったピープスが辣腕を振るった。グッドソン、ボーン兄弟らは海軍を去り、たとえ政治的パージを生き延びたとしても、再任された三一名の議会派艦長、副長には、その後三年間雇用が更新されず、そのうち半分はその後も更新されなかった。この間に指揮官に就任した九一名は新来者であり、明らかに国王派であった。だが、一六六四年になると第二次英蘭戦争の接近にともない、海軍は空位期の士官をかなり呼び戻さなければならなかった。結局、一六六四年から三年間、九〇人の艦長は共和政期に艦長をしていた者から構成され、一七人の司令官中一一人は元議会派から構成された(98)。こうして、「タールポウリン」と呼ばれた議会派の指揮官は、J・D・ディヴィスが指摘するように王政復古後の海軍にもその刻印を押し続けたのである(99)。

ピープスが「海軍士官のなかで船乗りはジェントルマンでないし、ジェントルマンは船乗りでない」と述べたように、一八世紀初頭にジェントルマンの次、三男に「幹部候補生」(midshipman)としての訓練が施されるまで、この問題は解決されえない由々しき問題として存続した。精巧な技術的装備を艤装した近代艦船の指揮は科学的に訓練された人物を要求する。人生の初期に海の徒弟に出された人々のみがそれを習得することができた。少年にとって九歳か一〇歳で直接船に乗って海軍士官として将来の経歴をスタートすることはきわめて一般的なことであった。「甲板を歩けること」(sea-legs)、「船酔い」(sea-sickness)をできるだけ若いうちに克服したり、索具(マストや帆を支えるロープやチェーン類一式)を繋ぎ重ねたり、結び合わせたりする原理と技術を早くから習得できたからであった。航海にかんする知識を獲得するために人々はしばらくの間、労働しなければならないのである。書物からの知識はほとんど有効でない。他方、平時には海軍士官はいやしくも一国の代表として一、二カ国の外国語を習得し、教養と礼儀正しさを身に着けていなければならなかった。要するに、一個の人格の中に船乗りとしての熟練職人の側面と軍事ジェントルマンの側面を兼ね備えていなければならなかったのである(100)。

一七世紀において「ジェントルマン」という言葉は、厳密な社会経済史的意味をもった。それは、現在の論議の盛んな「ミドリング・ソーツ」論が示しているように、親方であれ、職人であれ、労働する人はジェントルマンからは排除されたという点なのである。[101]一六世紀には、職業上の船乗りの組合である水先案内人協会が王立海軍を背後から支えた。七年間の徒弟期間を済ませた者が、国王所有の軍艦の船長に選任され、デドフォード工廠で国王船を整備した。しかしながら、一六世紀における海上軍事行動が頻繁になるにつれて、とくにウィリアム・ホウキンズやフランシス・ドレイクのような私掠船の船長の手柄がイングランドの若者の前に名声と富との新しい展望を開いたとき、若いジェントルマンは海に引き寄せられた。だが、ジェントルマンに正式な訓練をしようとする企てはすべて失敗した。そのステイタスや名誉に不一致な訓練を課すと、若いジェントルマンは海軍に入りたがらないのである。私拿捕者や海賊になったウィリアム・モンソンやヘンリ・メインワーリングのようなごく少数のケースにおいて、ジェントルマンは職業的船乗りの厳しく荒い生涯をともにすることによって、船乗りの技術を学んだ。革命前夜の王立海軍はこのような状態だったのである。[102]

本章で述べたようにピューリタン革命に連動した「二段階の海軍革命」により、職業的船乗りである「商船船乗り」たちが、商船から傭船された船のみならず、もちろん将官層にはジェントリの出身者を抱えていたとはいえ、英蘭戦争により拡大しつつある共和国海軍の士官層に大量に進出したのである。いち早く「タールポウリン」の重要性を見抜いたエリアスは、フランスやスペインにおいては「ジェントルマン」と「タールポウリン」が分裂しており、イングランドとオランダの一部だけがこの分裂を免れたと指摘しているが、[103]このように「商船船乗り層」の大量現象とその社会的経済的進出こそが、軍事革命のみならず、商業革命や植民地の形成という当時のイングランドの経済的発展を説明する梃子となり、そこに軍事財政国家としてのイングランドの出発点をみいだすことが可能であるといえよう。チャールズ・シャドウェルの演劇『公平なクエイカーの扱い』(*The Fair Quaker of Deal*) は革命後半世紀を経て上演され、好評を博したが、海軍史上まれにみる士官とその部下たちの驚くべき親密性を表現している。この共同精神こそ、それを生み出した商船船乗りという社会層の重要性を物語るのである。

注

（1）M. Roberts, 'The Military Revolution, 1650–1660', in C. J. Rogers, ed., *The Military Revolution Debate: Reading on Military Transformation of Early Modern Europe*, Oxford, 1995, pp. 13–35. 軍事革命にかんする研究動向論文に大久保桂子「ヨーロッパ「軍事革命」論の射程」『思想』第八八一号、一九九七年がある。

（2）G. Parker, *The Military Revolution: Military innovation and the Rise of the West, 1500–1800*, Cambridge U. P., 1988. 大久保桂子訳『長篠合戦の世界史』同文舘、一九九五年。

（3）J. Brewer, *The Sinews of Power: War, Money and the English State, 1688–1783*, New York, 1989, p. 7. 大久保桂子訳『財政＝軍事国家の衝撃——戦争・カネ・イギリス国家 1688–1783』名古屋大学出版会、二〇〇三年、九頁。

（4）J. S. Wheeler, *The Making of a World Power: War and the Military Revolution in Seventeenth- Century England*, Stroud, 1999, pp. 10–12（以下、本書を *Making* と略記）. ブリュアが依拠したディクソンの財政史研究は、P. G. M. Dickson, *The Financial Revolution in England. a study of the Development of Public Credit*, London, 1967.

（5）J. Braddick, *The Neves of State: Taxation and Financing of English State 1558–1714*, Manchester, 1996, chap. 1. 酒井重喜訳『イギリスにおける租税国家の成立』ミネルヴァ書房、二〇〇〇年、第一章。

（6）海戦における戦術の変化については、N. A. M. Rodger, 'Guns and Sails in the First Phrase of English Colonization, 1500–1650', in N. Canny, ed., *The Origins of Empire: British Overseas Enterprise to the Close of the Seventeenth Century*, vol. i, Oxford, 1998. pp. 94–95.

（7）L. Stone, *The Causes of the English Revolution 1529–1642*, London, 1972, p. 135. 紀藤信義訳『イギリス革命の原因 1529–1642』未來社、一九七八年、一九七頁。

（8）Braddick, *State Formation in Early Modern England c. 1550–1700*, Cambridge, 2000, part iii, The Fiscal-Military State.

（9）C. D. Penn, *The Navy under the Early Stuarts and its influence on English History*, London, 1920, p. 268.

（10）D. E. Kennedy, 'Naval Captains at the outbreak of the English Civil War', *M. M.*, no. 46, 1960. Do., 'The English Naval Revolt of 1648', *E. H. R.*, vol. lxxvii, 1962. ケネディの研究を「二段階」の革命と呼んだのは、K. R. Andrews, *Ships, Money and Politics: Seafaring and naval enterprise in the Reign of Charles I*, Cambridge U. P., 1991, pp. 184.

（11）*Ibid.*, pp. 184. ff

（12）B. S. Capp, *Cromwell's Navy: The Fleet and the English Revolution 1648–1660*, Oxford, 1989, pp. 15–16（以下、本書を *CN* と略記）.

（13）トマスのレヴェラー思想については、パトニー討論における彼の頻繁な発言が如実に物語っている。A. S. P. Woodhouse, ed.,

Puritanism and Liberty: being the Army debates (1647–9) from the Clark manuscript with supplementary documents, London, 1951. 大沢麦・澁谷浩訳『デモクラシーにおける討論の生誕』聖学院大学出版会、一九九九年参照。

(14) Capp, *CN*, pp. 16–17.

(15) Anon., *A Declaration of the Representations of the Officers of the Navy, concerning the impeached Member of Parliament transported beyond the Seas*, London, 1647, p. 7.

(16) Capp, *CN*, pp. 18–25.

(17) 'A Declaration of Navy' in J. R. Powell & E. K. Timings, eds., *Documents Relating to the Civil War 1642–1648*, London, 1963, pp. 332–334.

(18) 'Rainsbourgh to C. o. A.' in *Ibid.*, p. 330. cf. [W. Batten] *The Sea-mans Daill, or, the Mariner's Card; directing unto the safe Port of Christian Obedience, and showing the reasons which moved the Authour, a Sea Commander, to returne unto his Loyalty*, London, 1648.

(19) 水先案内人協会において国王との「個人的な交渉」支持する者は多数派であった。その請願 *The Petition and Desires of the Commanders, Masters and Sea-man of the Shipping belonging to the Thames, do.* London, 1648 には五五八名が署名したことになっている。それに対して、国王との交渉は宗教改革と自由を保証するものでなければならないとする反対請願 *The Humble Declaration, Tender, and Petition of divers cordiall and well-affected Mariners*, London, 1648 には、多数派ほどステイタスの高くはない六二名が署名した。そのうちのいく人かは、共和政期に活躍することになる。

(20) R. Davis, *The Rise of the English Shipping Industry: In the Seventeenth and Eighteenth Centuries*, London, 1962, p. 10 の見積りをアンドルースが詳細にデータ化した。Andrews, *op. cit.*, appendix A.

(21) *Ibid.*, pp. 16–22. 一七世紀前半の錫交易とロンドンの貿易商人の関連については、水井万里子「一七世紀前半コケイン計画期ロンドン商人の事業展開」川分圭子・玉木俊明編著『商業と異文化の接触』吉田書店、二〇一七年所収、参照。

(22) バルバリア沿岸のサレーの海賊については、S. Lane-Poole, *The Story of the Barbary Corsairs*, New York, 1896. 前嶋信次訳『バルバリア海賊盛衰記――イスラム対ヨーロッパ大海戦史』リブロポート、一九八一年参照。

(23) A. Thrush, 'Naval finance and the origins and development of ship money', in M. C. Fissel, ed., *War and government in Britain, 1598–1650*, Manchester, 1991. pp. 151–152.

(24) Andrews, *op. cit.*, pp. 109–110.

(25) ウォリック伯の反スペイン植民地活動については、本書、第三章参照。 W. E. Craven, 'The Earl of Warwick, Speculator in Piracy', *Hispanic American Historical Review*, no. 10, 1930.

(26) R. Brenner, *Merchants and Revolution: Commercial Change, Political Conflict, and London's Overseas Traders, 1550–1653*, Cambridge U. P., chap. part 1, 1993.

(27) 酒田利夫「近世ロンドンにおける郊外——イースト・エンドとウェスト・エンド」イギリス都市・農村共同体研究会編『巨大都市ロンドンの勃興』刀水書房、一九九九年、所収論文、参照。

(28) W. R. Chaplin, 'William Rainsborough (1587–1642) and his Associates of the Trinity House', *M. M.*, no. 31, 1945, pp. 178–197.

(29) カートレットはこの艦隊でただ一人商人船乗りの出身でなく、ジェントリであり、内戦期には国王派に付いた。後にジャージー島の統治者に国王より任命され、チャールズ二世からは新大陸のニュージャージーを与えられる。王政復古後は、海軍出納長として返り咲いた（*Ibid.*, p. 188）。

(30) Do., 'Nehemiah Bourne', *Transaction of the Colonial Society of Massachusetts*, vol. xliii, 1925–26, pp. 29–60. 図4-3では言及されていないが、ボーンの息子のニーマイアがロンドンの非国教徒商人ボディントン家第二世代のアンと結婚していることが判明した。川分圭子『ボディントン家とイギリス近代——ロンドン貿易商 1580–1941』京都大学学術出版会、二〇一七年、二六九頁、および、巻末の詳細な Skinner 家系図を参照。またボディントン家は、醸造業者カンパニー理事長のウィリアム・ダッシュウッドの二人の娘を介して、本書、第七章で論じられるキッフィン家とも親族網を形成していた。

(31) アダムスについては、D. Massarella & A. Farrington, 'William Adams and early English enterprise in Japan', International studies: Discussion paper, no. IS/00/394, London, 2000.

(32) A. C. Dewar, 'Naval Administration of the Interregnum 1641–59', *M. M.*, no. 12, 1926, p. 415.

(33) G. Green, *A Declaration in Vindication of the House of the Parliament, and of the Committee of Navy and Customs against all Traducers*, London, 1647, p. A3.

(34) *A. O.*, i, rep. 1982, pp. 27–29.

(35) ヴェーンと海軍については、V. A. Rowe, *Sir Henry Vane the Younger: A Study in Political and Administrative History*, London, 1970.

(36) D. E. Kennedy, 'The Establishment and Settlement of Parliament's Admiralty, 1642–48', *M. M.*, no. 48, 1962, p. 277.

(37) エイルマーは海軍本部の役職者に給与が支給された点が、汚職を防ぐ意味において大きな意味を持ったことを見逃さない。G. E. Aylmer, *The State's Servants: The Civil Service of the English Republic 1649–1660*, London, 1973, p. 106.

(38) Capp, *CN*, pp. 189–191.

(39) *A. O.*, i, pp. 1257–60. Brenner, *op. cit.*, pp. 552–554. 取締法の一環として、国軍として分捕品の分配に関する規則が制定された

ことが注目に値する。拿捕船は掠奪者である士官と兵士・国家・救貧基金で等分に分けられ、一〇分の一しか提督に入らなかった。救貧基金は病人・負傷兵・戦争寡婦などに対して支払われるものであった。「分捕品分配弁務官」(Prize Commissioner)が新設された。*A. O.*, ii, pp. 9–10.

(40) トムソンについては、Brenner, *op. cit.*, passim. J. E. Farnell, 'The Navigation Act of 1651, the First Dutch War, and the London Merchant Community,' *Ec. H. R.*, 2nd. ser., vol. xvi, 1964, pp. 443–446.

(41) *A. O.*, i, pp. 9–12. 船舶は出資者が提供する代わりに、水夫の食糧、賃金、銃、弾薬は通常の料金で国家によって支払われるとみなされた。約一〇〇〇人の兵士を積んだ一〇〜一五隻が六月末にドーヴァーを出発した。トマス・レインバラが副司令官、ヒュー・ピーターが従軍牧師であった。二万ポンド分の掠奪しか出来ず、五カ月間で引き返した。詳しくは、R. P. Stearns, *The Strenuous Puritan: Hugh Peter*, Urbana, 1954, pp. 187–201.

(42) ブレナーは、新興貿易商人集団の支配は水先案内人協会のみならず関税委員にもおよび、そこでのロンドン市評議会の急進派との結合が、共和国の貿易政策、海軍の軍備拡張に大きな影響を与えたと、述べている。Brenner, *op. cit.*, pp. 554–556.

(43) *A. O.*, i, pp. 1257–1258. Capp, *op. cit.*, pp. 50, 53.

(44) *C. S. P. D., 1649–1650*, p. 11, 14, 482.

(45) R. Bliss, *Revolution and empire: English Politics and the American colonies in the Seventeenth Century*, Manchester, 1990, p. 60.

(46) J. R. Powell, *Robert Blake: General-at-sea*, London, 1972, chap. 6. クロムウェルのアイルランドの植民地化にかんしては、本書第二章、および、山本正『「王国」と「植民地」——近世イギリス帝国のなかのアイルランド』思文閣出版、二〇〇二年、第六章、参照。一六五〇年のスコットランド侵略のさいにも海軍は食糧・武器・装備の海上運送を担当した。Wheeler, 'The Logistics of the Cromwellian conquest of Scotland 1650–1651', *War and Society*, no. 10, 1992, pp. 1–18.

(47) R. C. Anderson, 'The Royalists at Sea in 1650', *M. M.*, vol. xvii, 1931, pp. 135–168. Do., 'The Royalist at Sea in 1651–3', *M. M.*, vol. xxi, 1935, pp. 61–90.

(48) Bliss, *op. cit.*, pp. 61–62.

(49) 「ブリテン帝国」と「海洋主権」との関連については、D. Armitage, *The Ideological Origins of the British Empire*, Cambridge, 2000, chap. 4. 平田雅博・岩井淳・大西晴樹・井藤早織訳『帝国の誕生』日本経済評論社、二〇〇五年、第四章。

(50) S. R. Gardiner, *History of the Commonwealth and Protectorate 1649–1656*, New York, rep. 1965, vol. ii, p. 243.

(51) *Ibid.*, pp. 240–242. C. P. Korr, *Cromwell and the New Model Foreign Policy: England's Policy toward France, 1649–1658*, Los Angeles, 1975, pp.

19, 23.

(52) A. B. Hinds, eds., *Calendar of Sate Papers and Manuscripts, relating to English Affaires, exiting in the Archives and Collections of Venis, do.*, vol. xxviii, 1647–52, London, 1929, pp. 187–213.

(53) この時期の英蘭関係については、S. C. A. Pincus, *Protestantism and Patriotism; Ideologies and the making of the English foreign policy, 1650–1668*, Cambridge, 1996, chap. 3, 4.

(54) Rowe, *op. cit.*, chap. 7, 8.

(55) 軍艦のリストについては、Anderson, ed., *Lists of Men-of-War 16500–1700*, Cambridge, U. P., 1935, pp. 1–17.

(56) J. R. Tanner, ed., *A Descriptive Catalogue of The Naval Manuscripts in the Pepysian Library at Magdalene College, Cambridge*, London, 1903, vol. i, pp. 251–263. なお、日記作家としてのピープスについては、臼田昭『ピープス氏の秘められた日記――一七世紀イギリス紳士の生活』岩波新書、一九八二年参照。ちなみにピープスの区分する第一級から第六級までの軍艦の規模を理解するための目安を下記の表に示しておこう。

(57) Capp, *CN*, p. 6.

(58) Wheeler, 'Navy Finance, 1649–1600', *Historical Journal*, vol. 39, 1996, pp. 457–466.

(59) *Ibid*., p. 459.

(60) *Ibid*., p. 460. 前貸しした糧食供給業者がうけとる割増金は一二・五％であった。Wheeler, *Making*, p. 51. チャンダマンは王政復古政府が「予想収入システム」(system of anticipating revenue) を用いたと述べている。D. C. Chandaman, *English Public Revenue 1660–1688*, Oxford, 1975, p. 296.

(61) P. Kennedy, *The Rise and Fall of the British Naval Mastery*, London, 1976, p. 45.

(62) Wheeler, 'op. cit.', pp. 459–60.

(63) Wheeler, 'Prelude to Power; the Crisis of 1649 and the Foundation of English Naval War', *M. M.*, vol. 81, 1995, 152. ティッチボーン、ヒルデズリ、テイラーは新興貿易商人集団の一角を担うロンドン市の政治的急進派であった。Brenner, *op. cit.*, p. 556. また彼らが独立派会衆教会へ所属して

等級数	平均人員（人）	軍艦名	砲門数	積載量（t）
第1級	500	ネースビィ号	60 〜 80	1230
第2級	300	スイフトスー号	48 〜 60	898
第3級	200	エセックス号	40 〜 50	652
第4級	130	プレストン号	32 〜 40	516
第5級	90	マーメイド号	24 〜 32	286
第6級	50	ドレイク号	12 〜 16	410

出典：Capp, *CN*, pp. 4–5.

いた点については M. Tolmie, *The Triumph of the Saints: The separate churches of London 1616–1649*, Cambridge U. P., 1977, chap. 5. 大西晴樹・浜林正夫訳『ピューリタン革命の担い手たち』ヨルダン社、一九八三年、第五章。

(64) Wheeler, *op. cit.*, p. 151.

(65) Aylmer, *op. cit.*, pp. 328–343. J. R. Tanner, ed., *Two Discourses of the Navy 1638 and 1659 by John Holland*, London, 1896, pp. 309–310. 臼田、前掲書。

(66) M. Ashley, *Financial and Commercial Policy: Under the Cromwellian Protectorate*, London, 1934, rep. 1962, chap. x.

(67) Capp, *CN*, p. 155.

(68) 海軍事務局長ヴェーンは千年王国思想の持ち主であり、海軍弁務官のジョン・カリューとナサニエル・リッチは第五王国派であった。Capp, *The Fifth Monarchy Men: A Study in Seventeenth-century English Millenarianism*, London, 1972, pp. 180–181.

(69) Capp, *CN*, p. 162.

(70) *Ibid.*, pp. 164, 167.

(71) アメリカ貿易商人であることを確認するための資料として、第五王国派のウィリアム・アスピンウォールがボストンの公証人時代に残したJ. T. Hassen, ed., *A Volume relating to the Early History of Boston containing the Aspinwall Notorial Records*, Boston, 1903がある。

(72) 本書、第五章参照。C. H. Firth, ed., *The Narrative of General Venables with an appendix of papers relating to the Expedition to the West Indies and the Conquest of Jamaica, 1654–1655*, New York, 1900 参照。

(73) Capp, *CN*, pp. 166–67.

(74) *Ibid.*, p. 171.

(75) *Ibid.*, pp. 172–173.

(76) N. A. M. Rodger, *The Wooden World; An Anatomy of the Gregorian Navy*, New York, 1986, chap. vii.

(77) J. K. Laughton, ed., *The Naval Miscellany*, London, 1912, vol. ii, pp. 160–161.

(78) N. Elias, 'Studies in the Genesis of the Naval Profession', *British Journal of Sociology*, vol. i, 1950, pp. 291–309.

(79) Capp, *CN*, p. 175.

(80) この点は一八世紀に入るといっそう顕著になる。Rodger, *op. cit.*, pp. 264–265.

(81) M. Oppenheim, *A History of the Administration of the Royal Navy and of Merchant Shipping in Relation to the Navy from 1509 to 1660*, London, 1896, p. 355.

(82) Capp, *CN*, p. 296.

(83) *C. S. P. D., 1652–1653*, p. 297. 一六五三年の夏季防衛艦隊の艦長リストは C. T. Atkinson, ed., *Letters and Papers relating to the First Dutch War 1652–1654*, London, 1911, vol. v, pp. 16–20.

(84) 空位期における六名の海将のなかで唯一宗教的でなく、王政復古の立役者になるモンクであるが、一六五三年当時はカモフラージュのためか、その秘書には有力な第五王国派ジョン・ポアートマンを使っていた。Capp. *CN*, p. 296.

(85) G. W. Hill & W. H. Frere, eds., *Memorials of Stepney Parish*, Guildford, 1890–1, pp. 178.ff.

(86) Capp, *CN*, p. 303. バディリの著作は R. Badiley, *The Sea-men Undecieved: Or Certaine Queries to a printed paper, intitled, The humble Tender and Declaration of many well-affected Sea-men, do.*, London, 1648.

(87) P R O, RG4/4414.

(88) S. Brown, ed., 'Baptisms and Some Deaths Recorded in the Great Yarmouth Independent Church Book 1643–1705', *Norfolk Record Society*, vol. 22, 1951, p. 9f. 注85、87、88資料の複写をロンドン滞在中の菅原秀二氏（札幌学院大学）の好意によって入手することができた。記して感謝したい。

(89) Tolmie, *op. cit.*, p. 22. 前掲邦訳書、五四頁。

(90) B. Bailyn, *The New England Merchants in the Seventeenth Century*, Boston Mass., 1955, p. 94.

(91) K. L. Sprunger, *Dutch Puritanism: A History of English and Scottish Churches of the Netherlands in the Sixteenth and Seventeenth Centuries*, Leiden, 1982, pp. 164–171

(92) Stearns, *op. cit.*, p. 93ff. 岩井淳『ピューリタン革命の世界史——国際関係のなかの千年王国論』ミネルヴァ書房、二〇一五年、第七章、参照。

(93) Tolmie, *op. cit.*, pp. 91–92. 前掲邦訳書一七六—一七八頁。Capp, *CN*, p. 294.

(94) *Ibid.*, p. 295. オランダの造船業についてのモノグラフは、田口一夫『ニシンが築いた国オランダ——海の技術史を読む』成山堂書店、二〇〇二年参照。オランダの覇権については、マーヨレイト・タールト著、玉木俊明訳「一七世紀のオランダ——世界資本主義の中心から世界のヘゲモニー国家へ？」松田武・秋田茂編『ヘゲモニー国家と世界システム』山川出版社、二〇〇二年所収、参照。

(95) C. T. Atkinson, ed., *Letters and Papers relating to the First Dutch War 1652–1654*, London, 1905, vol. iii, p. 293. Capp, *CN*, p. 309.

(96) *Ibid.*, vol. vi, 1930, p. 198. しかし、いく人かの艦長は黙認した。

(97) J. Charnock, *History of marine architecture; Including an enlarged and progress, do.*, London, vol. i, pp. lxxxvi–xciv.

(98) Capp. *CN*, pp. 381–384.

(99) J. D. Davies, *Gentlemen and Tarpaulins: The Officers and Men of the Restoration Navy*, Oxford U. P., 1991, chap. 2.

(100) Elias, *op. cit.*, pp. 293–294.

(101) J. Barry & C. Brooks, eds., *The Middling Sort of People: Culture, Society and Politics in England, 1550–1800*, London, 1994, intro. 山本正監訳『イギリスのミドリング・ソート』昭和堂、一九九八年。

(102) Elias, *op. cit.*, pp. 296–298. ジェントルマン士官に対する水夫の受け取り方の一例は Rodger, ed., *The Naval Miscellany*, London, 1984, vol. v, p. 65 参照。

(103) *Ibid.*, p. 296.

第五章　クロムウェルと「意図せざる」植民地帝国

「イングランドの混乱の表象」(1658)。誤謬，バビロンの淫婦など「キリストの敵」を足蹴にして，共和国の旗を掲げ，内戦や対外侵略を繰り返している護国卿クロムウェルが描かれている。

はじめに

オリヴァ・クロムウェルは、一七世紀中葉のピューリタン革命を画期に拡大・発展するイギリスの植民活動、商業交易にいかなる役割を果たしたのであろうか。クロムウェル伝として光彩を放つ『神のイギリス人』において、C・ヒルはクロムウェル外交を「ファナティックな企画」と形容しつつも、彼が政権にあった「一六五〇年代の政府を、世界戦略を持ったイギリス史上最初の政府」[1]と述べて、高く評価している。実際、ピューリタン革命後の一七世紀後半には、ヨーロッパ諸方面への在来貿易に加え、東・西インド貿易が活況を呈し、ブリテン島はもちろん、アイルランド、北米、西インド諸島、アフリカ各植民地の拠点を結ぶ三角貿易が台頭し、イギリスは世界大的な植民地帝国へ向けてその足場を構築するのである。

本章は、「ファナティックな企画」と形容されるクロムウェル外交を、アイルランド、西インド諸島の侵略・植民地政策の関連において考察する。そのさい、研究史上絶えず問題とされてきたのは、「プロテスタント外交」というクロムウェルの宗教的理念を重視して解釈する学説と「イングランドの国益」という経済的利害を重視して解釈するもう一方の学説の乖離であった。

前者の解釈の伝統は、革命直後の一六六八年に出版されたスリングスビ・ベセル『オリヴァ・クロムウェルにおける外交上の誤り』(*The World's Mistake in Oliver Cromwell*)から始まる。すなわち、ベセルはクロムウェルが「反カトリック＝反スペイン」という自らの宗教的理念に忠実なあまり、すでに衰退しつつあった帝国との無駄な戦争を遂行し、興隆するフランスの支配力の増大に力を貸したと主張する。[2] この解釈は、エドマンド・ラドローの『回顧録』(*Memoirs*)[3]によって再生産され、今世紀では、立場を異にするにせよ、M・プレストウッチ、R・クラブトリーらによって支持されてきた。すなわち、プレストウッチは、クロムウェルは時代錯誤を犯して思想を貿易よりも優先し、そのドグマ的な十字軍外交によって遂行されたスペイン戦争の結果、ヨーロッパ市場においてオランダに漁夫の利をもたらしたと述べる。(4)クラブトリーは反対に、クロムウェルは「遅れてきたエリザベス期の人間」という時代錯誤を犯したのでなく、「プロテスタント外交政策の理念」という宗教的理念こそがクロムウェルにとって重要な政策決定要因であったことを指摘してやまない。(5)

経済的利害を重視したという解釈の伝統は、おもに経済史家によって打ち出されてきたものである。G・ビアは、五〇年代の英蘭戦争や西インド遠征が、「ピューリタニズムという精神的恍惚感の衰退と世俗的精神の興隆である」というS・R・ガードナーの一節を引き合いに出しながら、クロムウェルの政策がしだいにイングランドの物質的富にのみ奉仕するようになった、と述べる。(6)クロムウェルの西インド遠征に対して、カリブの歴史家として新解釈を企てたJ・バティックは、「西インド遠征'Western Design'がイングランド政府自身の武力行使にもとづいてヨーロッパ他国家の海外帝国の一部を強奪する最初の企てであり、……この企てにおいて、一八世紀において完璧に実行に移される帝国主義的拡張策は予想された」と解釈している。(7)

もちろん、宗教的理念と経済的利害のいずれか一方を重視するのではなく、両者を統一的に把握する企てもなされてきた。古くはS・R・ガードナーやC・H・ファース、最近では、T・ヴェニングの研究がそれである。クロムウェルは「交易の推進とプロテスタンティズムの推進という通常容易に和解するとは限らない目的を追求した」(ガードナー)。「国民の経済的、政治的利害を不断に気遣った」(ファース)。これらの見解を踏まえながらヴェニングは「チャールズ一世、二世と比較して、プロテスタント思想と国家安全が護国卿政権下の政策決定の要因であった」(8)と述べている。だが、クロムウェル外交における宗教的理念と経済的利害の関係は容易に統一されることなく、最近上梓された経済史家R・ブレナーと政治史家S・ピンカスの詳細な実証研究は、両者の乖離を拡大再生産している。ブレナーの研究は護国卿時代まで論じたわけではないが、特権貿易会社に加入できなかった新興貿易商人、すなわち、「新大陸・密貿易商人集団」がクロムウェルの拡張主義的商業政策の形成に強力な影響力を行使した点を容易に窺わせるのに対し[9]、英蘭関係における共和主義や千年王国論的終末論の思想的影響を重視するピンカスは、クロムウェルの政策形成における貿易商人の役割を極力排除しようとしているからである[10]。

本章では、このような研究史上の乖離を前提としながら、結論においてクロムウェルにおける宗教的理念と経済的利害の関連について言及することにしよう。

第一節　アイルランド征服とクロムウェル・セツルメント

クロムウェル外交の思想的前提はいうまでもなく近代イングランドにおいて浸透していた反カトリック意識である。この点について早くから注目したW・ハラーは、ジョン・フォックスの『殉教者列伝』(*Book of Martyrs*) がプロテスタント国家として誕生したイングランドのナショナリズムに与えた多大な影響を指摘している。フォックスはイングランドを「近代のイスラエル」として描き、誕生間もない近代国民国家をめぐる一連の困難を、「選ばれた国家」(elect nation) として神からイングランドに与えられた「特別なステイタス」の証明とみなした。しかも終末論的観点からすると、一連の困難は未来への希望へとつながる。異端とみなされて処刑されたロラード派、カトリックの女王メアリ一世によって火刑に処せられたプロテスタント殉教者に加えて、スペインの無敵艦隊との戦いを余儀なくされたアルマダの海戦、カトリックが議会に爆薬をしかけ国王と議員を爆殺しようとした火薬陰謀事件、等々。これらの困難はカトリックによる、すなわち「キリストの敵」の最後の喘ぎなのであり、善と悪の抗争のクライマックスであるエリザベス女王の統治を経て、ローマの野獣は破壊され、天上の王国はこの世に設立されるのである[11]。

ピューリタン聖職者の説教やパンフレットも反カトリック意識の醸成に寄与した。ウィリアム・パーキンズ、ジョン・プレストン、リチャード・シッブズらの正統的カルヴァン主義聖職者の説教やパンフレットは、カトリック

ジョン・フォックス『殉教者列伝』から

の儀式がいかに宗教を人間の考案物に堕落させているかについて切々と説いたし、「選び」と「滅び」というカルヴァン主義者の区別は、たとえ自覚的な信仰を欠いていても自分たちを「選ばれた民」(elect people) の側に立たせることによって、容易にナショナリズムと和解しえたからである。[12] こうして、反カトリック意識は大衆にまで浸透し、大陸で繰り広げられていた三〇年戦争の影響も手伝ってイングランド国民は、熱心なカトリック教徒が国内には人口の二%を数えるに過ぎないにもかかわらず、対外的にカトリックに対して過剰反応を引き起こすまでに至ったのである。[13]

このような過剰反応は当然、クロムウェルによるアイルランド遠征の起点となったアルスターのカトリック反乱に対してもみられた。一六四一年一〇月二四日に勃発したこの反乱についてその詳細は不明瞭であるが、地域的に限定された一〇日間ほどのアイルランド・ジェントリの反乱がイングランド側では、王室に向けられた反乱というよりは、イングランド人入植者の虐殺による受難であり、「反乱は全般的である」(rebellion was general) と伝達されたのである。[14]

この状況に機敏に対応したのが、議会派ピューリタン、のちに政治的長老派と政治的独立派に分裂するロンドン市民たちであり、彼らは一六四二年二月にアイルランドの効果的な平定のための請願を庶民院に提出した。それによれば、請願者たちは鎮圧軍士官指名の権利、国庫による武器弾薬の供出、イングランドにおける兵士の徴募、反徒財産の没収という四条件でもって、反乱の鎮圧を申し出た。これは三月に「募金法」(Act of subscription) として制定された。出資の見返りは四番目の条件と関連するが、反乱の鎮圧後、アイルランドの土地を一エーカーにつき、四~一二シリングで購入することにあった。だがこの出資には、いつ反乱が鎮圧され、どんな土地を籤で引くことになるか分からないというリスクが伴った。[15] さらに四月中旬、実際に遠征軍を派遣する内容をもつ提案が、急進派市民や投機家からなされ、これは「海上遠征条令」(sea adventure ordinance) として国王の許可なく議会によって承認された。[16]

さて、出資者であるが、「募金法」には、議員、ロンドン市民、地方、あるいは海外在住のプロテスタントなど一一八八人から二九万三〇七二ポンドが寄せられたと見積もられている。これは、東インド会社への当時の出資額約二八八万ポンドを別格として、ヴァージニア会社の約二〇万ポンド、これまでアイルランドでなされてきた植民事業であるロンドンデリーの約七万ポンド、マンスターの約三万ポンドを上回る出資額であった。また「海上遠征条令」には、一七一人の出資者から四万三〇〇〇ポンドが寄せられた。双方の出資者の名簿を作成し、その社会層分析をなしたK・ボティッグハイマーは、これらの出資が従来のジェントリ主体の出資と異なり、大衆からも引き出されている点に注目し、出資の魅力が、投機の対象、反カトリックという宗教的・感情的要素、そしてわずかであるが実際の入植にあった点を指摘している。[17] クロムウェルは、最初の出資と第二の出資にそれぞれ三〇〇ポンドを投じているが、前者において、彼は議員出資者一一九名のうちの一人であり、その額は全出資者平均出資額二〇〇ポンドを上回り、後者において彼は、急進的な提案に出資した議員三人のうちの一人だったのである。[18]

このように出資を募ったとしても、一六四二年七月に「海上遠征条令」による遠征軍がアイルランド南部沿岸に戦略品目的に上陸しただけであり、プロテスタント救出のために本格的な軍隊が派遣されたわけではなかった。一六四五年、出資者たちは、自分たちの出資した資金がアイルランドのためでなく、国内における内戦遂行という別の用途に用いられていることに不平を漏らし、議会にアイルランド戦争の遂行を要求した。また、さらなる出資者に対して「募金法」であてがわれるアイルランドの土地を倍増させるという「二倍条令」(doubling ordinance)の適用範囲拡大やアイルランドにすでに駐屯するイングランド軍兵士三万五〇〇〇人への支払もアイルランドの土地でなされる点が要求された結果、いまだ日の目をみないアイルランド戦争は、プロテスタントの救済、反徒からの選択的土地没収にとどまらない目的、すなわち、反徒の鎮圧、大量の土地没収を背負い込むことになった。[19] 一六四五年末にクロムウェルは出資者に同情し、ニューモデル軍中将である彼がロンドンにおいて、マンスター駐屯士官ヘンリ・ウォラーとアイルランドの展望を議論した。ウォラーは「彼〔クロムウェル〕の気持ちがその方向、とりわけ、マンスターの支援と当地における戦争の開始にかなり傾いていること」を発見し、クロムウェルをアイルランド総督にするよう議会の説得工作を依頼した。[20]

クロムウェルは一六四九年八月に総督兼遠征軍司令官としてついにアイルランドの土を踏むことになった。クロムウェルにとって、一六四八年四月以来アイルランド南部のプロテスタント軍総指揮者インチクィン伯が国王派オーモンド侯の新国王派同盟に加わったことが、アイルランドの危機と映った。だが、クロムウェルは冷静であった。彼は担保としての土地ではなく、兵士や兵器同様資金の絶対的供給が必要であるという点をアルスター反乱から教訓として学び、遠征軍を用意周到に準備したうえで、税収入を担保とした月額九万ポンドの割当金を受け取ってから、従軍牧師ジョン・オウエンと、約一万五〇〇〇人の将兵を従えてブリストルを出帆、ダブリンに上陸したのである。[21] グロムウェルは、先に派遣されていたマイケル・ジョーンズの指揮する議会軍の活躍も手伝って、ダブリン、ドロヘダ、ウェックスフォード、マンスター等の諸都市を陥落させ、翌年五月には、後任のアイルランド総督を副司令官ヘンリ・アイアトンに任せて帰国した。一六五二年のアイアトンの死後、アイルランドの統治は、エドマンド・ラドロー、息子のヘンリ・クロムウェルに継承されることになる。クロムウェルのアイルランドへの武力侵略については、とくにドロヘダ攻略のさいの残虐行為が語り草になっている。それに関して、クロムウェル自身は庶民院議長宛の書簡においてこう述べている。「(投降を呼びかけたが堅固な塔にこもった敵は、) 我が方のいく人かを殺害し、負傷させた。降伏したとき、士官たちの首を刎ね、兵士は一〇人に一人ずつ殺害し、残りはバルバドス島行きの船に乗せた。私は無垢の血に手を染めた野蛮な奴等に対して、これが神の正しき審判であり、それが将来流血を食い止めることになると確信している。これらがそのような行為に対する満足な説明のいく根拠であり、さもなければ、良心の呵責を感じ、悔い改めざるをえまい[22]」。バルバドス島にどれぐらいの兵士を送ったのか定かでないが、この記述はクロムウェルの植民地構想を理解するうえで意味深長であり、虐殺は一六四一年末のアルスター反乱に対する復讐として正当化されていたことが分かる。

クロムウェルのアイルランド征服によって、「募金法」等による出資への見返り、アイルランド駐屯イングランド軍人への給与の支払、さらには、ニューモデル軍の士官や兵士の遅配の支払、これらすべてがアイルランドの土地で賄われることになった。そのために、一六五二年八月に「アイルランド土地処分法」(Act for Settling of Ireland) が、翌年九月には「償還法」(Act for Satisfaction) が制定された。また「出資者への債務や、兵士や士官への遅配を皆済するため」の「概括測量」や、軍医監ウィリアム・ペティによる精確な「ダウン・サーヴェイ」が施行された。その結果、カトリックの土地の持ち分は一六四一年の五九%から一六六〇年の二二%に減少した[23]。プロテスタントの救済に端を発したアイルランド遠征は、革命に勝利した共和国の財政上の救済へと置き換えられたのである。

では、クロムウェルの植民地政策であるクロムウェル・セツルメントはなにを基本とし、どのような結果を残したのであろうか。クロムウェル自身一六五四年の教書において、その基調にカトリックに対する非寛容な隔離政策(アパルトヘイト) を据えている。「一、……その土地の偶像崇拝、教皇制、迷信、冒瀆の禁圧に努めなさい。七、……教皇派や国王派、そして不平分子を法、裁判の執行、信頼の置ける役職に就けないように注意しなさい。アイルランド先住民をコハナト地方やクレア地方、またそのいずれかに移住させる法を実行しなさい」。これにより、カトリック・アイルランド人をアイルランド西部のコナハト州へ囲い込む隔離政策や、あるいは、諸都市においてカトリック市民から公民権を剝奪する政策がとられた。(24) 当然のことながら富裕なアイルランド人カトリック商人はフランスやスペインに亡命し、彼らに代わる経済的担い手を見出すことはできなかった。なぜなら、「募金法」のプロテスタント出資者には入植する者が少なく、たとえ兵士たちが遅配分の土地証書を受け取ったとしても、投機目当ての上官や商人に買い取られ、土地の集中化と不在地主化が促されたからである。プロテスタントの入植を推進するために、一六五三年に五カ年分の地代が出資者や兵士の土地から免除された。(25) それでもプロテスタント入植者を見出すことが出来ず、たとえアイルランドへ移住者が渡ったとしても、彼らは波止場で施しを乞う程度の小生産者たちであり、カトリックに取って代る経済力はなかった。(26)

産業政策に関していえば、アイルランドの交易と産業は厳格に規制された。アイルランドの国内交易に対するクロムウェル政府の態度は旧態依然としており、規制を発動するために自治体やギルドを信頼していた。アイルランド産羊毛輸出は、イングランドの大陸競合者へ到達するのを妨げるために厳格に規制された。すなわち、羊毛はイングランドに届くべきであり、アイルランドの織物工業を再建するのに用いられないようにするためである。これらの規制を課し、密輸入を止めさせるために「指定港制度」(system of staple ports) が採用された。内戦中はこれらの規制を維持することが出来なかったが、羊毛はリマリック、ゴウエイ等カトリック住民が多い都市の港から大陸へと輸出された。一六四八年から一六五八年にかけて布告によって海外輸出禁止が繰り返された。他にも輸出を禁じられた品物には、バター、獣皮、牛肉、豚肉、家畜、獣脂、皮革がある。一六五五年ヘンリの植民地政府は上記品物の交易の自由を許可した。これ以降植民地政府の強調は、新しい植民を奨励するよりも、アイルランドの伝統的な交易の復活に置かれるようになった。一六五五年以降でさえも、アイルランドの交易は不利益をこうむった。

毛織物輸出はいまだに制限されていた。アイルランドはイングランドへ送られる商品に対して関税の支払いをしなければならなかった。アイルランド貿易はまたイングランド船舶の使用を余儀なくされた一六五一年の「航海法」(Navigation Act) の範囲にあった。[27]

こうしてみると、クロムウェル・セツルメントはアイルランドに対して、ステュアート朝同様、重商主義的な植民地政策を採ってきたことになる。しかしながら、不思議なことに国内外交易の回復は、一六六〇年よりも以前において起こったのである。イングランドとの伝統的な交易は減少し、また一六四一年以前に重要であったスペイン、オランダ、フランスとの交易も、カトリック商人の亡命によりダメージを受けた。[28] それに代わって台頭してきたのが、新大陸、西インド諸島との貿易に従事するロンドン商人と繋がりをもつダブリン商人たちである。アイルランドはアメリカ、西インド貿易にとって好ましい位置にあった。タバコは直接アイルランドに輸入された。貿易はイングランド人の手によってであり、皮肉なことに国内外の貿易の回復は、アイルランド船舶の欠如と「航海法」の働きに負っていたのである。[29] 新大陸との関連でいえば、クロムウェルは、カトリックの支配が強固であったウォーターフォードの植民地化をニューイングランドのプロテスタントによって推進することを望んだ。そこには、イングランドの最初に理想を体現する「礼拝の自由」と、フリースクール、フリーコレッジのために土地が備えられるべきだと述べている。[30] 前述のドロヘダにおける敵兵のバルバドス島へ輸送といい、クロムウェルの胸中には、大西洋にまたがる植民政策があったのではなかろうか。

第二節　ピューリタン・ミッションの三角形

これまでのアメリカ・ピューリタン研究は、P・ミラーの古典的定式化によって支配されてきた。すなわち、それは、一六二九年から三〇年にかけてイングランドから渡米したマサチューセッツ湾植民地の入植者たちは、キリストの王国建設、異教徒に対する福音伝道という「使命」を携えて植民地建設に従事したというものである。[31] たしかに、「大移住」(great migration) と呼ばれた一六三〇年代のニューイングランドは、数千人の非国教徒の政治的、信仰的亡命者を引き寄せた。だが、最近の研究では、岩井淳が明らかにしたように、この「使命」はしだいに揺らぎはじめ、革命勃発後はむしろニューイングランドへの亡命者が「使命」を携えてイングランド、アイルランドへ再移住している姿を示している。[32] このようにピューリタン・ミッションはイングランドからニューイングランドへの一定方向の働きかけでなく、相互乗り入れ型であったといえよう。研究の進展は、当時のヒトとモノの流れに従ってさらに地理上の範囲を広げ、K・O・クッパーマンの論文は、ピューリタン・ミッションの特徴はイングランド、アイルランドとニューイングランドの二点を結ぶ往復運動だけではなく、それともう一辺、西インド諸島を加えた三角形として捉えられるべきであると提起した。[33]

西インド諸島へのピューリタン・ミッションは、一六二〇年代の国教会におけるアルミニウス主義の台頭に対抗して一六三〇年に設立されたプロヴィデンス島会社に遡ることができる。「プロヴィデンス」(Providence) という名前自体「神意、あるいは摂理」と訳され、ピューリタン信仰の特質を文字通り体現したものであるが、実際にはスペイン帝国アメリカの目と鼻の先であるニカラグア沖に位置する小さな島である。この島は一六三四年に、ウォリック伯、セイ・アンド・シール卿、オリヴァ・セント・ジョン、ジョン・ピムらのピューリタン貴族・ジェントリによって、おもにスペインの輸送船を攻撃する私掠船の出撃基地として植民地化され、イングランド・カリブ海帝国の象徴であった。[34] しかし一六四〇年に攻撃され、プロヴィデンス島会社は破産し、この島は再びスペインに占領された。チャールズ国王が反撃にでないので、業を煮やしたウォリック伯がウィリアム・ジャクソン大尉を派遣、翌年この島を奪回した。[35] さて、クロムウェルは、ピューリタン聖職者ヒュー・ピーターと一緒に迫害を逃れてこの島への亡命を考えたといわれているが、このエピソードはのちに国王派によって捏造された可能性がある。しかし、クロムウェルの娘の一人がウォリック伯の息子と結婚した縁もあって、クロムウェルとプロヴィデンス島とのかかわりは深く、一六四四年からは、プロヴィデンス島会社の出資者とならんで庶民院の「アメリカ諸島と植民地委員会」に出席した。[36] いわゆる「アトランティスト」とクロムウェルが呼ばれるゆえんである。

では、ピューリタン・ミッションの三角形とはどのようなものとして描くことが出来るのだろうか。次に引用する書簡は、一六四〇年にセイ・アンド・シール卿からマサチューセッツ湾植民地総督ジョン・ウィンスロップに宛てられたものである。セイは「カナンの地へ行くことからイスラエルを挫くような」ことをしているとウィンスロップに不満を述べている。なぜなら、「イスラエルが約束の地へ行き、そこにとどまることに神からの召命のようなものがあったと〔ウィンスロップが〕想定することは、聖書の濫用だから」というのである。セイはニューイングランドをどのように位置づけているのであろうか。「神はあなた方それぞれの群をそれぞれの地域へ運んだ。そこで、あなた方はあなた方が神に仕える身体となるまで、安全に結集するに違いない。そして手がけている仕事がもっとも適合するような場所に安全に腰を据えるに違いない。かなりの収入を手にするからである。このことは、これから植民地に出発するような一握りの者たちによって容易に成し遂げることはできない。それゆえなによりも最初に、あなた方はかの地に投げ込まれたのである。そして、あなた方に意図された業のために人数を増やし、適合させるために、荒野に運ばれたのである。いまやあなた方は、……機会が与えられた時には、戦いを挑ませる場所に行くことを無視してはならないし、むしろあなた方はそれに召されていることに気づかなければならない。なぜなら、あなた方は

初代セイ・アンド・シール子爵ウィリアム・フィネス（1582–1662）

それを企てることが出来るようになるまで、憐れみ深いプロヴィデンスによってかくまわれて来たのだから」。セイにとってニューイングランドは、たとえそこへ神意によって導かれて移住したとしても、「約束の地カナン」へ出発するために陣容を整えるための一時的な結集の地、いわゆる「中間駅」(way station) でしかなかった。そして書簡の末尾において、具体的に約束の地がスペイン帝国と直接対峙する西インド諸島にあることが暗示されているのである。ニューイングランドの「土地の不毛さ、冬の寒さはそれを経験した者によって証言されるであろう。その喪失は証言するに十分である。暖かい天候と実りある土地へ住むように移ることの不敬虔さはどこにあるのか。語って欲しい。なぜあなた方はこの点について怒るのかを」。[37]

このようなセイの主張に呼応する動きが実際にニューイングランドで起こった。一六四一年にメインの植民地からボストンを訪問したトマス・ジョージは、「そこには混乱した状態がみられ、……ある者は西インド諸島行きを、ある者はロング・アイランド行きを、ある者はオールドイングランド行きを支持した」[38]と述べている。マサチューセッツ湾会社初代出資者の一人ジョン・ハンフリーは、実際にプロヴィデンス島に再移住する者を募り、マサチューセッツ湾会社との辛辣な公開論争に発展した。彼は、二、三〇〇〇人を募ったが、一六四一年に実際に再移住したのは、成人男子三〇名、同女子五名、子供八名であった。[39] 革命期において「約束の地」が西インド諸島であるという認識は、イングランドのピューリタン指導者に共有されており、クロムウェルも同様であった。一六五一年に彼は、聖書の予言にかんする解釈者で、マサチューセッツ在住のジョン・コトンに「主はなにをされているのか」「どんな予言が成就されようとしているのか」を尋ねた。コトンの返答は、黙示録一六章一二節「第六の天使が、その鉢の中身を大きな川、ユーフラテスに注ぐと、川の水がかれて、日の出る方角から来る王たちの道ができた」が成就されるというものであった。つまり、終わりの日に先行して、西インド諸島を指す「ユーフラテス」から「川の水がかれる」とは、スペイン人が追放されることを意味しているのである。[40]

この点は、ニューイングランドから、イングランド、アイルランドへの再移住がなされた点からも容易に看取することができる。逆流は、一六四一年から革命の高揚につれて広がり、四〇年代後半に一たん先細りになるが、護国卿政権時代にピークに達した[41]。その理由の一つとして、ニューイングランドにおける独立派による宗教迫害が挙げられる。アンチノミナリズム論争以降ニューイングランドでは、会衆教会以外の教会は認められず、イングランドよりも偏狭な政教一致の教会支配が続いた。とくに一六四五年に幼児洗礼の拒否をめぐって起こった三人のパプテスト派に対する迫害は、オウエンなどイングランドの著名な独立派聖職者すら「良心を罰する法律」と批判するところとなり、ニューイングランドの「新天地」としてのイメージを著しく損なうことになった[42]。一六四一年から一六四二年にかけてニューイングランドに在住した大学卒業者一四〇人中、当地ではもとより大学卒業者の割合が高かったが、一四名がイングランドやアイルランドへ向かった。なかには、卓越したピルグリム・ファーザーズの一人で、第三代プリマス総督エドワード・ウィンスロウ、マサチューセッツ湾植民地の最初の入植者ロバート・シジック（この二人は後にクロムウェルの命を受けて西インド諸島とかかわることになる）、名門統治者ウィンスロップ家からの二人、名門聖職者マザー家からの三人が含まれる。一六三八年創立のハーヴァード大学の卒業生がイングランドやアイルランドへ流出することも深刻な問題であった。一六四二年の第一回卒業生九名中七名がイングランドへ、一六四六年までの卒業生二四名中一四名がアイルランドへ向かった。一六四七年から一六四九年までの卒業生のうち、一二名は海外へ流出し、残留したのは八名だけであった[43]。

クロムウェルはニューイングランドからの再移住者をその「使命」ゆえに厚遇した。一六五〇年ピーター・バークレイ他いく人かの聖職者は喜んでクロムウェルの招聘を受け入れた。前述のアイルランドのウォーターフォードにおけるフリースクール、フリーコレッジの建設計画は失敗したが、ニューイングランドの聖職者を引き寄せるためであり、一六五五年アイルランドのスライゴに近い二つの島はニューイングランドからの再移住者を受け入れるために確保された。翌年、ダブリン周辺のガリスタウンにいくつかの家族がニューイングランドから実際に再移住した[44]。こうして、ニューイングランドは、ピューリタンにとって「安全に結集する場所」であっても「約束の地」

ではもはやなかったのである。そして、イングランドやニューイングランドを起点として、カトリックや国王派に直接対峙するアイルランドや、西インド諸島に対する十字軍的なピューリタン・ミッションが必要であり、革命期においてこのミッションは双方を結ぶ三角形として描かれるのである。とりわけ、一六五〇年のドロヘダの戦いにおけるアイルランド国王派の敗走は国王派の拠点を北米やカリブ海域に広げることになった。ヴァージニア、バルバドス島、アンティグア島、バミューダ諸島のイングランド植民地では、チャールズ二世が合法的国王であるとする国王宣言がなされたのである。それに対して共和国政府は、「通商禁止」(embargo)という対抗措置を講じた。(45)これは、反乱者の交易と同時に、許可なき外国船による植民地貿易をも禁じるものであり、翌年制定される「航海法」の先駆とも表現すべきものであった。

第三節 「神意による」西インド遠征

クロムウェルの西インド遠征の実施をめぐって、一六五四年の国務会議は二つの意見が真っ向から対立した。第一次英蘭戦争がイングランドにとって満足のいく条件で終結した後に、護国卿クロムウェルによってなされた提案に対して、ジョン・ランバートら多数派は新しく台頭したカトリック強国フランスを利することを理由に反対し、ギルバート・ピカリングら少数派はフランスとの同盟を模索して賛成したからである。この議論に決着をつけたのは七月二〇日の会議であった。そこに出席したエドワード・モンターギュ大佐の覚え書きを引用すると、次のようなやり取りがあった。

護国卿　そこ〔西インド諸島〕に行った者たちが受難し、偶像崇拝者になるようなスペインとは良心に照らして和平をたもつことはできない。カトリックに改宗しない限り、交易できないというではないか。

ランバート　〔それは〕プロテスタントの大義を前進させせない。富をもたらさない。

護国卿　いまや神意が、われらをそこに導いているように思われるのだ。〔英蘭戦争の終了によって〕一六〇隻も浮遊している。……この遠征は船舶によって運搬する以外には費用がかからないし、最大の利益が期待できる。

護国卿　プロテスタントの大義と、また請負人の実利にとっておそらくよい遠征であろう。費用は一二カ月で船団を解散させるまでの分である。

ランバート　そんなになまやさしくない。疫病と戦争が従軍する者におこるであろう。もし平和裏に移住できないなら、ニューイングランドやバルバドス島から〔占領先の〕イスパニョーラ島へ人々は行かないであろう。スペイン人はそこを確保する限り戦うであろう。船を停めたとしたら、費用は増大し、さらに支払わなければなるまい。(46)

護国卿は結局、ランバートの反対を押しきってイスパニョーラ島（現在のハイチ、ドミニカ）への遠征を同年一二月に決行した。バティックによれば、従来の私掠船による強奪ではなく「イングランド政府自身の武力行使にもとづいてヨーロッパの他国家の海外帝国の一部を強奪する最初の企て」といわれる西インド遠征である。護国卿の主張が示すように、この企てには、再移住、戦争経費の問題以外に、スペイン帝国の植民地支配と神意に対する認識が作用していた。そこで、これらの認識の根拠を探ることにしよう。

クロムウェルのスペイン帝国に対する認識を確立するさいに貢献したのは、エリザベス朝の冒険家ウォルター・ローリー、ハンフリー・ギルバート、リチャード・ハクルートの著作によるだけではなく、同時代人でカトリックから転向した元聖職者の影響である。なかでも、イングランド出身の元ドミニコ会修道士トマス・ゲージは、中央アメリカにおける一二年間の伝道経験をもち、西インド遠征のさいには司令官付き従軍牧師に抜擢された。彼の著

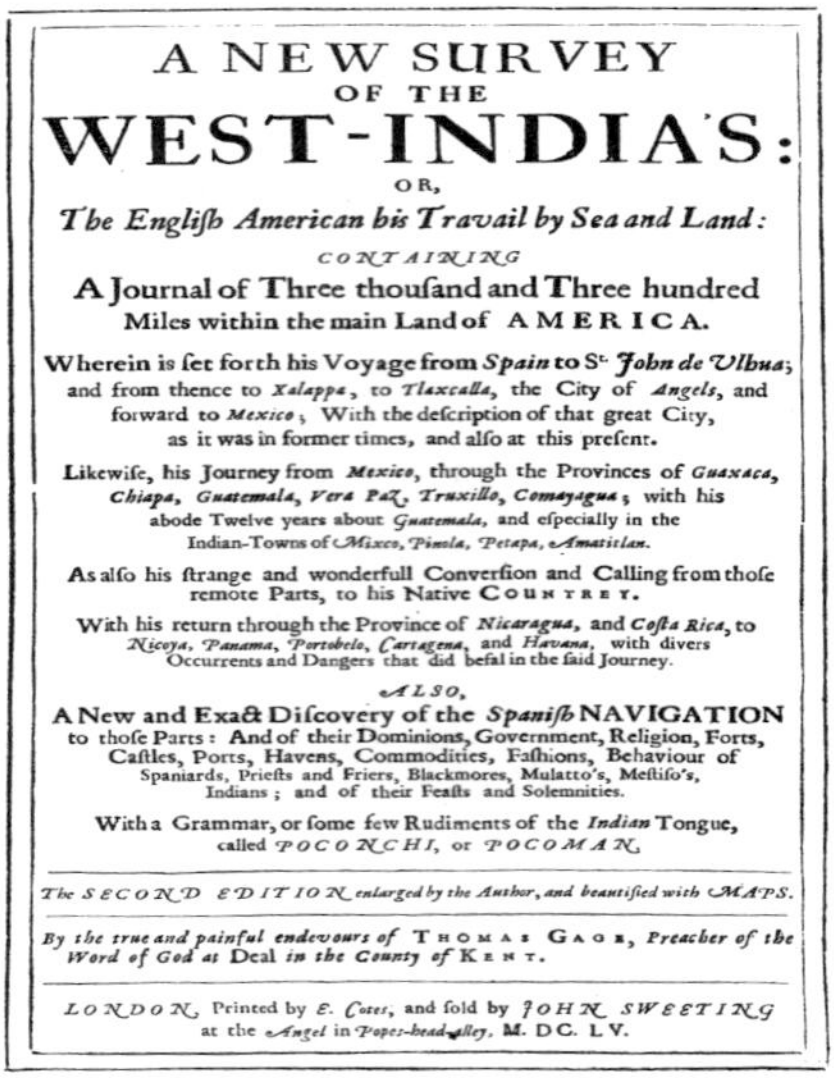

A NEW SURVEY
OF THE
WEST-INDIA'S:
OR,
The English American his Travail by Sea and Land:
CONTAINING
A Journal of Three thouſand and Three hundred
Miles within the main Land of AMERICA.
Wherein is ſet forth his Voyage from *Spain* to St. *John de Ulbua*; and from thence to *Xalappa*, to *Tlaxcalla*, the City of *Angels*, and forward to *Mexico*; With the deſcription of that great City, as it was in former times, and alſo at this preſent.
Likewiſe, his Journey from *Mexico*, through the Provinces of *Guaxaca*, *Chiapa*, *Guatemala*, *Vera Paz*, *Truxillo*, *Comayagua*; with his abode Twelve years about *Guatemala*, and eſpecially in the Indian-Towns of *Mixco*, *Pinola*, *Petapa*, *Amatitlan*.
As alſo his ſtrange and wonderfull Converſion and Calling from thoſe remote Parts, to his Native COUNTREY.
With his return through the Province of *Nicaragua*, and *Coſta Rica*, to *Nicoya*, *Panama*, *Portobelo*, *Cartagena*, and *Havana*, with divers Occurrents and Dangers that did befal in the ſaid Journey.
ALSO,
A New and Exact Diſcovery of the *Spaniſh* NAVIGATION to thoſe Parts: And of their Dominions, Government, Religion, Forts, Caſtles, Ports, Havens, Commodities, Faſhions, Behaviour of Spaniards, Prieſts and Friers, Blackmores, Mulatto's, Meſtiſo's, Indians; and of their Feaſts and Solemnities.
With a Grammar, or ſome few Rudiments of the *Indian* Tongue, called *POCONCHI*, or *POCOMAN*.
The SECOND EDITION enlarged by the Author, and beautified with MAPS.
By the true and painful endevours of THOMAS GAGE, *Preacher of the Word of God at* Deal *in the County of* KENT.
LONDON, Printed by *E. Cotes*, and ſold by *JOHN SWEETING* at the *Angel* in *Popes-head-alley*, M. DC. LV.

『イングランド領アメリカ，あるいは，西インド諸島の新たな調査』(1648)

書『イングランド領アメリカ、あるいは、西インド諸島の新たな調査』(*The English-American his Travails by Sea and Land: or, A new survey of the West-Indies*)(一六四八年)はクロムウェルに献呈され、ここに引用するのは、その要約ともいうべき一六五四年一二月のクロムウェル宛ての文書である(47)。ケージはまず、スペイン領アメリカ人たちへの伝道の必要性を強調する。「聖者の信仰は、神の栄光のためには行動的な信仰であり、殿下は貧しいインディアンたちの回心を待ち望んでおられ、彼らも福音の光がさらにさらに西へと向かい、これらの貧しく、無邪気で、本当に愚かなアメリカ人 Those, poor, simple, and truly purblind Americans の間に定着するまで伸びることを待ち望んでいる。……この国は罪により堕落しており、淫らなスペイン人はインディアンとの間に子供を孕ませ、放縦の機会は大きい。それゆえ、そこへ行く者は正直さの点で貫かれた者でなければならない。……オーストリア家の居丈高な心を打倒し、ローマというバビロンを滅ぼし、崩壊させ、これらの貧しく純朴なインディアンたちを回心へと至らせるのである(48)」。他方、ゲージは遠征の経済的利害を指摘し、目指すべき攻撃地がイスパニョーラ島である理由を述べる。「この貧しい下僕は海外で、オーストリア家の繁栄と強さの秘密は〔ローマの主要な強さと柱であるが〕その柱の強さは、アメリカの鉱山にあることを観察してきた。それをオーストリアから取り上げれば、ローマの三重の正統性はじきに崩壊し、衰退するであろう。……誰も良心においてこれらの地域からスペイン人の排除以上に企てようとはしないであろう。イギリス人はセント・クリストファー、セント・マーティンズ、プロヴィデンス、セント・キャサリン、トートガスの島々からしばしば排除され、今日に至るまで植民地経営からも排除されることが最大の利益だとされてきた。良心において、その支配地から敵や問題の多い隣人を追放することは合法なのである。……イスパニョーラとキューバは他の島々と似ていない。イスパニョーラ島はスペイン最初の植民地であった。それゆえ、それを失うことは悪い予兆になるであろう。四分の一しか人間が住んでいないので、征服しやすいのである。鉱山資源が少ないということがわずかしか住まない原因である[49]」。

スペイン領アメリカから銀の輸入量は一六〇〇年をピークに下降しており、ゲージの報告はその点において正確でない[50]。だが、イングランドによる西インド征服がスペインの富の源泉であるアメリカの鉱山を撃ち、それがローマ・カトリックを支えるハプスブルク家スペインを撃ち、ついにはローマ・カトリックという「バビロン」の打倒につながる「ローマの三重の正統性」崩壊という図式は確かに英蘭戦争後には時宜を得たものであった。クロムウエルはそこに「神意」を見出し、「いまや神意が、われらをそこに導いているように思われるのだ」と西インド遠征を主張したのである。クロムウェルの行動の起点である「神意至上主義」(providentialism) にかんしては、B・ウォードンのすぐれた研究があるが、宗教改革によって新たに主張された「神の主権」(God's sovereignty) の観念と深く関連していた。ジャン・カルヴァンは「神意」を真の信仰者が自己を取り巻く世界を解釈する中心に据え、ピューリタンは「神の道具として」、恩恵や選びを表すために「神意」を識別するように教えられ、そうすることが義務づけられた。すなわち、信仰生活における「喜ばしき」は神の恩恵、あるいは解放の「しるし」として、「苦難」は不正に対する神による審判や試練の「しるし」として受け入れなければならないのである。クロムウェルにとって、神意とは、神の目的を示す筋道であり、それによって共通点がないと思われていた歴史上の出来事を一挙に解決できるのである。それゆえ、彼は息子のリチャードに、「歴史は最初の原因、すなわち、神の意志、あるいは神意から作用する」ことを説いたウォルター・ローリーの『世界史』(*A Historie of the World*) の講読をすすめたといわれている[51]。

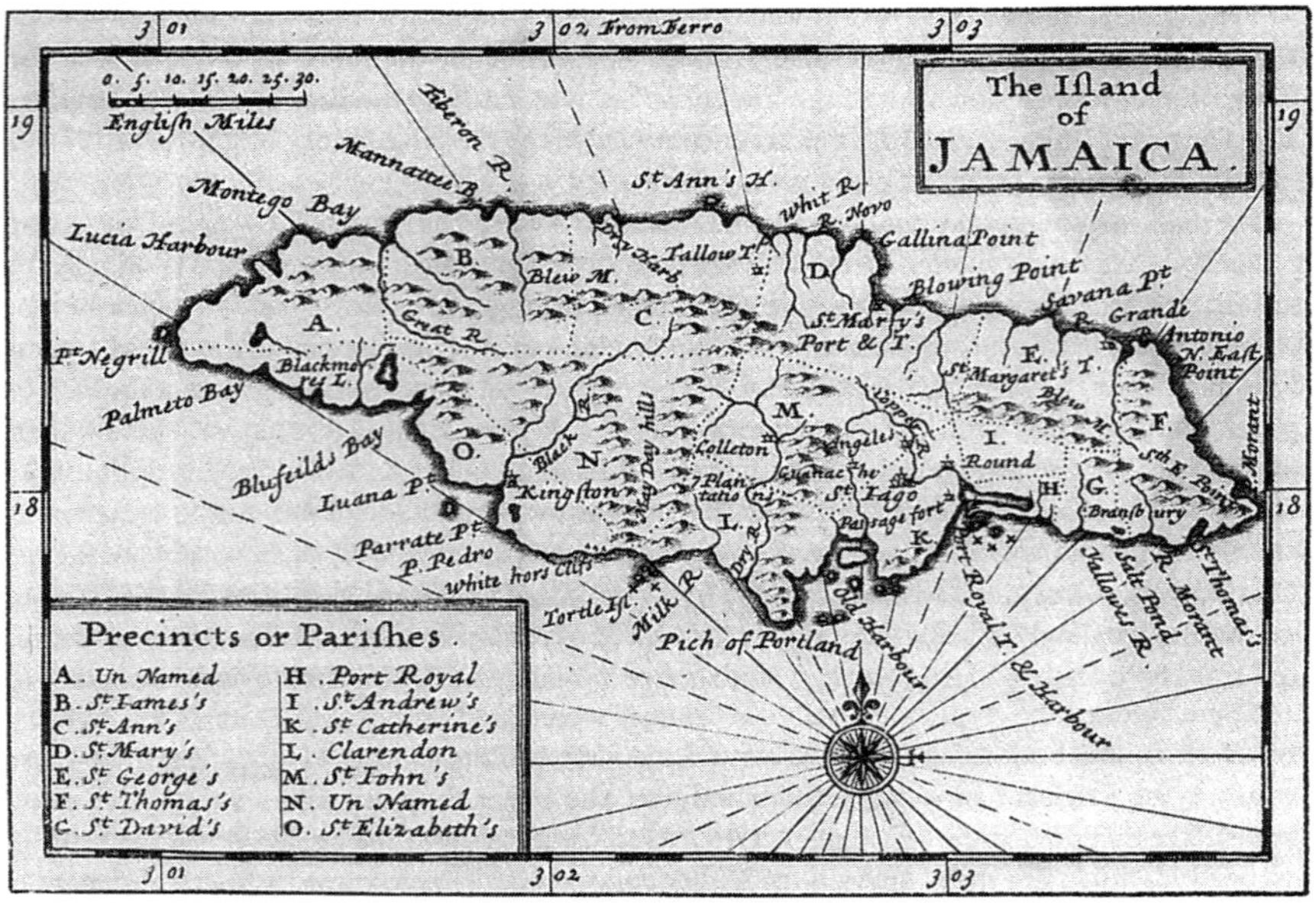

初期のジャマイカ島地図。出典：J. Morrill, ed., *The Oxford Illustrated History of Tudor and Stuart Britain*, Oxford U. P., 1996, p. 424.

こうして「神意によって導かれた」西インド遠征は、ランバートの警告や西インド諸島在住のイングランド人の安全を危惧して反対する世論をよそに強行されたのである。一六五四年一二月、一四隻の艦船に三〇〇〇人の歩兵、一〇〇人の騎兵を載せ、それにバルバドス島からの支援を当てにした遠征軍がポーツマスを出帆した。司令官にアイルランドに従軍したロバート・ヴァナブル、提督にはウィリアム・ペンが任命された[52]。兵士は、富を当てにした正規軍と志願兵から構成された。彼らに対してクロムウェルは、戦費や軍人恩給支払いのためにいかなる分捕品もコミッショナーに渡すように命じた。また、兵士に逃げることも奪うこともないように命じたのは、ニューイングランド住民の西インド諸島への再移住を当てにしていたためといわれている。しかし現実には、艦隊はバルバドス島で歓迎されず、当初予定していたように、バルバドス島から遠征軍に参加する者もいなかった。こうした状況のなかで遠征軍はイスパニョーラ島を攻撃したが、スペイン軍に敗れ、その後、なんとか無防備なジャマイカ島を占領できた。敗因としては、ゲリラ戦に対する兵站の備えが十分でなかったこと、特に熱帯病と飲料水のせいで、現地で兵士を徴募するのに苦労したこと、それと指揮官同士の不和があげられる[53]。クロムウェルが一二カ月で片づけてみせると豪語した西インド遠征はこうして失敗した。その間、スペインとスペイン領ネーデルラントとの交易に従事していた貿易商人の船は二〇〇隻も沈められ、それに代わってオランダ船舶が用いられるようになった。スペイン王フェリペ四世はイギリス商品に輸入禁止を課し、クロムウェルは一六五五年八月に国家間の戦争に対する釈明として、スペインとの和平はチャールズの処刑によってすでに廃棄されたとの言明を余儀なくされた[54]。

第四節　西インド諸島とピューリタン革命

西インド諸島へのイギリス人移民は一六二四年にセント・クリストファー島、一六二七年にバルバドス島、一六三二年にアンティグア島、モントセラト島、一六五五年に上述の西インド遠征により一七世紀最後にして最大の移住地ジャマイカ島に入植した。一六五〇年代においてバルバドス島の人口はアメリカにおけるイギリス人定住地としては最大の規模を誇っていた[55]。当初バルバドス島は無人島であったが、ジョン・パウエル大尉により発見され、ジェイムズ一世の寵臣政治家ウィリアム・コーティンの配下により植民地化された。カーライル伯がチャールズ一世よりカリブ海全島の所有権を受け取るや、バルバドス島では現実の入植者から構成される自治的な「代表議会」(Representative Assembly) と所有者であるカーライル伯の二重権力状況が生じた。代表議会は一六四〇年代末にイングランドの内戦に関与することを恐れ、また敗走してきた国王派も加わって、上述のように国王チャールズ二世を支持する宣言を表明した。これは、ランプ議会の注目を浴びることになり、革命政府は服従させるために艦船を派遣し、国王派の通商禁止や外国船貿易の禁止に訴えた。この島の従属は植民地関係の再定義に導いた。西インド諸島の入植者は、自分たちを劣等なイングランド人だとは考えていなかったし、その植民地も母国に服従すべきではなかったが、「航海法」により革命政府はいまや植民地住民を密接に規制しようとした。チャールズ二世が一六六〇年に復位した時、皮肉なことに彼は植民地行政に関して革命政府のやり方を真似たのである。航海法は強化され、財産所有権は国王に返還され、一六三〇年代以上に過酷な規制が導入された。(56)

西インド諸島の社会構造にかんしていえば、当初は「商人認可入植制度」(merchants grants settlement)がバルバドス島では支配的であった。国王から土地の特許状を付与されたカーライルがいくにんかの貿易商人に負債を請い、その代わりカーライルは一万エーカーの単位で土地を貿易商人たちに貸与し、貿易商人は実際の入植者にそれを又貸しするというものである。その結果、貿易商人の代理人である「土地経営者、あるいは土地管理人」(the proprietors or estate operators)と、その「転借人」(sub-tenants)である「実際の入植者」(setlers)、すなわち、白人「年季奉公人」(indentured white servants)という社会構造を示した。(57)黒人奴隷は最初の定住以来イギリス領西インドに存在した。バルバドス島に最初に上陸した一行に一〇人のアフリカ人が含まれており、これはポルトガル船から掠奪したものであった。しかし一六四〇年に総人口約一万人の島のなかで黒人はわずか数百人にすぎなかった。入植以来一五年間、バルバドス島では、タバコ栽培、綿花栽培を試みるが、主要輸出作物を開発できなかった。タバコはヴァージニアに対抗できなかった。その間の労働力は白人年季奉公人に頼った。だが、ピューリタン革命の進展と軌を一にするかのように、主要輸出作物である大規模な砂糖キビ栽培が拡大し、その労働力として黒人奴隷が一六四〇年代初頭以降アフリカ西海岸より到着し、二〇年間でバランスが崩れ、この島の圧倒的白人は一六五〇年代をピークに衰退、一六六〇年頃までに白人がサトウキビ畑で働いているのを目撃することは珍しくなった。(58)白人年季奉公人はいまや熟練労働者と化し、西インド諸島において特徴的な黒人奴隷労働力による砂糖プランテーションが成立するのである。(59)プランテーション経営者は奴隷輸送にかんして当初、オランダ貿易商人に依存し、大西洋奴隷貿易は一六四〇年代から五〇年代にかけて、オランダ西インド会社によって支配されていたのである。

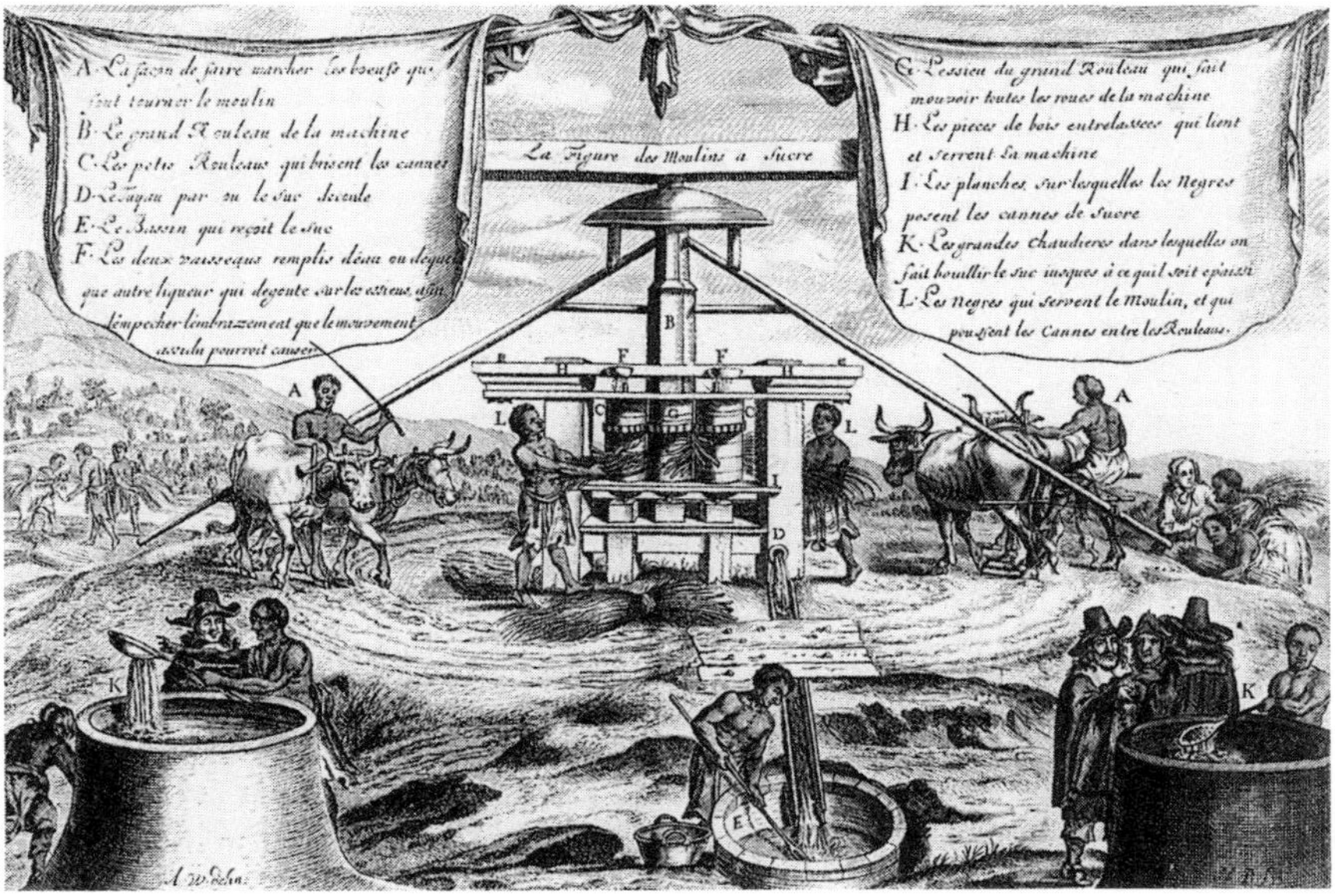

フランス領西インド諸島における砂糖キビ搾汁風景（1665年頃）。出典：J. Morrill, ed., *The Oxford Illustrated History of Tudor and Stuart Britain*, Oxford U. P., 1996, p. 425.

このような社会構造の変化に直面して、クロムウェルの三角形のピューリタン・ミッション構想は無力であったといえよう。繰り返しになるが、クロムウェルは、ニューイングランドのピューリタン入植者たちが「使命」によってこの新しい植民地に再移住することができると考えた。たとえそこが、政治囚や重罪犯罪人の流刑地やスペイン人や黒人逃亡者による脅威の土地であり、小さく不健康な土地であろうともである。護国卿政権が植民地化に関与し、占領を遂行したジャマイカ島においては、入植者は三年間消費税を免れ、防衛を除いて軍務を免役され、地代は七年間免除され、その後もエーカー当たり一ペンスの少額でありつづけた。すべてのプロテスタント成人男子は二〇エーカーを受け取ることができ、すべての入植者はイングランドの市民権を受け取ることができた。これらの好条件を入植者に提示したとしても、一六五八年までにわずか二五〇人がバハマ諸島やバミューダ諸島からジャマイカ島に移動したにすぎない[60]。クロムウェルは特使としてニューイングランドの元入植者、ダニエル・ゴッキンをニューイングランドに派遣し、「その光によって主を知り、恐れながら歩む人々が住まうべきだ」と訴えたが、反応はなかった。[61] この反応は当然のことであり、西インド諸島において進展しつつあった大規模なプランテーション経営にあっては、ニューイングランドのピューリタンのような小規模入植者や白人自由労働者はもはや必要なかったのである。その代わり、一六五六年初頭に四〇〇〇名の独身女性、うちいくにんかはロンドンの売春婦であったが、ロンドン塔に集められジャマイカ島へ搬出されたといわれている。またジャマイカ委員会は八〇〇〇名の若いアイルランド男女を集めるように教唆した。[62] こうして、モノカルチャーに特化した西インド諸島は人口構造においても、偏った在り方を示しているのである。

では、クロムウェルの革命政府は西インド諸島に対して何らの影響も与えなかったのであろうか。生産者として「使命」をもつピューリタン移住者の入植には失敗したが、他方で貿易の国家管理ともいうべき航海法は大きな作用を及ぼした。西インド諸島の奴隷貿易は当初オランダ西インド会社に依存していたが、植民地貿易における外国船の排除により、オランダはしだいに撤退を余儀なくされ、一六六〇年チャールズ二世は、王立アフリカ会社に特許状を与え、アフリカを巻き込んだ三角貿易をイングランドは自前で行うようになった。[63] また西インドの砂糖は、一六五一年から一八五四年まで、二七〇％の関税を外国産砂糖に課税することによって（一七〇五～一七四七年は三四〇％に上昇）イングランド市場での優位を保障されたのである。そのため、一六三七年にバルバドス島に導入された砂糖は一六五〇年代中葉に価格が低下するにつれ、消費量が増大した。一六五〇年代からコーヒーやチョコレート、一六九〇年代からの茶、そして一七三〇年代からのパンチと呼ばれたアルコール飲料のようにイギリス人の食生活のパターンに組み込まれた。いわゆる西インド諸島の物産は「商業革命」やそれに伴う「生活革命」をイングランドにおいて引き起こすと同時に、カリブ海における海賊行為を終わらせたのである。[64] 一七〇〇年までに西インド諸島の白人人口はニューイングランドの三分の一にすぎなくなった。しかし、黒人人口は一七世紀後半に七倍（総人口の一六五〇年代は四分の一、一七〇〇年には五分の四に増大）、一六八六年、西インドは海外貿易に従事するイギリス船舶の二一％を数え、一六九七年から一七〇五年にかけて西インド製品はイギリス総輸入の一二・五％、約八分の一を占めるにいたった。(65)「航海法」によって西インド諸島は発展するイギリス帝国の一端を担うようになったといえよう。

おわりに

従来の研究は、クロムウェルの侵略・植民地政策にかんして宗教的理念か経済的利害のいずれか一方を支持してきた。本章では、このような二者択一的な結論を下すことをしない。本章において明らかになったのは、クロムウェルはその宗教的理念にしたがってアイルランド、西インド諸島に対する侵略・植民地政策を決断・遂行したのであり、経済的利害に貫かれた合理的計算にしたがってそうしたのではない、という点である。しかしながら、その侵略・植民地政策は結果として、イギリス植民地帝国の形成という経済的利害にかなったアイルランド経由の西インド貿易を切り開くことになった。この意味において、アイルランドや西インド諸島のその後の経済発展はクロムウェルにとって「意図せざる結果」であったといえよう。

アイルランドや西インド諸島に対するクロムウェル遠征の誘因は、いうまでもなく、カトリックに対する恐怖、もはやニューイングランド以外のところに「約束の地カナン」を求めようとするピューリタン・ミッション、そして、そこに神の導きを読み取ろうとする神意至上主義であった。なるほど、アイルランド遠征においては、「募金法」によるイングランド人投資家や、イングランド軍兵士遅配給与返済のための土地没収、西インド遠征にあっては、スペイン領アメリカにおける鉱山資源の奪取という経済目的が横たわっていたとはいえ、クロムウェルの主観的意図はいずれの遠征においても、ローマ・カトリックという「バビロン」の打倒と「約束の地カナン」の建設という終末論的言辞によって表現された。ここにみられるのは、経済的合理性に貫かれた冷徹な計算や、楽観的な希望的観測ではなく、カトリックとプロテスタントという両陣営の抗争において敵であるカトリックにたいする恐怖と不安を解消するために、自らを「神の道具」として用いるカルヴァン主義者に固有な聖者意識であったといえよう。

だが、この聖者意識はアイルランドや西インド諸島への植民政策において功を奏さなかったのである。クロムウェルはカトリックや国王派と戦う「使命」をもつプロテスタントに移住を期待し、カトリックと対峙するこれらの荒野を「約束の地カナン」に変えようとした。しかしながら、アイルランドにおいてプロテスタントを待ち受けていたのは、投機目当ての出資者とそれに伴う不在地主制であり、西インド諸島においては、大規模な奴隷制プランテーションへの移行であった。そこには、ニューイングランドにおける小規模土地所有や自由労働制、すなわち、「中流層」(middling sorts) のプロテスタントが存在する余地がなかったのである。実際クロムウェルの期待したように、荒野へ渡ったピューリタンは余りにも少なかったのである。

しかしながら、革命政府が導入した航海法によって、アイルランド、西インド諸島はイギリス植民地帝国の一角に組み込まれ、イギリスに「商業革命」や「生活革命」をもたらしていく。「航海法」の制定にかんしては、その導入主体をめぐって意見の分かれるところであり[66]、クロムウェル以外に研究対象を拡大して制定の経緯を追求しなければならない。この点において「商業革命」はその開始を王政復古に求める[67]のではなく、ピューリタン革命と同時並行的に進展したと解釈せざるをえないであろう[68]。ヒルのように、クロムウェル外交を「ファナティックな企画」という言葉で表現するにせよ、それがもたらした帰結はたしかに近世イギリス植民地帝国の形成を促すものであった。

注

(1) C. Hill, *God's Englishman: Oliver Cromwell and the English Revolution*, London, 1970, p. 166. 清水雅夫訳『オリバー・クロムウェルと

イギリス革命』東北大学出版会、二〇〇三年、二二三頁。

(2) [S. Bethell], 'The world's mistake in Oliver Cromwell,' London, 1688, in *Harleian miscellainy*, London, 1808–11, i, p. 219.

(3) C. Firth, ed., *The Memoirs of Edmund Ludlow, do.*, 2 vols., Oxford, 1894.

(4) M. Prestwich, 'Diplomacy and Trade in the Protectorate,' *Journal of Modern History*, vol. xxii, 1950, p. 110.

(5) R. Crabtree, 'The Idea of a Protestant Foreign Policy,' in I. Roots, ed., *Cromwell: a Profile*, London, 1973, pp. 160–162.

(6) G. L. Beer, 'Cromwell's Policy in its Economic Aspects. II,' *Political Science Quarterly*, vol. xvii, 1902, p. 46.

(7) J. A. Battick, 'A New Interpretation of Cromwell's Western Design,' *Journal of the Barbados Museum and Historical Society*, 34, 1972, p. 76.

(8) T. Venning, *Cromwellian Foreign Policy*, London, 1995, pp. 4, 9.

(9) R. Brenner, *Merchants and Revolution: Commercial Change Political Conflict, and London's Overseas Traders, 1550–1653*, Cambridge U. P., 1993, chap. xii.

(10) S. C. A. Pincus, *Protestantism and Patriotism: Ideology and the Making of English Foreign Policy, 1650–1668*, Cambridge U. P., 1996, pt 1.

(11) W. Haller, *Fox's Book of Martyrs and the Elect Nation*, London, 1963, chap. vii.

(12) R. Clifton, 'Popular Fear of Catholics during the English Revolution,' *P & P*, no. 52, 1971, pp. 35–38.

(13) C. Z. Wiener, 'The Beleaguered Isle. A Study of Elizabethan and Early Jacobean Anti-Catholicism,' *P & P*, no. 51, 1971, p. 57.

(14) K. S. Bottigheimer, *English Money and Ireland: The 'Adventurers', in the Cromwellian Settlement, Oxford*, 1971, pp. 31–33.

(15) アイルランド征服にかんする邦語文献として、松川七郎『ウィリアム・ペティ　増補版』岩波書店、一九六七年、第三章、若原英明『イギリス革命史研究』未來社、一九八九年、第六章参照。

(16) ロンドン急進派の形成とこの条令の関係は、Brenner, *op. cit.*, pp. 402–406.

(17) Bottigheimer, *op. cit.*, pp. 54–57.

(18) R. P. Mahaffy, ed., *Calendar of State Papers, Ireland, 4, 1642–1659*, London, 1903, rep. 1979, pp. 319–320. この合計額は議会は政治家ジョン・ピムと同額である。

(19) Bottigheimer, *op. cit.*, pp. 92–96.

(20) *Ibid.*, pp. 96–97.

(21) クロムウェル・セツルメントについては、本書、第二章参照。

(22) W. C. Abbott, ed., *The Writings and Speeches of Oliver Cromwell*, vol. ii, Harvard U. P., 1936, rep., Oxford, 1988, p. 127.

(23) T. C. Barnard, *Cromwellian Ireland: English Government and Reform in Ireland 1649–1660*, Oxford U. P., 1975, p. 11.

(24) Abbott, *op. cit.*, vol. viii, pp. 407–411.

(25) 'An Act for the speedy and effectual Satisfaction of the Adventures for the Lands in Ireland, and of the Arrears due to Soldiery there, of other Publique Debts, and for the Encouragement of other Publique Debts, and for the Encouragement of Protestants to Plant and inhabit Ireland,' in *A. O.*, ii, London, rep., 1982, p. 727.

(26) このような隔離政策のもとで、「プロテスタンティズムの精神」がアイルランドにおいて土着化できなかった事例として、拙著『イギリス革命のセクト運動』御茶の水書房、一九九五年、二一一—二一七頁参照。

(27) Barnard, *op. cit.*, pp. 71ff.

(28) O'Brien, G., *The Economic History of Ireland in the Seventeenth Century*, Dublin, 1919, rep. London, 1972, p. 115.

(29) Barnard, *op. cit.*, p. 89.

(30) L. Nickolls, *Original Letters and Papers of State addressed to Oliver Cromwell*, London, 1743, pp. 44–45.

(31) P. Miller, *Errand into the Wilderness*, Harvard U. P., 1956, chap. i.

(32) 岩井淳『千年王国を夢みた革命——一七世紀英米のピューリタン』講談社、一九九五年、第二章。

(33) K. O. Kupperman, 'Errand to the Indies: Puritan Colonization from Providence Island through the Western Design,' *William & Mary Quarterly*, vol. xlv, 1988, p. 72.

(34) A. R. Newton, *The Colonising Activities of the English Puritans: The Last Phase of the Elizabethan Struggle with Spain*, Yale U. P., 1914, chap. ii. K. R. Andrews, *Trade, plunder and settlement: Maritime enterprise and the genesis of the British Empire, 1480–1630*, Cambridge U. P., 1984.

(35) V. T. Harlow, ed., *The Voyage of Captain William Jackson*, Camden Miscellany, 13, London, 1923, p. ix.

(36) Venning, *op. cit.*, p. 25.

(37) 'Lord Say and Sele to John Winthrop,' in Winthrop Papers, vol. iv, *Massachusetts Historical Society*, 1944, pp. 263–267.

(38) J. K. Hosmer, ed., *Winthrop's Journal:* "History of New England," 1630–1649, vol. i, New York, 1908, pp. 333–335.

(39) *Ibid.*, vol. ii, pp. 11–12, 33–34.

(40) Kupperman, *op. cit.*, pp. 91–92.

(41) H. S. Stout, 'The Morphology of Remigration: New England University Men and Their Return to England, 1640–1660,' *Journal of American Studies*, vol. x, 1976, p. 160.

(42) P. F. Gura, *A Glimpse of Sion's Glory: Puritan Radicalism in New England, 1620–1660*, Wesleyan U. P., 1984, pp. 116–117.

(43) L. W. Sachse, 'The Migration of New Englanders to England, 1640–1660,' *American Historical Review*, vol. liii, 1948, pp. 260–26l.

(44) St J. D. Seymour, *The Puritans in Ireland*, Oxford, 1921, pp. 63, 103, 113, 224.

(45) 'An Act for settled Convoys for securing the Trade of this Nation,' in *A. O.*, ii, pp. 444–447.

(46) Firth, ed., *The Clark Papers*, vol. iii, London, 1899, pp. 207–208.

(47) T. Gage, *The English-American His Travail by Sea and Land: or, A New Survey of the West-India's...*, London, 1648. F. Strong, 'the Causes of Cromwell's West Indian Expedition,' *American Historical Review*, vol. iv, 1899, pp. 233–235.

(48) [T. Gage], 'Some brief and true observations concerning the West-Indies, humbly presented to his highness, Oliver, lord protector of the commonwealth of England, Scotland and Ireland,' in T. Birch, ed., *A Collection of the State Papers of John Thurloe*, vol. 3, London, 1742, pp. 59, 61.

(49) *Ibid.*, p. 59.

(50) 諸田實『フッガー家の時代』有斐閣、一九九八年、一七一頁。

(51) B. Worden, 'Providence and Politics in Cromwellian England,' *P & P*, no. 109, 1985, pp. 59–68.

(52) Firth, ed., *The Narrative of General Venables: with an appendix of Papers relating to the Expedition to the West Indies and Conquest of Jamaica, 1654–1655*, London, 1900, rep. 1965. S. A. G. Taylor, *The Western Design: An Account of Cromwell's Expedition to the Caribbean*, London, 1969.

(53) P. Sutton, *Cromwell's Jamaica Campaign: the Attack on the West Indies 1654–55*, Partizan Press, 1990, chap. 6.

(54) 'Manifesto of the Lord Protector of the Commonwealth of England, Scotland and Ireland, etc., put forth by the consent and advice of his Council, do...,' in Strong, *op. cit.*, p. 232.

(55) D. W. Galenson, *Traders, Planters, and Slaves: Market behavior in early English America*, Cambridge U. P., 1986, p. 2.

(56) ピューリタン革命に対するバルバドス島の動向については、L. S. O'Melinn, "The English West Indies and the English Civil War," Yale Univ. Ph. D. thesis., 1991 がある。

(57) F. C. Innes, 'The Pre-Sugar Era of European Settlement in Barbados,' *Journal of Caribbean History*, vol. i, 1970, pp. 5–10.

(58) Galenson, *op. cit.*, pp. 10ff.

(59) R. H. Dunn, *Sugar and Slaves: the Rise of the Planter Class in the English West Indies, 1624–1713*, New York, 1973, chap. 2. L. Cragg, *Englishmen Transplanted: The English Colonization of Barbados 1627–1660*, Oxford U. P., 2003.

（60）*C. S. P. Col., 1675–76*, London, 1893, pp. 97–98. Venning, *op. cit.*, pp. 86–87.
（61）'Major Sedgwicke to secretary Thurloe,' in Birth, ed., *op. cit.*, vol. iv, p. 604.
（62）Venning, *op. cit.*, p. 89.
（63）K. G. Davis, *The Royal African Company, 1672–1725*, London, 1957, pp. 21–23.
（64）D. A. Farnie, 'The Commercial Empire of the Atlantic, 1607–1783,' *Ec. H. R.*, 2nd ser., vol. xv, 1962, pp. 207–210.
（65）R. Davis, 'English Foreign Trade 1660–1700,' ibid., vol. vii, p. 160.
（66）「航海法」をめぐる議論については、Massarella, D., '"A World Elsewhere": Aspects of the Overseas Expansionist Mood of 1650's,' in C. Jones, M. Newitt, & S. Roberts, eds., *Politics and People in Revolutionary England*, Oxford, 1986. 本書、第一章、参照。
（67）川北稔『工業化の歴史的前提――帝国とジェントルマン』岩波書店、一九八三年、一〇四頁。
（68）浅田実は輸出統計をもとに、ピューリタン革命中の植民地貿易の比重増加を発見している。同「一七世紀英国産業史の課題――商業革命と重商主義にまつわる諸問題によせて」『イギリス史研究』第一二号、一九七二年。

第六章　「ゼクテ」原理と「信教の自由」への道
——バプテスト派貿易商人W・キッフィンの場合

オックスフォード大学リージェンツパーク・コレジのシニア・コモンルームに飾られているキッフィンの人物画。1667年，50歳。上質の刺繍入りの襟をまとい，黒いスカルキャップを載せている姿は富裕な商人を思わせる

はじめに

その有名な論文「プロテスタンティズムの倫理と資本主義の精神」のなかで、マックス・ヴェーバーは注記においてであるが、寛容および教会と国家の分離に言及し、「国家による良心の自由の成文法的保護を権利として要求した最初の教会の公文書は、おそらく一六四四年の（特殊恩恵説をとる）バプテスト派の信仰告白四四条だろう」(1)と指摘した。また、クエイカー派、メノナイト派等の「ゼクテ」についても言及した本文においても、「「特殊バプテスト」Particular Baptists は……カルヴァン派のうち、教会への所属を、原則として再生者、とにかく個人的に信仰を告白した人々だけに限り、したがって、原理上自由参加主義者（Voluntaristen）として、あらゆる国教会に反対の立場をとりつづけた人々だった――もちろん、実際には、クロムウェル治下でも必ずしもその原理は一貫していないが」(2)と述べている。ヴェーバーは、指摘に留まったが、「ゼクテ」としてのパティキュラー・バプテスト派が、絶対王政の下で宗教改革後に顕著となった「キルへ」としての国教主義と真っ向から対立する点に明らかに着目したのである。

本章の目的は、ヴェーバーが教会と国家の分離の推進者として重視するパティキュラー・バプテスト派について、ピューリタン革命期に出版された一六四四年の信仰告白の作成に中心的に関わり(3)、「信教の自由」が確立された一六八八年の名誉革命以後もなお、この教派を指導した貿易商人ウィリアム・キッフィン（William Kiffin, 1616–1701）について詳述することによって、近世イングランドにおける国家と教会の分離の歴史的形成過程を追求することにある。

なお、キッフィンについての活字資料は、パンフレットやトラクトという数点の同時代刊行物以外はほとんど現存しない。またいく冊かの伝記の類は記されてきたが、彼自身、平信徒説教師であり、著名な神学者や聖職者ではないことから、研究書はおろか、学術論文でさえバプテスト教会史家B・R・ホワイトのものがあるだけで、その足跡を正確に捉えることは困難であった。(4) ところが、オックスフォード大学にあるバプテスト派の神学校リージェンツパーク・コレジ（プライベート・ホール）が二〇一〇年から開始した「キッフィンとその時代」と銘打ったプロジェクトにより、キッフィン関連の請願書、国事文書、ロンドン市文書、各種裁判所記録、ギルドや貿易会社の記録、納税記録、結婚証明書、土地証文、遺言書などの手稿資料がL・クライツァによって、近年精力的に収集され、解説を施された『資料集』として、現在、八部中六部までが刊行済みである。Larry J. Kreitzer, ed., *William Kiffen and his World* (Part 1–6), Regent's Park College, Oxford, 2010–2018. またキッフィン自身七七歳の喜寿を迎えた一六九三年に起した手稿「回想録」(5) が一九世紀に出版されている。William Orme, ed., *Remarkable Passages in the Life of William Kiffin: Written by Himself, and Edited from the Original Manuscript, with noted and Additions*, London, 1823. 本章は、これらの資料に依拠しながら、これまで、ヴェーバーによって指摘されながらも、長年看過されてきた、「ゼクテ」原理の展開としての、ピューリタン革命から名誉革命までのイギリス革命の非国教主義をキッフィンの足跡を通じて検証していきたい。

第一節　バプテスト教会の牧師に

ウィリアム・キッフィンが生まれたのは一六一六年のことである。「回想録」に「その年大きなペストがロンドン市を襲い、私の肉親を連れ去った。私は九歳にすぎなかった」(*Memo.* 2) と一六二五年のペスト流行について証言しているからである。キッフィンという姓はおそらくウェールズ起源と推測されるが、一七世紀において個人名のスペリングはまだ定まっていなかった。キッフィン自身も、Kiffin、あるいはKiffenのいずれをも用いている。クライツァによれば、キッフィンが署名した二一の文書のうち、Kiffenが七、Kiffinが四ということで、『資料集』

では「キッフェン」が用いられているが（WKW-1-8）、本章では、従来通り「キッフィン」という呼称を採用する。他にも、キッフィンらとのバプテスマ論争に従事した国王派の治安判事ダニエル・フィートリーは、キッフィンのことを'Cuffin'と呼んでいる。(6)

さて、キッフィンの信仰に入る前に、世俗の職業について述べておこう。キッフィンは、ジョン・スミスという親方の下で七年間の徒弟奉公の後、一六三八年に二二歳で鞣革商人カンパニーの「会員」（freeman）となった（WKW-1-9）。キッフィンと親しい友人のレヴェラー運動の指導者ジョン・リルバーンがキッフィンのことを「私のかつての奉公人」(7)と記したことから、キッフィンの職業は、「醸造業」と誤記されてきた。(8)しかし、リルバーンとキッフィンは一歳も違わないので、両者の間に徒弟関係はありえない。スミスという親方の下で、キッフィンは手袋製造工としての訓練を受けたように思われる。一六三八年に、この鞣革商人カンパニーから手袋製造工カンパニーが分離し、一六四八年には独立したカンパニーとして承認されている。とはいえ、キッフィンが会員となった鞣革商人カンパニーは、一七世紀前半のロンドンにある六一のリヴァリ・カンパニーのうちでも最大級のカンパニーであった。キッフィンは、一六六三年までに八人の弟子を親方に育て上げ（WKW-2-259-260）、一六七一〜七二年の任期に鞣革商人カンパニーの会長に就任するまでの経済力を身に着けた。(9)しかし、致富への道は、手工業職人としてではなく、一六四五年頃から乗り出した毛織物貿易をはじめ、多方面への貿易航路と多様な商品を扱う「新興貿易商人」（New Merchant）として開かれたものであった。

キッフィン自身「卑しい職業」（mean calling）(10)であると述べる手袋製造工の徒弟時代にピューリタンへの回心が始まった。一三歳で徒弟奉公に出たキッフィンであったが、憂鬱な気分を抑えられなくなり、二年後に最初の親方の下から逃走した時のことをこう記している。「通りを彷徨し、セント・アンソリン教会を過ぎた時に、人々がそこに入っていくのを見ました。それが私を呼び戻し、教会に入らざるを得なくさせました。フォックスリー師がそのとき第五戒［安息日遵守——引用者挿入］について説教し、下僕の主人に対する義務を指し示しました。それは

職人説教師の手袋製造工を揶揄した挿絵

まさに、私のために説教したのだと考えるようになりました。誰かに逃走を見られることなく、直ちに親方の下に戻る結果になりました。この説教によって私はよく考えるようになり、ピューリタン聖職者と呼ばれていた、いく人か人びとの説教を聞きたいと思えるようになりました」(*Memo.* 2–3)。「回想録」にはその後、ムーリン師やジョン・グッドウィン師の説教を聴いたこと、トマス・グッドウィン師の終末論やトマス・フーカー師の救いへの確信についての著作を読んだこと等が記されており、キッフィンが徒弟のピューリタンとして、信仰熱心な生活を送るようになり、さらには日曜日に徒弟仲間と聖書集会を開くようになったと述べられている。「私自身と同様に徒弟であることで、徒弟は回心の機会をもたないが、主の日だけは別であった。……六時に始まる早朝聖書講義に欠かさず出席した。われわれはまた、礼拝の始まる一時間前に共に集まり、その時間を祈禱と、主から受けとった経験を互いに分かち合う時間にすること、さもなければ、われわれが以前聴いた説教を繰り返すことを約束した」(*Memo.* 11–12)。

一六三八年という年は、キッフィンにとって大きな変化の年であった。先に述べたように徒弟奉公を終えてギルドの会員となったこと、ピューリタン聖職者の影響を受けて新大陸への亡命を志したが、断念したことが挙げられる。「ダヴェンポート師、フッカー師らの聖職者たちは、この頃この国を去った。国教遵守ができなかったからである。私は、彼らの行為の理由を吟味せざるをえなかった。……神が常に礼拝に嫉妬しており、礼拝に何ものかを加えた人びとに対して多くの厳しい例を残しておられるのを知った。……私は二二歳という年齢に到達したので、ニューイングランドへ行く新しい道を開くことが神を喜ばせると思い、自ら決意をもって独立派会衆教会に加わろうとした。しかし、神意が私を妨げたのである」(*Memo.* 13–14)。「神意」(providence) という言葉は意味深長である。この点について、クライツァは以下のように解釈している。亡命についてキッフィンに影響を与えたイングランドの独立派会衆教会の牧師ヘンリ・ジェシーが、マサチューセッツ植民地総督ジョン・ウィンスロップの息子との書簡のやり取りの中で、市民権と教会員資格を結びつける植民地指導者の考えと一致しなかったために、ジェシーの群れはニューイングランドへ移住することを断念したからである (*WKW*–1–22–23)。当時キッフィンの教会所属については断定できないが、ジェシーの教会と何らかの関係をもっており、「神意が私を妨げた」という言葉の真意は、国家と教会一致型のニューイングランド植民地の独立派会衆教会という公定教会に対して「良心の自由」を主張するジェシーらオールドイングランドの独立派会衆教会の相違にあったといえよう。[11] この年、キッフィンは、その後四三年間連れ添うことになるハンナと結婚した。「じきに、私に相応しい配偶者を用意することを神は喜ばれた。彼女は、判断において私と一緒であり、同じコングリゲーションに加わった」(*Memo.* 14)。

ところで、キッフィンは、いつ、どのように、バプテスト教会に加わったのだろうか。「回想録」には記されていないが、入信経路は、現在のところ二説ある (*WKW*–2–8)。一方の説は、キッフィンは当初、ジェシーの独立派会衆教会、すなわち、教区から独立した教会ではあるが、迫害を避けるために教区教会へ通うことも可とする教会の教会員であった。しかし、靴下製造工であるジョン・スピルズバリーが指導するセパラティスト教会へ加わることによって完全な分離を果たし、さらにはバプテスマ論争に従事することによって、バプテスト教会としての自らの教会を設立した、というものである。他方の説は、キッフィンは一六三八年頃、ジェシー教会から分離したボタン製造工サミュエル・イートンが設立したセパラティスト教会に加わり、イートンの獄死後、その教会の牧師となり、そのまま信仰告白に基づく浸礼を採用することで、その教会はバプテスト教会となったというものである。[12] いずれの説を採用するにせよ、キッフィンが浸礼のバプテスマを採用したのは、一六四三年三月頃とされる。その後、

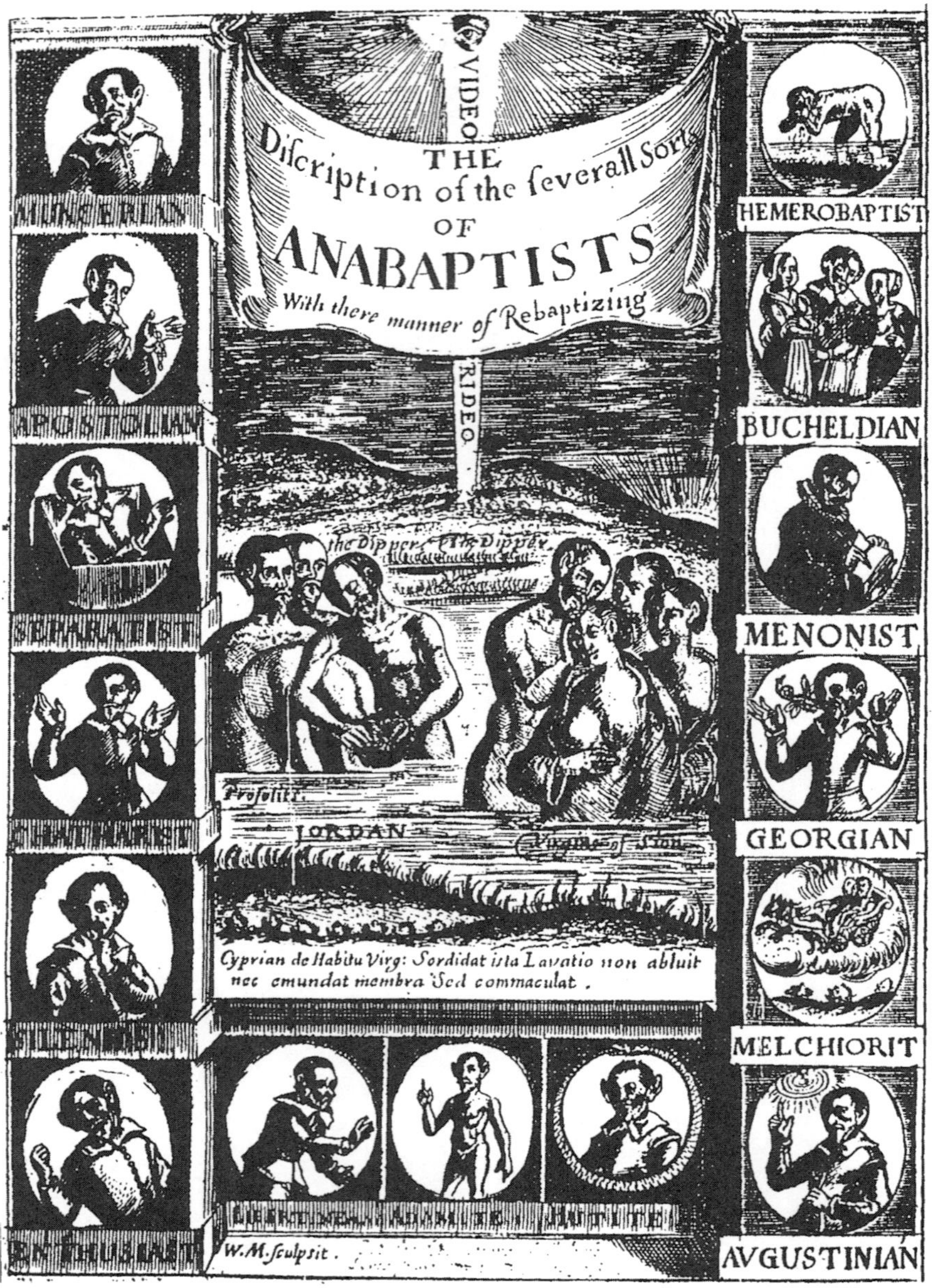

『水没した浸礼派』扉絵（1645）

キッフィンは召天の年である一七〇一年まで、六〇年近く、海洋貿易という実業に従事しながら、パティキュラー・バプテスト教会の牧師を続けることになる。その教会は、迫害下において集会場所を転々としたが、最終的な落ち着き先の住所から「デヴォンシア・スクエア・バプテスト教会」といわれた。

ピューリタン革命前夜にキッフィンは、記録に残されているだけでも、二度の迫害を経験した。最初は、一六四〇年一二月の集会発覚による暴徒の投石である。「ある主日にタワーヒルにある家における集会が発覚し、いく人もの粗暴な連中がドアの周辺に集まった。多くの石が私めがけて投げられ、それらは私を傷つけなかったが、たった一つの石が私の眼に当たっただけで、大きな損害はなかった」(*Memo.* 15)。二回目は、一六四二年三月の治安判事による逮捕、四季裁判所巡回法廷での裁判である。「[私は]サザークの集会におり、いく人かの治安判事の前に捕縛され、連行された。巡回法廷が翌日であり、私は、そこで答えなければならなかった。判事としてはマレット判事が座り、私はホワイト・ライオン監獄に投獄された」(*Memo.* 16)。罪状は、キッフィンが居住地域の教区教会の礼拝に出席しなかったこと、非合法な秘密集会に参加していることであった。ところが、貴族院議員のピューリタン貴族ブルック卿の介入により、治安判事で国王派のトマス・マレット判事が逆にキッフィンを釈放しなかった廉でロンドン塔に幽閉され、キッフィンが釈放されるという大逆転が生じた(*WKW*-1-23)。イングランドは、議会派ピューリタンの反主教運動により国教会による宗教弾圧のための大権裁判所である高等宗務裁判所や星室庁が崩壊し、内戦の勃発を迎えたのである。

第二節　信仰告白にみる「ゼクテ」原理

一六四四年一〇月に「第一ロンドン告白」といわれるパティキュラー・バプテスト派ロンドン七教会による信仰告白が出版された。国教会の幼児洗礼を否定し、「個人の信仰告白に基づく浸礼」という自発的組織原理に教会組

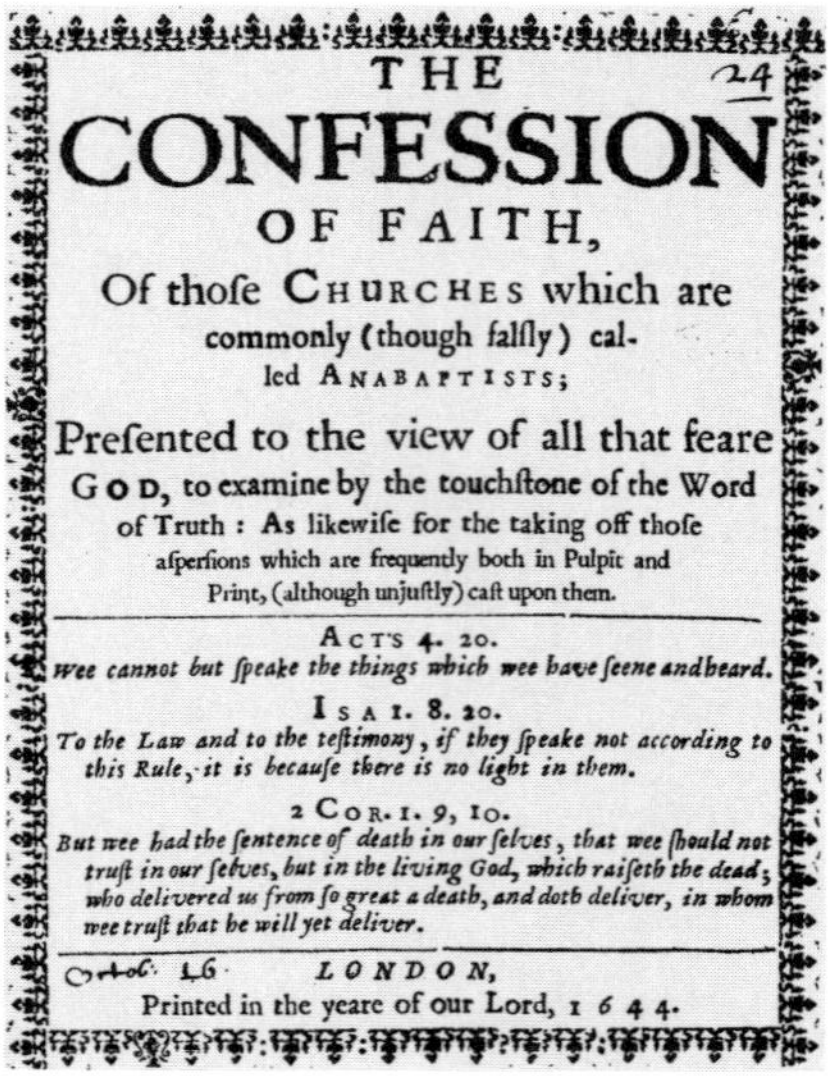
THE
CONFESSION
OF FAITH,
Of those CHURCHES which are commonly (though falsly) called ANABAPTISTS;
Presented to the view of all that feare GOD, to examine by the touchstone of the Word of Truth: As likewise for the taking off those aspersions which are frequently both in Pulpit and Print, (although unjustly) cast upon them.

ACTS 4. 20.
Wee cannot but speake the things which wee have seene and heard.
ISAI. 8. 20.
To the Law and to the testimony, if they speake not according to this Rule, it is because there is no light in them.
2 COR. 1. 9, 10.
But wee had the sentence of death in our selves, that wee should not trust in our selves, but in the living God, which raiseth the dead; who delivered us from so great a death, and doth deliver, in whom wee trust that he will yet deliver.

LONDON,
Printed in the yeare of our Lord, 1 6 4 4.

『第一ロンドン信仰告白』（1644）

織の基礎を置くパティキュラー・バプテスト派にとって最初の信仰告白であった。この信仰告白については、一六世紀大陸再洗礼派同様、バプテスト派が社会の危険分子であることを吹聴する「アナバプテスト反対キャンペーン」に対するカウンターという意味合いもあるが、喫緊の課題は、この告白の表明によってパティキュラー・バプテスト派の草創期における内部的混乱を収束させることであった。キッフィンら一五名は、いずれも正式な神学教育を受けたことのない平信徒説教師たちであり、二八歳の青年牧師キッフィンが筆頭署名者であったことは、M・トルミーによれば、「この告白の発起人で、おそらく主要な著者であることが暗示されている[13]」。その混乱とは、バプテスマ（浸礼）執行者をめぐる二つの見解の相克であった。一方は、使徒継承を否定し、自分たちが独断で「自己バプテスマ」（se baptism）を執行したことの不安から、バプテスマを執行する権威を「特別な権能」（extra ordinary gift）に求め、その権能者が到来する「終末」をひたすら待望する聖霊主義者「シーカーズ」（seekers）の見解である。実際、一六四二年一月に五七名の大浸礼式をロンドンで執行したリチャード・ブラントの教会は、シーカーズの影響によって発足直後に崩壊した。他方は、スピルズバリーが主張するように、「個人の信仰告白に基づく浸礼」よりも、独立派会衆教会の影響のもとに「教会契約」を教会組織の基礎として先行させようとする考え方であり、バプテスマの執行は先行する教会契約に基づいて選ばれた牧師が執行してもよいと判断する見解である[14]。両者の見解は、分裂を孕みながらも草創期のバプテスト派に共存していたのである。両者の見解の溝に架橋すべく、キッフィンらは、第四一条において「説教弟子」(preaching disciple)の箇条を設けたのである。「キリストによってこの礼典を施すように意図された人びとを聖書は「説教弟子」と表現している。それは、特定の教会、役職者、あるいは特別に派遣された人にあてはめられてはならない」[15]。バプテスマの執行を役職としての牧師が行うという制度教会の事功論に対して、平信徒説教という賜物を有する個人(カリスマ)が行うという人功論である。四世紀のドナトゥス派以来、幼児洗礼の否定、再洗礼の執行はそれ自体、ユスティリアヌス法典、つまりローマ法によって死罪と定められてきた。それゆえ、幼児洗礼の否定、再洗礼の執行は、オランダ亡命時代のジェネラル・バプテスト派のジョン・スミスを例外として、オックスフォード大学やケンブリッジ大学で神学教育を受けた聖職者たちからは決して主張されることはなかったのである。キッフィンは、当時「桶説教師」と呼ばれた平信徒説教師二〇名を批判するパンフレットにおいて、「キッフィン・手袋製造工」(Kiffin a Glover)と名指しされている[16]。平信徒の教会指導者たちは、大学において正式な神学的訓練を受けていなかったからこそ、国教会からの分離や幼児洗礼の否定をタブー視することなく、信仰者の再洗礼へと突き進むことができたともいえよう。

では、正式な神学的訓練を受けていない平信徒説教師たちに、体系だった信仰告白を作成することが可能だったのだろうか。確かにキッフィンは「回想録」で、一六四三年にオランダに渡り、貿易によるよき利益を見出したのだけれども、それをいったん断念して「私の時間をおもに聖書の言葉の学びに費やした。私は、得たものの大半をそれに費やすまでに学んだ」(*Memo.* 22)と述べている。B・R・ホワイトによれば、「第一ロンドン信仰告白」五三カ条のうち、二七カ条は「初期セパラティスト」といわれるイングランドからの亡命神学者たちが一五九六年にアムステルダムにおいて出版した「信仰告白」の修正、または繰り返しであった[17]。この告白に込められている「ゼクテ」原理については、以前分析したことがあるので割愛するが[18]、権力者観についていうならば、同じカルヴァン主義者でも、亡命によって分離を余儀なくされた「初期セパラティスト」たちと、「信仰者のバプテスマ」という自発的原理の採用によって教会と国家の結合を自ら断ち切ったパティキュラー・バプテスト派では、決定的な乖離があった。「初期セパラティスト」の信仰告白第三九条はいう。「国王やその他の統治者は、神の定めにより、自己の領域の全人民や訴訟に対して神のもとにある至高の統治者である。その職務と義務とは、自己の権威によって偽りの教会や、得手勝手な宗教や、偽りの礼拝を禁じかつ絶滅することである[19]」。カルヴァンは統治者を「神の代官」として捉えたが、亡命によって事実上、分離したとはいえ、「初期セパラティスト」の権力者観は、宗教的真理を権力者が判断し、「絶滅」という不寛容な表現をしている。他方、ヴェーバーが「国家による良心の自由の成文法的保護を権利として要求した最初の教会の公文書は、おそらく一六四四年の（特殊恩恵説をとる）バプテスト派の信仰告白四四条だろう」と指摘した信仰告白について、当該箇所にはそのような記述は存在しない。これはヴェーバーの誤記であり、一六四四年告白の修正版として出された一六四六年告白第四八条は、以下のように述べている。「神の礼拝に関して、そこには救いや選びを決定できる唯一の立法者イエス・キリストしかいない。彼は礼拝のためのみ言葉のうちに充分な定めや規則を与えた。そのため諸個人の良心の自由を賦与することは統治者の義務である（そうすることは、良心的な者すべてにとって最も憐れみ深い、大切なことであり、そうすることなくしては、ほかの自由は名づけるに価しないし、いわんや享受するに価しない[20]）」。権力者が教会というイエスの支配領域を支配するのではなく、諸個人の良心自由を賦与することにその義務があるという表現によって、キッフィンの指導するパティキュラー・バプテスト派は、近代国家の立憲主義のモデルとなる政治権力の価値中立性を、ピューリタン革命の最中に提唱していたのである。

第三節　王政復古前後

その後、内戦における議会軍の勝利、国王を擁して国家教会制を目論んでいた政治的長老派を政治的独立派が追放したことによるランプ議会の成立、遂には、イングランド教会「最高首長」(supreme governor) チャールズ一世の処刑、共和政治、聖者議会の失敗、そして、クロムウェルの護国卿政治へとピューリタン革命は推移した。その間、パティキュラー・バプテスト派は、政治的独立派を支援してレヴェラー運動を批判し、独立派のクロムウェル国教会によって「良心の自由」を保証された「小春日和」(halcyon days)のもとで、ロンドン以外に、南ウェールズ、アイルランド、アビンドン、ミッドランド、西部の各地域に教会間の連合組織(association)を結成し、王政復古までに一三一教会を数えるに至った[21]。キッフィンは、一六四六年に同じ教会の会員であるロバート・スタイルズをアムステルダムに代理人として常駐させ、最初は毛織物輸出を中心とする密貿易に乗り出した(*WKW*-3-277)。キッフィン自身は「回想録」において「禁じられた商品を輸入するための法令を、……私が長期議会や護国卿から獲得したといわれている。それは私に対する反感である」(*Memo.* 24)と述べ、自分が革命政権の「政商」であることを否定している。しかし、次章で述べるように、世界の中継貿易港アムステルダムからの東方物産、工業製品の輸入、議会軍納品用のスペイン産ワインの輸入、西インド諸島の植民地プランテーションへの馬や革靴など日用品の輸出を手がけ、その富をますます増大させていったのである(本書、第七章参照)。彼の牧会する教会は、共和政期の一六五〇年から一六五六年までブロード・ストリートのグラス・ハウスで集会を開き、一六七四年には、三八五名の教会員(男性一二七名、女性二五七名、不詳一名)を数えるまでに成長した(本書、補論参照)。また各地のアソシエーションと密接に連絡を取り合い、そこで議論された政治的態度、閉鎖陪餐、賛美歌、按手、十分の一税の支払、生活倫理など問題に影響力を行使した[22]。公的生活においてもキッフィンは、第二護国卿議会の国会議員、一六五九年のロンドン民兵隊赤旗連隊少佐として政治に参与し、航海法制定時の公聴会や、冒険商人組合の毛織物輸出独占貿易に対して、「自由貿易」を提唱した(*WKW*-2-chap. 14)。

そのキッフィンを王政復古が襲った。クロムウェルの死後、息子リチャードが護国卿として後を継いだが、共和主義者やクロムウェル温故の軍人によるリチャードの追放と議会の解散。その後は、フィルムを巻き戻すかのように、政治的長老派のいないランプ議会の復活、長期議会の回復、政治的長老派と国王派による王政復古への道が整い、断頭台の露と消えた父親に代わって息子チャールズが、ついに八年半の亡命生活から帰国する運びとなったのである。もちろん、政治的長老派と国王派の結合の背景には、国教会の教区制度を否定して、教勢を伸ばしているバプテスト派やクエイカー派などセクトに対する憎悪があった。国王を迎えるに当たってロンドン市内では、ミュンスター千年王国事件の時のように、武装した「アナバプテスト」が人びとの喉を切るという流言蜚語が飛びかい、市民の恐怖心を煽り立てた。なかでも、ロンドン民兵隊の元少佐であり、パティキュラー・バプテスト派の指導者であったキッフィンは「あらゆる異端とセクトの宗教指導者」(Muffy of all Hereticks and Sectaries) と表現され、王政復古前のおそらく一六六〇年二月に武器隠匿の容疑で逮捕された者たちの中にいた。(23)「回想録」ではこう述べている。国王派の「モンク将軍がロンドンに到着した際に、モンク将軍は私の家の近くに軍隊を宿営させた。数日後に、私は、他のいく人かと一緒に、夜中に兵士によって捕縛され、セント・ポールの守備隊へと連行された。翌日、シティでは次のような噂が流れた。すなわち、われわれが大量の武器を保持しているというものである」(*Memo.* 26)。このとき、キッフィンと三人のバプテストはロンドン市長宛てに手紙を書き、釈放された。一六六〇年四月四日、チャールズは、内戦状態を収束するためにオランダで「ブレダの宣言」を発表。「傷つきやすい良心への自由」(liberty to tender conscience) を提唱し、五月五日にイングランドに上陸したのである。この頃、国王崇拝は頂点に達し、暴徒化した群衆が'God save the King!'を叫び、メーデーの夜に、キッフィンの教会の集会場となっていたロンドン港に近いテムズ・ストリートにあるセント・ダンスタンズ・ヒルの家を破壊した。この騒ぎは、チャールズが暫定議会によって国王チャールズ二世であると宣言された五月八日の夜にも繰り返された。(24) 一六六一年一月、バビロニア、メディア、ギリシア、ローマに続く聖者の王国を目指した第五王国派の残党の蜂起が実際に起った。桶職人トマス・ヴェンナーに指揮された数十名が蜂起し、ロンドン市内でゲリラ戦を展開したが、数日間で鎮圧、逮捕された。キッフィンはこの時も、偽文書によって連座の嫌疑をかけられ、逮捕された。「蜂起は打倒された。もし実効性を持ったとしたら、私の生命と財産は失われていたであろう。一通の手紙が、その効果を目論んであたかもタウントンから差し出されたかのように偽造された。……私は、火薬、マッチ、銃弾等々を供給し、送る手はずになっていた。……私は、件の手紙を読んだモンク将軍と、他のいく人かの枢密院のメンバーの面前に送られた。彼らは、私が件の手紙の事件を必ずや犯したに違いないと私を責めた。……主席裁判官の配慮によって釈放された」(*Memo.* 28-30)。キッフィンは二月二四日にも、非合法集会に出席した廉で逮捕されており、このときは四日ほどニュー・プリズンに投獄されたが、「忠誠宣誓」(oath of allegiance)[25]をして国王への忠誠を誓い、貿易商人の娘婿らが用意した五〇ポンドの保釈積立金によって保釈されている(*WKW*-4-148)。

王政復古前後のこうした一連の迫害は、革命政権という後ろ盾を失ったバプテスト派にとって、明らかに存亡の危機を示すものであった。パティキュラー・バプテスト派は、ノウルズを署名者として、一六六〇年五月四日、国王の上陸を前に、集会場破壊の被害を訴えると同時に、国王が「ブレダの宣言」で約束した「傷つきやすい良心への自由」の履行を求めて貴族院に請願した[26]。また、ヴェンナーの一揆の後の一六六一年七月五日にも、「請願者はさらなる混乱の責任を負わされ、陛下によって寛大にも与えられた自由が妨げられることを怖れている」と述べて、ジェネラル・バプテスト派の指導者ジョン・ゲスノルドやパティキュラー・バプテストのキッフィンなど六名が貴族院に請願書を提出した[27]。救済論の相違を超えて、バプテスト両派が自らの存亡を賭けて結束を図ったことは、王政復古の後の迫害がいっそう厳しさを増してきたことを物語っている。

第四節　迫害立法――クラレンドン法典について

一六六二年五月に「礼拝統一法」(Act of Uniformity) が発布された。これはエリザベス期の一五五九年の礼拝統一法の復活と厳格な適用と、「イギリス宗教改革の完遂」を意図したものであった。「統一」とは、聖職者にとって、コモンプレヤーといわれている共通祈禱書の使用強制と、公職就任の条件として国教会の聖体拝領と主教制の受け

初代クラレンドン伯エドワード・ハイド
(1609–1674)

入れ強制を意味するが、エリザベス期の礼拝統一法は、一五九三年の「秘密集会法」(Conventicle Act)によって強化されており、臣民にとっては、教区教会の礼拝出席の強制と秘密集会の参加の禁止の両方を意味していた。先にも述べたように、キッフィンが内戦前夜に教区教会の礼拝欠席と非合法秘密集会への参加を理由に治安判事によって逮捕されたのは、エリザベス時代の礼拝統一法の適用ゆえであった。だが、革命政権が一六五〇年にエリザベス期の礼拝統一法の廃止を宣言し、セクトの宗教活動の自由を公認することになったので、王政復古政権は、改めて礼拝統一法を発布し、一六六四年には、秘密集会法を発布することにより、国家教会体制の再建と強化に乗り出したのである。これらの迫害立法は、他に、一六六一年の「自治体法」(Corporation Act)、一六六五年の「五マイル法」(Five Mile Act)を加えて、当時の大法官であったクラレンドン伯エドワード・ハイドの名前を被せて「クラレンドン法典」と呼ばれた[28]。

イギリス教会史において、この礼拝統一法の発布は、「大追放」(Great Ejectment)として知られている。国教会の聖職者約一万名のうち、学校、大学を含めて二〇〇〇名近くの聖職者が国教会を大量に辞任し、追放されたのである。この事件は、追放された聖職者の子や孫に当たるエドマンド・カラミーによって歴史に刻まれたが[29]、アングリカン国教会に対する、長老派、独立派、セクトという「非国教徒」(dissenters)の分裂、すなわち、国教会の「チャーチ」(教会)と自由教会の「チャペル」(礼拝堂)の分裂として、その後のイギリス社会を二分する出来事でもあった。国王を国教会の最高統治者とする点で政治的長老派は当初、アングリカン国王派と歩調を合わせていたが、一六六一年のサヴォイ会議において、長老派聖職者をアングリカン国教会へ「包摂」（comprehension）する機会は失われた。その結果、「厳粛な同盟と契約と一般的に呼ばれている誓約の義務を負っていない」という一文に誓約しなかった非国教徒聖職者が、一六六二年八月の聖バーソロミューの祭日までに、アングリカン国教会と袂を分った。[30] セクトとして、国家教会主義を否定するバプテストといえば、約二〇〇〇名の被追放者のうち、ジェネラル、パテイキュラーの両派合わせて、わずか二二名の被追放者を数えるのみであり、平信徒説教師から始まったバプテスト派にとって、いかに国教会との関わりが少なかったかが分かる。その内訳も、クロムウェル国教会で得た聖職禄や都市の聖書講師職からの被追放者がイングランド八名、ウェールズ一二名であった。他方、公職追放よりも非合法集会への参加の廉での逮捕者は多く、一六六二年末のロンドンのニューゲイト監獄には二八九人のバプテストが収監されており、ロンドン塔にも一八名が幽閉されていた。鋳掛屋のジョン・バンヤンは、イングランド中部の都市ベッドフォードのパティキュラー・バプテスト派を許容する教会の牧師でもあったが、一六六〇年の説教の廉でその後一二年間の大半を収監され続け、獄中から『天路歴程』（*The Pilgrim's Progress*）を出版した。[31]

礼拝統一法は、長期の投獄のみならず、財産の没収、植民地への流刑、更には、死刑や獄中死を含む過酷な罰金や刑罰を科した。最初の有罪判決は、五ポンドの罰金か三カ月の投獄が科せられた。二回目は一〇ポンドか六カ月。三回目は一〇〇ポンドか七年間の植民地への流刑である。当時の農業労働者の平均年収が二〇ポンド、熟練工が三〇ポンド、事務職が四〇ポンドであったので、これらの罰金がいかに過重であったかが分かる。多くのバプテストは罰金を支払えなかったので、投獄という選択肢がしばしば科せられた。三度罪を犯した者が輸送代（四〇ポンド）を支払えない場合、彼らは五年間船主の契約奉公人として拘束された。これは実質的な奴隷制であり、この条件の下では少数の者しか生きながらえなかった。二三〇人の男女がこの法令のもとで、流刑の罰を受けたが、実行されたかどうかは定かではない。[32]

この法律の施行後の一六六三年に、キッフィンの働きによって、ジェネラル・バプテスト派の死刑囚一四名が国

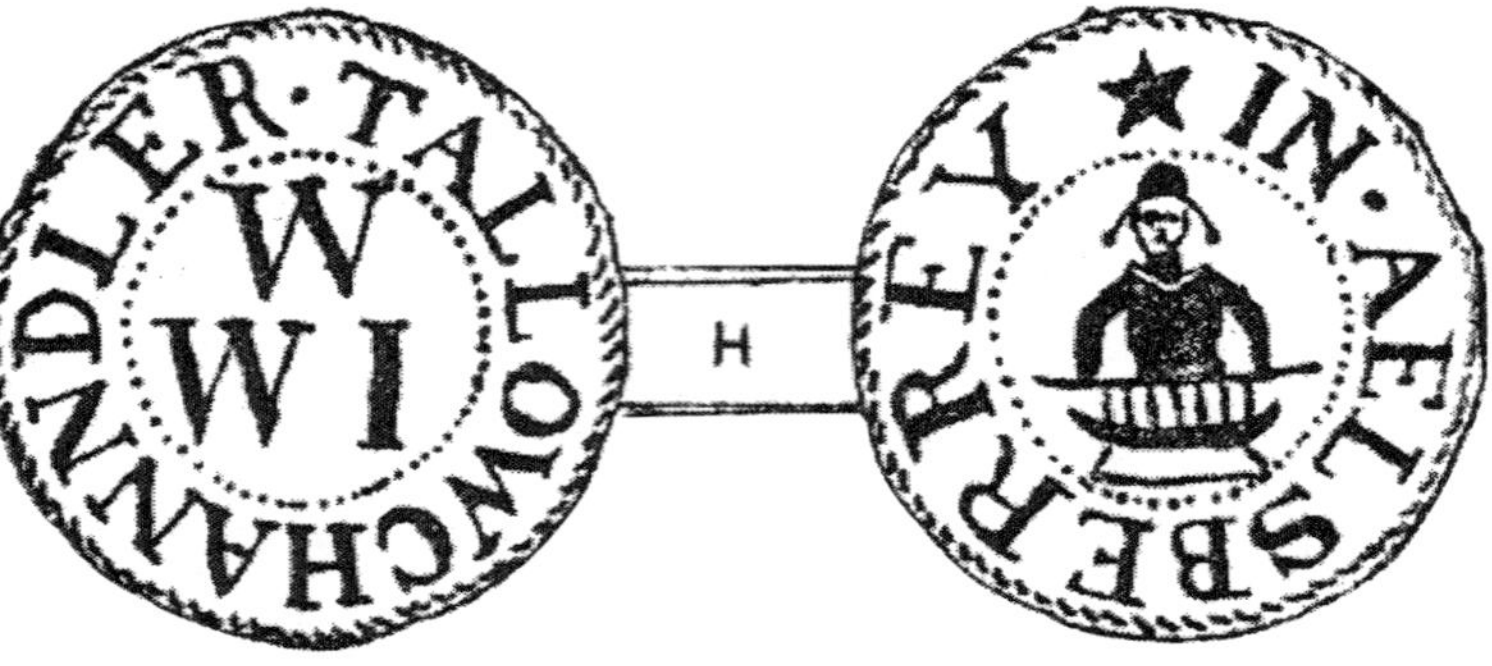

礼拝統一法違反で死刑宣告を受けた獣脂ロウソク製造工ウィリアム・ウェルチのトークン

王恩赦による釈放令を勝ち取るという事件が起こった。オックスフォード東郊にアイルズベリーという市場町がある。そこに住む書籍商スティーブン・ダグネル、絹織物商トマス・ヒル、獣脂ロウソク製造工ウィリアム・ウェルチ、農夫ウィリアム・モンクら男性一二名、女性二名が一六六二年六月に教区教会の礼拝に欠席し、ジェネラル・バプテスト教会の非合法秘密集会に参加した廉で逮捕され、同年七月のミッドサマーの四季裁判所巡回法廷に連行された。一〇月のミカエルマスの四季裁判所、翌年一月のクリスマスの四季裁判所にも連行され、その後も収監は続き、四月のイースターの四季裁判所で重罪犯罪人として、全員に死刑判決が下されたのである（*WKW*-4-chap. 39）。「重罪犯罪人」（Felons）とは、国王への忠誠誓約を行わず、罰金も支払わないで、刑期を重ね、ついには流刑のための土地財産の没収をも拒否した場合に適用され、非国教主義の結末は、このように国外追放か死刑かのいずれかであった。

　キッフィンがこの事件に関与したのは、一八世紀のバプテスト教会史家B・スティンクトンによれば、死刑囚モンクの息子トマスが死刑判決の直後、ロンドンのキッフィンのところへ即座に馬を走らせ、キッフィンに救済を求めたからである[33]。クライツァは、キッフィンの宮廷におけるよき理解者であるレディ・キャサリン・ラネラから大法官クラレンドンに宛てた三通の書簡から、その後のキッフィンの足取りを以下のように述べている。キッフィンは、トマスを引き連れ、ラネラを訪問。「キッフィン氏とその仲間は教皇主義者 papists と一緒になってつまらないことをしているのではない」(*WKW*-4-261) と、彼女に大法官への手紙を書いてもらう。その後手紙を携えた二人はウェストミンスターで大法官を見つけ、彼女の手紙と一緒にキッフィンの助命嘆願書をクラレンドン伯に手渡した。その後、国王は、恩赦による釈放を決意。死刑の執行はなされず、七月のミッドサマーの四季裁判所で、死刑囚一四名の釈放が命じられたのである。

ここで、キッフィンと宮廷との関係を述べておきたい。レディ・ラネラは、王立協会初代総裁ロバート・ボイルの実姉であり、革命政権であれ、王政復古政権であれ、政府高官に多くの知己を持っていた。一六五六年にユダヤ人の再入国許可をクロムウェルに求めたマナセ・ベン・イスラエルのアドヴァイザーとしてキッフィンが協力して以来の友人である。[34] また意外にも、迫害立法にその名をとどめるクラレンドン伯とは、以下のような関係にあった。すなわち、キッフィンは、毛織物を扱う自由貿易商人であったことから、一六六二年四月、一六六三年三月と四月に国王出席のもとに枢密院や庶民院の拡大交易委員会に召喚されて、意見陳述をしている。そこでは、冒険商人組合の毛織物輸出の独占権に反対して、イングランド西部の商人や織元から提訴がなされ、キッフィンは、その提訴を「交易の自由」の立場から弁護したのである。そのとき、西部の商人や織元の提訴を取次いだのがクラレンドンであった。[35] キッフィン自身はこの事件とは別の箇所で、「大法官は私の親しい友人」(*Memo.* 36) と誇らしげに述べているが、宮廷内の勢力抗争に巻き込まれていたように思われる。なぜなら、ラネラは、アイルズベリーの迫害事件を背後で指揮をしていたのはバッキンガム公の秘書であったトマス・クリフォードであることを示唆しており (*WKW*-4-233)、クリフォードは後に大蔵卿になる人物であった。またバッキンガム公の他の配下とは、キッフィンに対する虚偽の手形を発行した問題で衡平法裁判所において争うことになるからである (*WKW*-3-chap. 24)。

第五節　市民的抵抗の主体――第二次秘密集会法に抗して

礼拝統一法は、国教徒と非国教徒という枠組を明確にするとともに、以前は国教徒であった長老派や、国教会との関係をもっていた独立派を、セクトであるバプテスト派同様、非国教徒の陣営に組み込んだ。特にこれら非国教徒たちの拠点となったのはロンドンであった。ロンドンは、国王にとって、枢密院、議会に次いで重要な地位に当たり、経済の中心地であり、一七世紀は東インド貿易、レヴァント貿易に加えて、新大陸、西インド諸島植民地貿易等の遠隔地貿易の発展により、人口はミドルセックス州やサリー州まで拡大する郊外を含めると三八万人を超えた。一六七〇年の非国教徒の礼拝出席者は一万二〇〇〇人を数え[36]、自治体法により公職追放がなされたとはいえ、ギルドの上位会員（リヴァーリマン）約四〇〇〇～八〇〇〇名の市民権者の直接の集まりである民会（コモンホール）、市政の末端組織である行政区の住民から選出される二六名の市参事員や二三七名の市評議員、民会で承認される市長や二人のシェリフの役職には、しばしば非国教徒が指名され、その就任を阻止しようとする国教徒との政治抗争が継続した[37]。

G・S・デ・クレイは、王政復古期のロンドンに焦点をあて、国教徒と非国教徒の抗争を詳細に跡付けたが、この抗争が、最も激しかったのは、一六七〇年四月に庶民院によって第二次秘密集会法が採択される頃であったことを指摘している。一六六四年に導入された秘密集会法は五年間の時限立法であった。そして、新たに導入された第二次秘密集会法は、信徒より説教者を狙い撃ちにすることを目的としていた。信徒に、初犯五シリング、再犯一〇シリングの罰金を科したのに対して、説教者には、初犯二〇ポンド、以後すべて四〇ポンドの重い罰金を科した。また信徒が罰金を支払えない場合、教会の富裕な者が支払うことができるという条項を設けると同時に、逮捕を躊躇する治安判事に対しても罰金を科し、通報者には報奨金が支払われることが制度化された[38]。非国教徒は、これを阻止するために活発に行動したのである。とくにキッフィンが大車輪の活躍を見せたことは、いくつかの出来事から窺われる。その第一は、一六七〇年の王室への貸付に、一五五人の非国教徒が応じ、約四万ポンドを集めたことである。ペスト、ロンドン大火、第二次英蘭戦争によって財政的に疲弊した王室は六万ポンドの貸付をロンドン市に求めるが、市当局は二万ポンドに応じただけであった。その不足分をあえて、非国教徒たちが埋め合わせたのである。一五五名の債権者、三万九六七〇ポンドの貸付金の教派別内訳は、長老派五五名一万一六〇〇ポンド、独立派三九名七九〇〇ポンド、バプテスト派六名四八〇〇ポンド、特定不可能、その他が五五名一万五三七〇ポンドであった。六人の長老派牧師、三名の独立派牧師も市民として、彼らの教会でプールした資金などで応募しており、独立派牧師ジョン・オウエンは一〇〇〇ポンドを貸し付けている。バプテスト派は、その規模からして改革二派には及ばないものの、キッフィンは一人で、全体の一割に当たる三六〇〇ポンドを貸し付けて、一五五名中最大の債権者であったのである(39)。バプテスト両派のなかで、キッフィンが突出していたことは、その担い手の多くが「トレイズマン」層（小売商人、手工業者）であったことを物語っている。ちなみに、クエイカー派は応じていない。

　第二にキッフィンは、一六六九年にコードワイナー行政区から、一六七〇年にファリンドン・ウイズイン行政区から、ロンドン市参事員に指名されている（WKW-2-187）。市参事員は、各行政区の代表として市政を寡頭制的に支配する役割で、一万ポンド以上の資産保有条件をクリアして、一度就任すれば、最後は市長を目指して終身勤め上げなければならないエリート職である。ところが、キッフィンは非国教徒であることを理由に二回とも、国教徒が多数を占める市参事会によって就任を拒否された。一六七〇年にはまた、ロンドンとミドルセックス州の二人のシェリフのうちの一人に選ばれた。シェリフは、奉行職として陪審員の選任に大きな影響力を及ぼすので、様々な剝奪工作によって就任することはなかった（WKW-2-175）。このように有力な非国教徒がロンドン市の要職に指名されたのは、キッフィンだけではなかった。デ・クレイによれば、第二次秘密集会法の施行を控えた一六六七年から一六七〇年にかけて、市参事会は、市参事員に推薦された元レベラーズのシンパで独立派のヘンリ・ブランドリイフや独立派の論客スリングスビ・ベセルらに対して一八回も拒否権を発動していた。[40] このように自治体法によって行政職からは排斥されたとはいえ、キッフィンは、経済界の要職には就任できた。先述のように、鞣革商人カンパニーの一六七一～七二年の会長に就任、一六七二年には、次章で論じるが、初代シャフツベリ伯アシューリー・クーパー卿やその秘書である哲学者のジョン・ロックと並んで、バハマ諸島会社の一〇人の社員の一人に選ばれたのである（*WKW*-1-chap. 9）。シャフツベリ伯は当時大法官でホイッグの先駆者であるが、本書、第八章で後述するように、この貿易会社は、ニグロ奴隷貿易にも従事しており、キッフィンが奴隷貿易と関係していたことはバプテスト教会史家から指摘されてこなかったし、ロックとの交友を通じて、ロックのフランス貿易の経路にキッフィンが関わっていたことは、啓蒙思想史家からも指摘されてこなかったのである。[41]

第三に、第二次秘密集会法の導入前後もキッフィンは頑なに教会活動を継続したことである。チャールズ二世はスパイ網を張り巡らし、主な非国教徒の動向を把握していた。国務卿ジョーゼフ・ウィリアムソンの情報提供者ウィリアム・ハゲットは、国王チャールズ二世が、第二次秘密集会法施行の前年にキッフィン、ハンサード・ノウルズら三人のバプテストを宮廷に招き、「もはや保護することが出来ないので、集会を控えるように」（*WKW*-2-180）と伝えたと述べている。キッフィンは第二次秘密集会法が議会で採択された時に、一六六三年以来キッフィンの法律顧問であったブレストロード・ホワイトロックに、司法救済を依頼した。[42] 五月一〇日にこの法律が施行され、キッフィンは逮捕された。『回想録』には、「集会を開いた廉で、私は四〇ポンドを科せられ、役人の手に託した。その告訴と裁判の中でいくつかの誤りを見出したので、私は通報者を訴え、打倒した。四〇ポンドを取り戻すのに一三ポンドかかった。しかし、同じ理由で訴追された多くの貧しい者たちがこれによって救済されたのは、利益であり、通報者たちは彼らを告訴することを恐れた」（*Memo*. 57-58）と述べている。四〇ポンドの請求は説教者キッフィンが二回逮捕されたことを意味しており、一三ポンドはおそらく弁護士費用で、一六七〇年一〇月六日のミドルセックスの四季裁判所でキッフィンが勝訴したことを暗示している（*WKW*-2-173）。

「ブレダの宣言」で「傷付きやすい良心への自由」を訴えた国王は、クラレンドン法典に必ずしも賛成だった訳ではない。強硬策は、アングリカン聖職者や農村を基盤とする議員たちによって推進されたといわれている。[43] それが証拠に国王は、一六六二年に「信教の自由令」(Declaration of Indulgence)を出したが、わずか数カ月で撤回に追い込まれている。一六七二年に国王はまたもや「信教の自由令」を発令した。このとき、多くのバプテストが集会場所を公に登録し、許可されている。また説教の許可証を申請した非国教徒の教師は全国で一四三四人であり、うち二〇二人がバプテスト派であることを名乗り出た。[44] しかし、そこにはなぜか協力牧師キッフィンの名前はあっても、キッフィン自身の名前と集会場所は記されていない。しかし、「信教の自由令」はわずか一年後に失効した。問題はそれが議会の法案としてではなく、国王大権の行使として下付されたこと、カトリックの私的礼拝も認めることによって、フランス国王に便宜を図ることを見抜く者もいたからである。フランスの勢力拡張により、プロテスタント非国教徒よりも、「教皇教」といわれたカトリックの脅威の方が大きいことを国教徒も気にし始めたのである。

おわりに——名誉革命と「信教の自由」

王政復古体制は一六七五年に「審査法」(Test Act)を導入し、公職においてはいっそうの排他的姿勢を強化していった。だが、イギリス国民の反カトリック感情に訴えた教皇派陰謀事件が起こり、チャールズ二世の実弟ヨーク公ジェームズがカトリックへの改宗を公言したことから、一六七九年と一六八〇年にジェームズに対する王位排斥法案が庶民院で可決された。これらの危機のもとで、一六八一年までに国教徒対非国教徒という宗教的分裂は、トーリー対ホイッグという政治的党派の形成へとその姿を変えていったのである。一六八三年に今度はジェームズの暗殺を計画したとされるライ・ハウス陰謀事件が起こり、ホイッグに対する捜査線上でキッフィンの家宅捜査がなされ、娘婿ベンジャミン・ヒューリングが連座した。また「回想録」においても、この頃のキッフィンは反カトリック感情を露わにしている。長男がベニス旅行の際に現地であからさまなカトリック批判をしたために、カトリック聖職者によって「毒殺された」こと（*Memo.* 49）。また一六八五年ジェームズ二世の即位に際して起こったモンマスの反乱で二人の孫が「イングランドの自由とプロテスタント信仰のために」参加し、処刑されたことを告白している（*Memo.* 56）。

しかし、キッフィンの礼拝、すなわち、非国教徒の秘密集会については、徐々に変化が起こっていた。「回想録」にこう述べられている。「私は、一五の集会の廉で通報者たちによって再び告訴された。そして罰金は三〇〇ポンドに達した。……有能な弁護士を雇用することによって、私は彼らの手から釈放され、以来、暴力から守られている」（*Memo.* 51）。この証言を裏付ける資料がある。ロンドンの治安判事ジェームズ・スミスと、その密告者ジョン・ヒルトンの一六八二年の「秘密集会の有罪宣言」という文書の中で、キッフィンには、八つの日曜日の午前集会と午後集会の都合一六の「有罪証明」があり、その集会場所は、デヴォンシア・スクェアにある彼の家であると言及されている。しかし、秘密集会に対する暴漢の親分であり、トーリーの政策遂行の道具であるヒルトンは、ある種の絶望感を表明していた。すなわち、逮捕状を出しても「ホイッグの巡査によって完全に無視される」というのである。この絶望感は、秘密集会に対する宗教迫害が黄昏時を迎えたことを示している（*WKW*–1–chap. 6）のである。それどころか、デヴォンシア・スクェアの集会場所は、一六六七年にクエイカー派が貸借契約を結び、「信教の自由令」の際には、長老派と独立派がそれぞれ集会場所として登録し、その後、キッフィンの率いるバプテスト教会も加わって、各教派のそれぞれのチャペルとして賑あう「複合施設」の様相を呈してきたのである。キッフィンは、一六七〇年の国王への貸出の際に元本の一部の債権をこの施設の女性所有者の債務の返済に充当することによって、この施設を維持する上で大きな役割を果たした（*WKW*–2–177）。

一六八八年、ジェームズ二世は王位から追放され、一六六九年、国王にジェームズの娘であるメアリ二世とその夫でオランダ総督のウィリアム三世が即位し、無血のクー・デ・タである名誉革命が成就した。国王大権を制限し、カトリックの王位継承を排斥し、国民に自由を保証する「権利の章典」が発布された。国教会への包摂を目的とした法案は放棄され、五月に「寛容法」(Act of Toleration) が可決された。アングリカン国教会以外のキリスト教会にも主権が認められ、「信教の自由」が享受できるようになったのである。寛容法は、具体的には、イングランド国教会信仰告白三九カ条のうち、長老派と独立派の牧師に関しては教会統治に関する三六カ条に、バプテスト派の牧師に関しては、教会統治の三カ条、幼児洗礼の二カ条を除く三四か条に署名する限りで、審査法を除き、クラレンドン法典の刑罰から解放されるというものであった。その際、キッフィンは新国王への貸付に喜んで応じ、五〇〇ポンド以上を誓約した七八名の市民の一人であった。パティキュラー・バプテスト派は、「信教の自由」を謳歌するかのように、九月三日から一二日まで、従来の「アソシエーション」(地方連合組織)の枠組を超えて、全国から一〇七教会の代表がロンドンに集まり、第一回「総会」(General Assembly) を開催し、国王ウィリアム三世への謝辞を表した。一六七七年に制定され、一六八八年に第二版が出された「第二ロンドン告白」をこの総会において教派として公認したが、キッフィンはノウルズに次いで第二番目の署名者であった[45]。この信仰告白は「第一ロンドン告白」と異なり、長老派の「ウェストミンスター信仰告白」を土台としているが、この点は、王政復古以降、非国教徒として両派が経験した苦難の歴史を物語っているといえよう。

バイエルンの都市ニュルンベルクで，名誉革命と「信教の自由」を記念して発行された祝賀メダル（1690）

　最後に、キッフィンは何度逮捕され、投獄されたのだろうか。これまで、寛容思想といえば、アングリカン国教会を軸足として、包摂か寛容かをめぐって議論されてきた。確かに、国教会の広教主義者の意義や改革派プロテスタントが国教主義から非国教主義に転じた歴史を考慮するなら、この点の議論は尽きない。[46] しかしながら、他方で、聖職者や神学者ではないが、最初から「ゼクテ」原理、すなわち、国家と教会の分離に軸足を置き、「良心の自由」の思想をより明確に示してきたキッフィンの活動があったことも事実である。一七〇一年、キッフィンは八五歳で召天した。その遺体はもちろん、教区教会の墓地ではなく、非国教徒の墓地であるバンヒル・フィールズに埋葬された。

注

（1） M. Weber, Die protestantische Ethik und der ›Geist‹ des Kapitalismus, *Gesammelte Aufsätzezur Religionssoziologie*, Bd. i, Tübingn, 1920, S. 132. 大塚久雄訳『プロテスタンティズムの倫理と資本主義の精神』岩波文庫、二三二頁。第四四条というのは、明らかにヴェーバーの誤記である。

（2） Weber, *Ibid*., S. 150. 前掲訳書、二六九頁。

（3） *The Confession of faith of those churches which are commonly (through falsely) called Anabaptists*, London, 1644, in W. L. Lumpkin, ed., *Baptists Confession of Faith*, Chicago, 1959, p. 150.

（4） B. R. White, 'William Kiffin-Baptists Pioneer and Citizen of London,' *Baptists History Heritage*, vol. vii, 1969. M. Haykin, 'William Kiffin,' *Oxford Dictionary of National Biography*, Oxford U. P., 2004.

（5） 「回想録」は、第三者の手による清書手稿として、ロンドンの Dr William's Library に所蔵されている。

（6） D. Fleatly, *Dipper's Dipt, or The Anabaptist Duck'd and Plang'd do.*, London, 1645. passim. バプテスマ論争を掲載した本書は出版直後第六版を重ねるほど人気があった。

（7） J. Lilburne, *Legall Fundamentall Liberties*, London, p. 63.

（8） 「回想録」を編集したオウムでさえ、キッフィンの最初の親方がリルバーンだと記している。*Memo*. 2–3.

（9） キッフィンの鞣革商人カンパニーの関わりは、Kreitzer, 'William Kiffen: Leatherseller and Baptist Merchant,' *Leathersellers' Review*, 2008–09.

（10）*Memo.* 2.「卑しい職業」という表現には、聖職者やジェントリーらの論敵から「職人教師」、「桶説教師」と揶揄された平信徒説教師の「職業」に対する誇りと、そのような者でも救われるという神の前での「自己卑下」という二重の気持ちが込められていた。拙著『イギリス革命のセクト運動　増補改訂版』御茶の水書房、二〇〇〇年、第三章参照。

（11）K. O. Kupperman, 'The Definition of Liberty on the Eve of Civil War: Lord Say and Sele, Lord Brook, and the American Puritan Colonies,' *Historical Journal*, vol. 32, no. 1, pp. 17–33.

（12）一六四二年の一〇月にフィートリーとの間にもたれたバプテスマ論争において、キッフィンはまだバプテストであることを表明していない。一六四三年の後半というのは、アメリカ帰りの有力な聖職者ハンサード・ノウルズと、独立派会衆教会牧師ジェシーがキッフィンの説得により信仰者のバプテスマを確信するようになった時点である。W. T. Whitley, 'Debate on Infant Baptism,' *Transaction Baptist Historical Society*, vol. 1, 1908–9, pp. 227–245.

（13）M. Tolmie, *The Triumph of the Saints*, Cambridge U. P., 1977, p. 57. 大西晴樹・浜林正夫訳『ピューリタン革命の担い手たち』ヨルダン社、一九八三年、一一九頁。

（14）S. Wright, *The Early English Baptists, 1603–1649*, Woodbridge, 2006, chap. 3.

（15）Lumpkin, ed., *Ibid.*, p. 167. 斎藤剛毅編『資料バプテストの信仰告白』ヨルダン社、一九八〇年、一一九頁。

（16）Anon., *Tub-preachers overturn'd or Independency to be abandon'd and abhor'd is destructive the Magistracy and Ministry*, *do.*, London, 1647, titlepage.

（17）White, 'The Doctrine of the Church in the Particular Baptist Confession of 1644,' *Journal of Theological Studies*, n. s., vol. xix, pt. 2, 1968, p. 576.

（18）拙著、前掲書、第八章。

（19）*A True Confession of the Faith, and Humble Acknowledgement of Allegiance, which we hir Majesties Subjects, falsely called Brownist*, Amsterdam, 1596, in Lumpkin, ed., *Ibid.*, pp. 94–95.

（20）*A Confession of Faith of Seven Congregations or Churches of Christe in London, which are commonly (though unjustly) called Anabaptists*, London, 1646, in E. B. Underhill, ed., *Confession of Faith and Other Public Documents*, *do.*, London, 1854, p. 45.「倫理」論文におけるヴェーバーの誤記等、現在の研究水準に照らして問題だと思われる点については、キリスト教史学会編『マックス・ヴェーバー「倫理」論文を読み解く』教文館、二〇一八年において、詳細に検討した。

（21）'Baptist Churches till 1660,' *Transactions Baptist Historical Society*, vol. 2, 1910–1911, pp. 236–264. C. Cross, 'The Church in England 1646–

1660,' in G. Aylmer, ed., *Interrrgnum: The Quest for Settlement 1646–1660*, London, 1972 参照。

（22）White, ed., *Association Records of the Particular Baptists of England, Wales and Ireland to 1660*, pt 1–3, London, 1971–74 参照。キッフィンの教会の教会員の社会経済史的分析については、本書、補論参照。

（23）G. S. De Krey, *London and the Restoration 1659–1683*, Cambridge U. P., 2005, p. 58.

（24）T. Harris, *London Crowds in the Reign of Charles II*, Cambridge U. P., 1987, p. 52.

（25）同じ「ゼクテ」原理に基づくクエイカー派は、忠誠宣誓に対しても拒否する姿勢を貫き、いっそうの迫害を被ったが、バプテスト派と共闘することはなかった。クエイカー派の現世に対する態度については、山本通『近代英国実業家たちの世界』同文舘出版、一九九四年、五九頁以降。西村裕美『小羊の戦い――一七世紀クェイカー運動の宗教思想』未來社、一九九八年、六一―六二頁、参照。

（26）*The humble petition of severall people* (*called Anabaptists*) *inhabiting in and about the City of London*, in *WKW*-1-140-141.

（27）*The humble Petition of divers persons commonly called Anabaptists in the behalf of themselves and others*, in *WKW*-1-145-146.

（28）D. J. Appleby, 'From Ejectment to Toleration in England, 1662–89', in A. Sell, ed., *The Great Ejectment of 1662*, Ugene, 2012. 浜林正夫『イギリス名誉革命史』上巻、未來社、一九八一年、参照。

（29）A. G. Matthews, ed., *Calamy Revised*, Oxford U. P., 1934.

（30）D. M. Thompson, 'The Great Ejection of 1662: Memories, Interpretations and Justifications within Protestant Dissent, 1662–2012,' *Ecclesiology*, 9, 2013, p. 164.

（31）P. Fiddes, 'Baptists and 1662: the Effect of the Act of Uniformity on Baptists and its Ecumenical Significance for Baptists today,' *Ibid.*, p. 184.

（32）R. Hutton, *The Restoration: A Political and Religious History of England and Wales 1658–1667*, Oxford, 1985, pp. 208–209.

（33）T. Crosby, *The History of the English Baptists, do.*, London, 1739, vol. 2, p. 184.

（34）S. Hutton, 'Jones, Kaththerine, Viscountess Ranelagh', *Oxford Dictionary of National Biography*, Oxford U. P., 2004.

（35）*WKW*-3-chap. 25. キッフィンの「交易の自由」について、それと「良心の自由」との関連については、本書、第七章、第八章を参照。

（36）R. L. Greaves, *Enemies under His Feet, Radicals and Nonconformists in Britain 1644–1677*, Stanford U. P., 1990, p. 157.

（37）ピューリタン革命期、名誉革命期のロンドン史は、V. Pearl, *London and the Outbreak of the Puritan Revolution*, Oxford U. P., 1961 と De. Krey の前掲書を参照。

(38) Fiddes, 'op. cit,' p. 188.

(39) De. Krey, *op. cit*, pp. 125–126.

(40) *Ibid.*, p. 97.

(41) 例えば、キッフィンは、ロックのフランス旅行中にロックの個人貿易の受け取り先や決済窓口になったが、旅行記を編集したロック研究者のJ・ラフは、キッフィンのことをシャフツベリ家の家人とみなしている。J. Lough, ed., *Locke's Travels in France 1675–1679*, New York, 1984, p. 56. n.

(42) R. Spalding, ed., *The Diary of Bulstrode Whitelocke 1605–1673*, Oxford U. P., 1990, p. 754.

(43) M. Watts, *The Dissenters, From the Reformation to the French Revolution*, Oxford U. P., pp. 221–222. 浜林正夫『イギリス宗教史』大月書店、一九八七年、一七二頁。

(44) F. B. Bate, ed., *The Declaration of Indulgence 1672*, London, 1908, appendix, pp. xxxvii–xl.

(45) *Confession of Faith put forth by the Elders and Brethren of many Congregations of Christians (baptized upon Profession of their Faith) in London and the Country*, in Lumpkin, ed., *Ibid.*, p. 243.

(46) 王政復古期におけるこの問題を論じたものに、青柳かおり『イングランド国教会——包括と寛容の時代』彩流社、二〇〇八年がある。

第七章　「新興貿易商人」ウィリアム・キッフィン

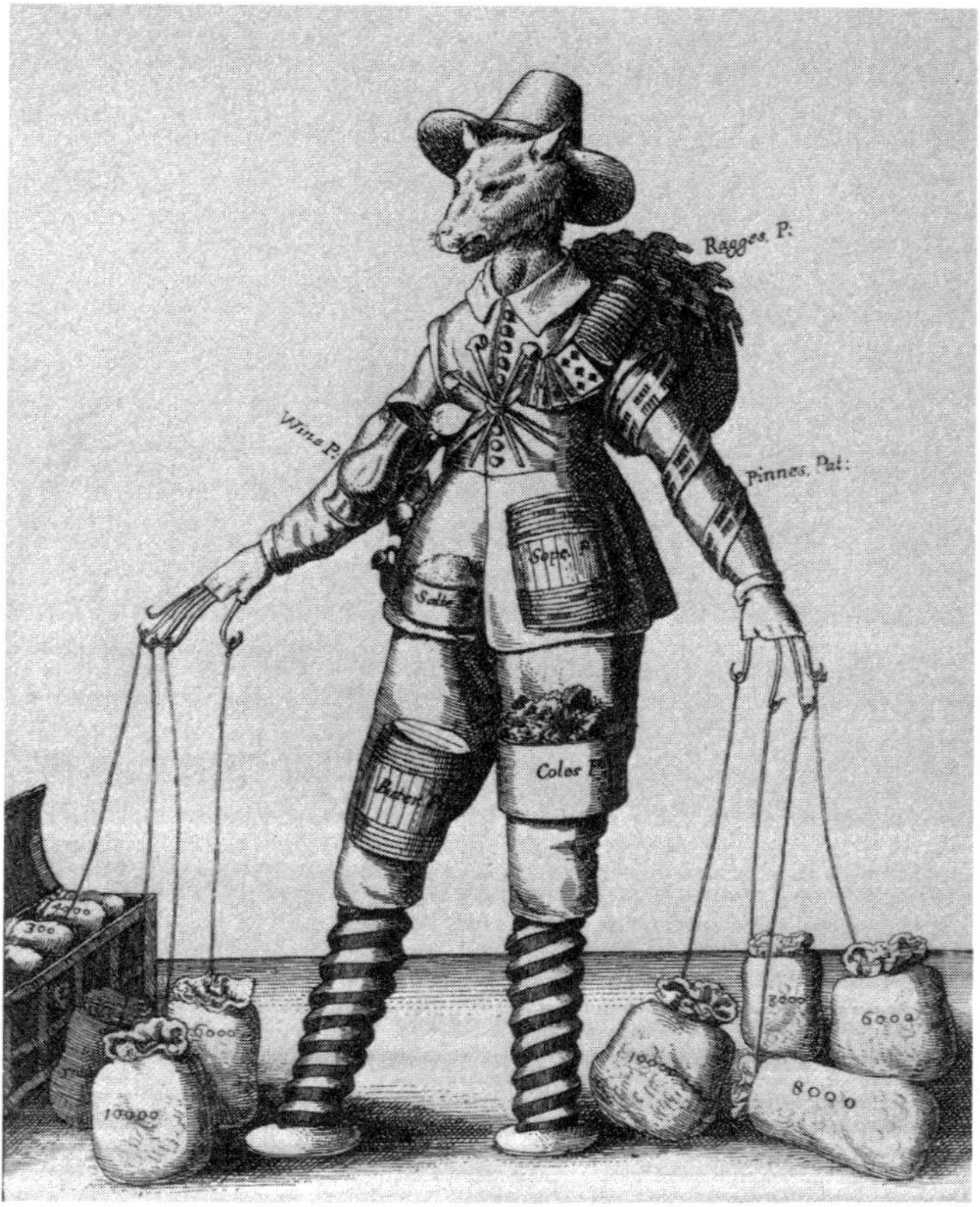

「独占特許屋の姿」(Picture of a Pattenty)。顔は動物，手足は金属などとして描かれ，多くの独占商品を身に着けて離さない。この怪物人間は，トランプやパンフレットなどによく用いられ，消費者を搾取し，貿易商人や手工業者の妨害者として嫌われた。出典：G. E. Aylmer, ed., *The Levelers in the English Revolution*, Cornell U. P., 1975, p. 27.

はじめに

パティキュラー・バプテスト派の牧師にして、貿易商人であったウィリアム・キッフィンはどのようにして致富に成功したのであろうか。本章は、ウィリアム・キッフィンの経済活動に焦点を当てることによって、ピューリタン革命から名誉革命にかけて一人の非国教徒貿易商人についての事例研究を目的とするものである。第一章で述べたように、ロンドン商人社会における貿易商人の勢力交代を分析したR・ブレナーは、「新興貿易商人」(New Merchants)という言葉で、ピューリタン革命で台頭した貿易商人の特徴を把握した(1)。近世イングランドの貿易活動は、貿易ルートに則して三つに区分される商人集団によって担われた。大陸市場向け毛織物輸出貿易は、冒険商人組合(Merchant Adventurers Company)という特権貿易商人集団によって担われていた。その輸出で獲得された富は、コショウ、シルク、干しブドウといった奢侈品輸入を目的として、イーストランド、モスクワ、レヴァント、東インドの各独占特許貿易会社の設立をもたらし、とくにレヴァント会社、東インド会社といった遠隔地東方貿易商人集団は、富裕な商人として一七世紀前半のロンドンのエリート層を構成し、王権の関税請負人に任命されるほどであった。それに対して、ピューリタン革命によって台頭したのは、東方貿易の密貿易商人や新大陸・西インド諸島を貿易ルートとしていた新興貿易商人だったのである。

新興貿易商人は、商品の運搬のみを目的としてきた独占特許貿易商人とは異なる特徴を持っていた。第一に、独占特許貿易商人のように輸入か輸出かのいずれかを目的とした片路貿易ではなく、新大陸や西インド諸島においては、タバコ、綿花、砂糖などの輸出用商品作物の栽培抜きでは利益が見込めないがゆえに、生産的プランテーションの経営が貿易の前提をなし、商品生産に対する適切で、長期的な投資を必要としたので、新興貿易商人は、生産過程にも従事するプランターを含む商人同士のヴォランタリー・パートナーシップという自由な取り決めによる双路貿易を目的とした。第二に、新興貿易商人は、これまでギルド的な独占特許貿易会社がもつ「専業の貿易商人」(mere merchant)規定から排除されてきた人びと、すなわち、キッフィンのような密貿易商人(インターローパー)、ジェントリや富裕なヨーマンの次・三男、タバコ商人のように植民地貿易に乗り出すことによって、中間商人を排除し、自ら生産や市場に直接開アクセスできる国内の小売商人や商店主、船大工のような「中流層」(middling sort of people)にまで及んだ。

キッフィンは、ロンドンの鞣革商人カンパニーで徒弟修業をした「手袋製造工」である。ピューリタン革命期には、キッフィンのようなトレイズマン層からも、密貿易を通じて海上貿易に参入することが可能だったのである。では、キッフィンは新興貿易商人として、どのように独占特権貿易商人と対峙し、いかなる人的ネットワークに支えられて、「交易の自由」を実践していったのであろうか。残念ながら、キッフィンが密貿易商人であったせいか、交易関係の帳簿や営業報告書は今のところ確認されない。その代わり本章では、キッフィンの「回想録」と、クライツァが編集した『ウィリアム・キッフィンとその世界』に収録されたパンフレット、国事文書、請願書、法令、海事裁判所記録、衡平法裁判所記録、ギルドの記録、結婚記録、遺言書から垣間見られるキッフィンの経済活動とその家族関係を復元し、新興貿易商人としての特質を具体的に明らかにしていきたい。

第一節　キッフィンによる「交易の自由」の実践

「密貿易商人」としての出発

キッフィンは、一六三八年に鞣革商人カンパニーの会員資格を取得してから手袋製造の仕事をしていたように思われるが、彼に致富への道を示したのは、アムステルダムとの毛織物密貿易であった。「回想録」の中で、キッフィンはこう述べている。

一六四三年という年に、私はいくつかの小さな商品を携えてオランダに赴き、それによってよき利益を見出した。しかし、帰国したさい、私は、教会員として一緒にやっていく人びとから、彼らとの交わりを共に継続するように求められた。私はその貿易の遂行をなおざりにし、私の時間をおもに聖書の言葉の学びに費やした。……一六四五年の終わりに、……真面目だが、この世においては僅かしか所有していなかった同じコングリゲーションの若い教会員と知り合い、オランダに渡ることについて彼と話し合った。……最初に私が持ち込み、利益をもたらした商品を私は彼にもたせた。……その結果、……数千ポンドがもたらされたのである。(2)

キッフィンが持ち込んだ「小さな商品」とは、おそらくイングランド産毛織物のことで、イングランド産毛織物の輸出が「よき利益」を生むことをキッフィンは現地に赴いてから知ったのである。承知のように、イングランド産羊毛は、「黄金の羊毛」(English Golden fleece) として知られるほど高品質であり、大陸市場での人気商品であった。それゆえ、古くからの原料輸出である羊毛にせよ、一五世紀以降の製品輸出である毛織物にせよ、イングランド経済を牽引する主力輸出商品であった。(3) しかし、大陸市場への毛織物輸出は冒険商人組合によって独占されており、手袋製造工であるキッフィンの新規参入に立ちはだかり、ピューリタン革命期と王政復古期にキッフィンは、冒険商人組合との間で「交易の自由」をめぐる論争に従事することになる。また一六四三年に折角見出した「その貿易の遂行をなおざりにし、私の時間をおもに聖書の言葉の学びに費やした」という叙述は、内戦以前に分離教会の「職人説教師」であったキッフィンが、一六四三年に「信仰者の浸礼」を自ら採用するようになり、ロンドンのパティキュラー・バプテスト七教会の代表者によって一六四四年一〇月に出版された「第一ロンドン信仰告白」の筆頭署名者として、同派立ち上げの事実上の指導者になったことを説明している。(4) 他方、キッフィンは、一六四一年末ごろシティ東郊のホワイトチャペルに引っ越したが、それまでのキッフィンの住所と活動場所は、ロンドン橋を渡ったテムズ川対岸のサザーク・セント・オリーブ教区であった。例えば、一六四二年三月一二日付のサリー州の四季裁判所への礼拝統一法違反の告訴状は、キッフィンがサザークのセント・オリーブ教区の「ヨーマン」であるにもかかわらず、地域の教区教会に一六四一年二月一〇日からの一一カ月間欠席したという罪状が述べられており、[5]一六三八年のサザークでの家賃の支払いは年額六ポンドであり、[6]駆け出し親方としての経済規模を超えるものではないことを示している。当時人口約一万人を擁していたサザークは、ロンドン南郊の人口急増地帯であり、非国教徒の宗教活動の拠点であるばかりでなく、とくにロンドン港の対岸にある東部サザークのセント・オリーブ教区は、毛織物マニュファクチャーが立地する重要な工業地帯であった。[7]最後に、「同じコングリゲーションの若い教会員と知り合い、オランダに渡ることについて彼と話し合った。……最初に私が持ち込み、利益をもたらした商品を私は彼にもたせた」という叙述は、キッフィンの成功の秘密を暗示しており、「彼」とは、アムステルダム在住のキッフィンの「代理人」(agent)の一人ロバート・スタイルズ(Robert Stiles)のことである。[8]スタイルズは、一オランダ滞在中もキッフィンのパティキュラー・バプテスト教会の教会員であり、貿易商人として成功した後、一六八〇年に生涯独身でアムステルダムにおいて死去した。彼が残した一五万ポンドという莫大な遺産は、スタイルズの甥で、かつてキッフィンの徒弟であったジョーゼフ・ハンキンズ・スタイルズが相続することになる。この相続人は、鞣革商人カンパニーの会員にならずに、徒弟修業の途中でアムステルダムに赴き、叔父であるスタイルズの徒弟となった。[9]しかし、その莫大な相続をめぐって、スタイルズの他の親戚筋から、衡平法裁判所にいくつかの訴訟が起こり、キッフィンと、ジョーゼフの舅であるジョン・アイルズ(John Eyles)の二人が被告人として立たされた。アイルズはバルバドス島の砂糖・奴隷貿易で富をなした貿易商人であり、バプテスト教会に属する非国教徒であるが、一六八七年にロンドン市のアングリカン体制派に対する政治抗争の中で、国王ジェームズ二世によってキッフィン同様、ロンドンの市参事員に指名され、一六八八年の名誉革命の際には、短期間ながらロンドン市長を勤めた。[10]有力な代理人が同じ教会のメンバーであるキッフィンの貿易事業は、その出発点から、「ゼクテ」型の教会を基盤としたネットワークによる結合を示していたのである。

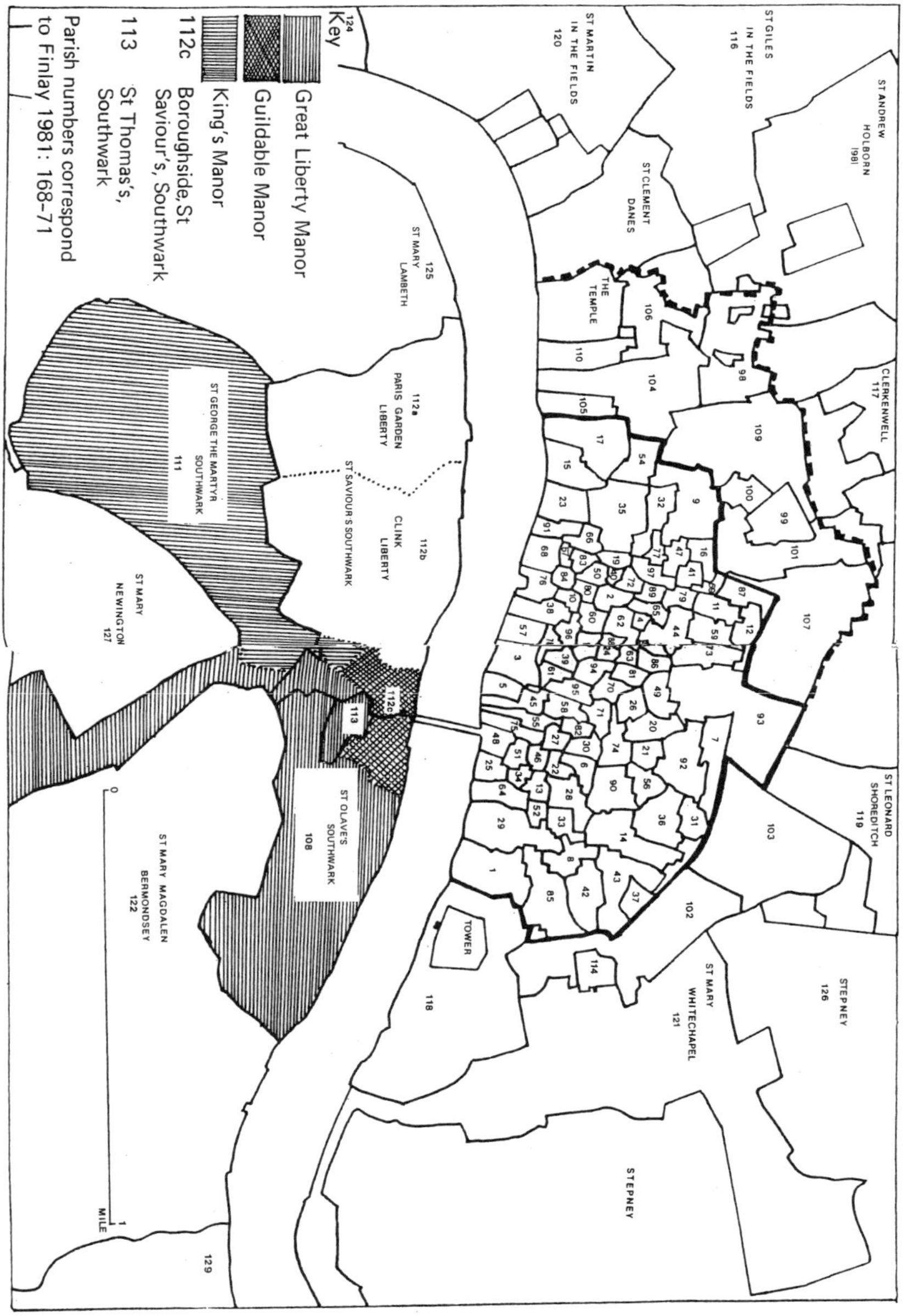

郊外の毛織物工業地帯サザークを含むロンドンの諸教区地図。出典：J. Boulton, *Neighbourhood and Society*, Cambridge U. P., 1987, pp. 10-11.

冒険商人組合批判

公文書の中には、キッフィンが冒険商人組合の特許独占貿易に反対の主張をした記録が三回に亘って見られる。第一回目は、共和政期から護国卿政権期にかけて。第二回目は、王政復古直後。第三回目は、キッフィンが一六七〇年に導入された第二次秘密集会法への反対運動で多忙を極めていた時期である。いずれも冒険商人組合に対する批判が高まり、当局者が何らかの政策決定を下そうとしていた時期である。じつは、キッフィンが毛織物貿易に乗り出そうとした一六四三年という年は、通商政策が混乱していた。内戦勃発時に、東インド会社、レヴァント会社の東方貿易商人たちは国王派を支持し、西インド諸島・北米貿易に従事する新興貿易商人たちは議会派を支持した。しかしながら、国王チャールズ一世を支持すると思われた冒険商人組合は、政治的に中立であったのである。[11] 立腹した国王は、一六四三年一一月、毛織物貿易の中心地としてのロンドンを回避し、国王を支持する商人たちに「他の港」を使うことを許可する法令を発したのである。[12] その年を断念して一六四五年に、キッフィンは密貿易商人、すなわち、「インターローパー」(interloper) としてアムステルダム港向けの毛織物貿易に乗り出した。角山栄は、インターローパーの台頭について以下のように述べている。「ドイツ及び低地方へ独占的毛織物輸出にあたっていた冒険商人組合に対抗して、やがて西部の地方港が、その後背地産の毛織物の輸出によって、さかんに独占の切りくずしを試みるようになり……彼らのイングランドにおける本拠地はブリストル周辺、デヴォン、コンウォールであり、大陸の本拠地はアムステルダムであった」。[13] B・E・サプルによれば、北欧、中欧、東欧市場向けの「厚手毛織物」(woolen) である旧毛織物の輸出のうち、主力の未仕上げ毛織物の輸出は、一六〇六年にロンドン港の輸出全体の七二%を占めていたが、革命前夜の一六四〇年には、三四・八%と半減している。他方、西部諸州台頭の原因は、南欧、中東市場向けのスペイン織、ないし染織を中心とした「薄手毛織物」(worsted) である新毛織物に求められるが、主力のスペイン織のロンドン港から低地方への輸出は、一六二八年の二六五九反から一六四〇年には六〇四八反へと、逆に二倍以上の伸びを示していた。[14]

さて、キッフィンの名前が初めて公文書上に登場するのは、共和国が誕生して間もない一六四九年九月に、国務院がヘンリ・ヴェーンに指導された海事委員会に、問題の調査を命じた文書の中にある。オランダ交易に関していく人かのロンドン商人からの請願を国務院が受け、「イングランドの貿易を促進し、この国の航海を維持する」方法を見出すための議論に、オランダ貿易に専門的知見を持っているキッフィンが指名された。[15] しかし、実際に議論されたのは、護国卿政権期であった。キッフィンの主張は、一六五六年五月二八日付で記録されており、独占貿易を擁護する冒険商人組合の請願に対して六つの理由を挙げて反対した。[16] 奇妙なことに、キッフィンの反論の大半は、革命期の一六四七年三月一九日に庶民院に提出された匿名の挑発的なパンフレット『黄金の羊毛の擁護――冒険商人組合への反対理由』(*The Golden Fleece Defended: OR Reasons against the Company of Merchant Adventurers*)と一字一句たりとも違わない。[17] この点をクライツァは、以下のように説明している。すなわち、キッフィンはこの挑発的なパンフレットの実際の著者であり、なにがしかの理由から匿名にした。あるいは、パンフレットを熟知しているキッフィンは、冒険商人組合への反論するためにそれを引用したのである。[18]

キッフィンの反論は以下の三点に分類される。第一は、独占による経済衰退の指摘である。製造元である「織元の市場活動とその毛織物の売却は、〔もし貿易が自由である時と比較して〕独占貿易商人、少数の商人へと制限される。その結果、織布工、織元、染色工を落胆させ、困窮化させる」。「貿易商人が少ないと、わずかな職人しか雇わなくなり、彼らの好みで雇用する者を使うようになる」。[19]

第二は、冒険商人組合という「制規組合」(regulated company)がもつギルド的側面である。冒険商人組合は、東インド会社やバハマ諸島会社のようなジョイント・ストック・カンパニー(合本会社)とは異なり、合同企業としては緩い結合体であって、組合員である貿易商人は、組合の統制と規則による取締の下にありながら、貿易は各組会員が自己の資本をもって単独で行なっていた。現実には組合内に任意の「小結合や小組合」(partnership or firm)が形成され、大きいものは六人の小組合にまで達し、すでに萌芽的な合本形態が見られる。このような形態において、一七世紀初頭になると、ギルドが持っていた形式的平等、すなわち、元来が組合員の間に平等を確保するための組織であった「貿易割当定量」(stint)の制度が貿易額・貿易市場・運送船舶において次第に無視され、大規模な貿易商人が小規模な貿易商人を圧倒して寡頭専制的に組合を支配するようになる。[20] キッフィンは、組合員の間での富の偏りを問題にするのである。「古くて、大規模な貿易商人は最大の割当定量を許されるか、大量の毛織物の輸出を許されるのであり、それによって彼らは織元や職人に大きな命令権を持つ」。「海外でより人気のある有名な毛織物を大規模な貿易商人はすべて入手し、小規模な貿易商人は利益を産むより頻繁に損失を生み出している」。「少しの割当定量しか持たない小規模な貿易商人は、それにもかかわらず、大規模な貿易商人が船を出すときには、一緒に船を出すために、カンパニーに同額の賦課金、国家に同額の関税を支払わなければならない。また大規模な貿易商人が大量のものを積み込むまで、そこに留まらなければならない」。「小規模な貿易商人が同時に同じ価格で売却できないとしたら、彼らの輸出した商品は無駄になる。……もし小規模な貿易商人が同じ利幅で売るとしたら、何も売れない。……他方大規模な貿易商人は、かなり迅速に、低い利子でかなりの貨幣を思いのままにするので、短期間内に、彼は市参事員の財産を取得し、他方、小規模な貿易商人はなにも稼げないのである」。[21]

第三のキッフィンの反論は、人権としての「交易の自由」の主張である。冒険商人組合の毛織物輸出貿易独占は、「この国の主要な商品に関して、「万人の生まれながらの特権」(Naitve Liberty of *everyman*)を奪い去る。万人にとって最も有利なように思われる地域に、もしくは、他の商品の輸出の自由を等しく持つことは、万人の「生得権」(*birthright*)である」。冒険商人組合の毛織物輸出貿易独占は、「ロンドン市のすべての市民権者の自由を萎縮させている。すべての自由民は市の特許状により、法律で禁じられていない商品の輸出入の自由をもつからである」。[22]

第三のキッフィンの反論は、一六四〇年代のレヴェラーズ、とりわけジョン・リルバーンの冒険商人組合批判と類似している。キッフィンらパティキュラー・バプテスト派は、「良心の自由」の保証を政治的独立派に委ねる点で、レヴェラー運動と袂を分かったが、「交易の自由」の思想は共通していた。[23]「交易の自由」はセクトの「良心の自由」と同じく、人権、すなわち、「万人の生まれながらの特権」「生得権」なのである。しかしながら、冒険商人組合による請願により護国卿は、一六五六年五月三〇日に布告を発布した。これは、冒険商人組合に独占貿易法人としての地位を保証し、ドイツのハンブルクに次いで、オランダのドルトレヒトを、大陸におけるイングランド産毛織物品の「指定市場」(staple market) として確立し、商品の没収をちらつかせ、そこでの交易を非組合員(インターローパー)に禁じた。[24] 他方で、それまで二〇〇ポンドといわれた冒険商人組合への入会金を、貿易商人であるロンドンの市民権者は一〇〇ポンド、非ロンドンの貿易商人は五〇ポンドと明示することによって、貿易独占の参入の機会は多少拡大されたのである。[25]

「一貫した」交易の自由の擁護

王政復古後も、冒険商人組合とインターローパーの論争は続いた。チャールズ二世は一六六〇年九月、ロンドン港の独占を強化するために、スコットランドへの毛織物輸出を禁じる布告を追加した。毛織物がスコットランドへ運ばれ、そこからオランダや他国へ輸出するのを妨げるためである。それに対して、デヴォンシアやエクセタの貿易商人や織元が反発したので、チャールズ二世は、一六六一年一月に冒険商人組合に対して新たな勅許状を発布した。[26] この勅許状が引き金となり、一六六二年四月には庶民院の拡大交易委員会において、冒険商人組合対インターローパーによる議論が交わされ、その際にキッフィンが参考人として招かれたのである。その時の様子を「回想録」において、以下のように述べている。

ハンブルク会社［冒険商人組合］が……国王から勅許状を獲得し、組合員だけしか、オランダやドイツにおいて交易ができなかった。エクセタや西海岸のほかの場所のいく人かの貿易商人は、議員に手紙を書き、この手続きが彼らの貿易を大いに妨げていると訴えた。これによって、私は、この問題についての彼らの情報提供者になることができた。……国王から布告を出す前に諮問会議において自分も聞きたいので、出席するようにとの召喚状が私にも送られてきた。……国王の御前に立たされ、陛下の大権に反する演説をした廉で非難され、さらに諮問会議においてなぜ私が反対するかを尋ねられたとき、私は答えた。私が陛下の大権に反したことをいったか知りません。私は、そのような事柄を述べるためにここに来たのではありません。庶民院によって命じられ、私の反対理由を述べるためです。すなわち、毛織物製品の輸出をハンブルク会社に限定することがなぜ、王国にとって弊害であるかを説明するためです。(27)

「回想録」には、日付が記されていないが、この叙述は、クライツァによれば、一六六二年四月九日にホワイトホールの枢密院で開催された諮問会議にキッフィンが参加した折のものである。「陛下の大権に反する演説」とは、一六六一年一月のヴェンナーの一揆以来、キッフィンが「アナバプテスト」であると非難され、武器隠匿の嫌疑をかけられ、枢密院内部の敵意を承知してのことである。キッフィンは、自分が国王に忠実で、従順であることをあえてアピールした。じつは、この諮問会議を用意したのは、西部諸州を支持基盤とする大法官クラレンドン伯であり、キッフィンが「回想録」おいて、「クラレンドンはまた私の親しい友人」と誇らしげに述べているように、ここからクラレンドン伯とキッフィンの意外な結びつきが生じたのである。(28) 枢密院の記録では、四月一六日にさらなる諮問会議が開催され、キッフィンら自由貿易派は「インターローパー」と呼ばれるようになった。(29) 冒険商人組合と自由貿易派の最終的な討論は、キッフィンは参加しなかったが、四月三〇日に開催され、指定市場であるハンブルク市とドルトレヒト市、それら両市と冒険商人組合との合意は例外とされ、一六六二年一二月二五日まで一時的に自由貿易を許可するとの一六六二年五月一四日の布告に結実した。(30)

「密貿易商人」キッフィンの自由貿易論は、理論上の構築物ではなく、現実的な利害の反映であった。一六六三年三月初旬、キッフィンは、密貿易の廉で、未仕上げ毛織物三〇梱の積み荷をコルチェスタの税関吏ジョージ・ハリソンによって没収された。[31]それに対して、キッフィンは、没収された商品に対する回復権を行使し、代理人に、クエイカーの集会に場所を提供したとして逮捕されたコルチェスタの商人ジョン・フアーレイを任命した。コルチェスタ市長は回復権を承認したが、枢密院は、キッフィンとファーレイに国王の倉庫に係争中の未仕上げ毛織物三〇梱を差し戻すことを命じた。結果的にキッフィンはハリソンに対する訴訟を取りやめ、係争上の毛織物三〇梱の代金数百ポンドを支払った。[32]このような痛手を負いながらも、キッフィンはもう一度、枢密院の会議に出席する機会を得た。一六七〇年五月のことである。[33]なぜなら、ドルトレヒト市と冒険商人組合の取り決めが一六七〇年一一月に失効することになり、枢密院は冒険商人組合とインターローパーの議論の機会を再び設けた。一六六八年に新しく組織された枢密院の交易委員会議長はアシュリー卿であり、一六七〇年六月一七日にホワイトホールの枢密院において、国王チャールズ二世の御前に、冒険商人組合とキッフィンを指導者とするインターローパーの双方が出頭した。そこで、両者は十分な議論を尽くし、冒険商人組合が既に負っている負債に関係ないということであれば、インターローパーは冒険商人組合に加入する覚悟があると言明し、冒険商人組合の総裁も、そのような妥協的な協約は許容されるべき便宜であると表明した。[34]両者の提案を受けて国王は、ドルトレヒト市との協約の延長という冒険商人組合の見解を検討するよう命じた。キッフィンの出席については、召喚状を受けていながら、法務長官のへネイジ・フィンチは「キッフィン氏は第一回目に出席する暇はなかった」と述べている。[35]非国教徒の指導者でもあるキッフィンは多忙を極めていたからである。第二次秘密集会法は一六七〇年五月一〇日に施行され、キッフィン自身五月一五日に集会出席の廉で逮捕されている。七月にはロンドンとミドルセックスのシェリフの一人に指名され、またファリントン・ウイズインの行政区から市参事員にも指名されたが、いずれも就任は拒否されている。非国教徒による国王への貸付の先頭に立っていたのもこの頃である。[36]しかしながら、エクセタの貿易商人たちは、冒険商人組合への加入を拒否し、妥協案は流れた。国王も、ドルトレヒト市と冒険商人組合との協約が失効する一一月が到来しても、冒険商人組合に味方する布告の発令を拒否した。最終的には、一六八九年に、長年続いた独占権が冒険商人組合から剝奪され、イングランド産毛織物輸出は、すべての商人に公開されるという法令が出されたのである。[37] 名誉革命によってキッフィンは、一六八九年の寛容法でパティキュラー・バプテスト教会の「信仰の自由」の保障を獲得し、一六八九年のこの法令によって、毛織物輸出貿易に関する「交易の自由」を正式に獲得したのである。

キッフィンは「一貫して」交易の自由を主張した。この点は、従来型の貿易商人である「前期的商業資本」とは異なる点である。すなわち、「前期的商業資本」は、国内交易においてもギルド規制を主張する「初期独占資本」として理解されている。[38] しかし、キッフィンのように手工業ギルドの出身で、そこから海外貿易に乗り出した「新興貿易商人」にあっては、海外貿易においても、国内交易においても「交易の自由」の主張を貫ぬいた。キッフィンは、石鹸製造業に従事していたわけではないが、共和政期にロンドンの石鹸製造業をめぐる規制論争に参加した記録が残されている。[39] その資料を基に、キッフィンの国内交易における「交易の自由」の主張を明らかにしていきたい。

ピューリタン革命期のロンドンにおける石鹸製造業は三つ巴の様相を呈していた。内戦前の一六三七年一二月にチャールズ一世は、ロンドン市長エドワード・ブロムフィールドの石鹸製造業再編の思惑もあり、ロンドン石鹸製造工の法人化の布告を交付し、ロンドン石鹸製造工カンパニーが誕生した。そこには、石鹸の公定価格を決め、その会員に対して製造を制限する目的があった。なおチャールズ一世は、一六三一年にウェストミンスター石鹸製造工カンパニーにも法人格を付与しており、これら二つのカンパニーは互いに競合関係に立たされた。内戦期の一六四六年一月に、今度はシティにおいて操業している「独立生産者」(the Independent trader)のパンフレットが出版され、独立生産者たちは、ロンドン石鹸製造工カンパニーの独占政策が彼らを抑圧していると訴えた。特に議会による内国消費税の徴収方法の変化、すなわち、購入者に賦課することから、石鹸製造業者に賦課する方法への変化により、「独立生産者」は、ギルドによって排除されていることを嘆いたのである。[40]

海上船舶を背景にしたウィリアム３世とメアリ２世。中心は女神ブリタニカ（1690）

ジョン・リルバーンの大逆罪放免を記念する祝賀メダル（1649）

一六四九年五月の共和国の成立後は、三つ巴の構図は、ロンドン石鹸製造工カンパニー、内国消費税徴税請負人、独立生産者の間にみられるようになる。ロンドン石鹸製造工カンパニーは、内国消費税徴税請負人を批判するパンフレットを一六五〇年にいくつか発表した。興味深いのは、そのパンフレットの署名者の中に、かつてキッフィンの仲間であり、石鹸製造業者になることを表明した元レヴェラーズの闘士ジョン・リルバーンの名前が見られることである[41]。リルバーンは、内国消費税徴税請負人のジョン・ウォーカーとロバート・ブースを道徳的に堕落していると断罪し、ロンドン石鹸製造工カンパニーは、内国消費税徴税請負人によって石鹸製造業者が石鹸を売る前に租税分のチケットを購入させられるという点に不満を述べた[42]。他方で、ロンドン石鹸製造工カンパニーは一六五三年に、独立生産者のウィリアム・エリーがロンドン石鹸製造工カンパニーを相手に訴訟を始めたことを非難したのである[43]。リルバーンは、一六五〇年末までにロンドン石鹸製造工カンパニーへの関与をやめ、独立生産者との直接対決に至ることはなかった。他方、キッフィンは、一六五三年から独立生産者の側に立って、ロンドン石鹸製造工カンパニーを相手にその独占事業批判の急先鋒になった。たとえば、一六五三年八月二日付の政府の賠償金委員宛ての請願は、キッフィンを筆頭に一〇名の独立生産者が署名しており、以下のように述べている。ロンドン石鹸製造工カンパニーは、その独占により多数の独立のトレイズマンの生活を押しつぶしてきた。この非合法な独占を確立する際に特許状（patentees）は、この共和国に損害を与え、多くの金銭を国民から奪っている。「じつに、イングランドの特許状は、この国の毛虫ども（the Catapillers）なのであり、亡き国王の圧政の相方たちなのだ」。[44]

「毛虫ども」という表現は、反演劇派の聖職者スティーヴン・ゴッソンが「詩人、バグパイプ奏者、役者、……の類」を貶めるために用いた表現であり、一五七九年の『濫用の学校』（*Schoole of Abuse*）で使用した。シェイクスピアの『リチャード二世』（*Richard II*）で有名になり、革命期にレヴェラーズが用いた言葉でもある。ウィリアム・ウォルウィンは、主教たちのこと「この国の雄バチと毛虫ども」（Drones and Catapillers of the Commonwealth）と罵り、リルバーンは、一六四九年に消費税請負人に対してこの言葉を浴びせた。[45] レヴェラー指導者のリルバーンは、政治的独立派を支持するキッフィンらパティキュラー・バプテストやセパラティストと袂を分かつことになるが、共和政期や王政復古期に至っても、一貫して「信教の自由」と「交易の自由」を主張しつづけたキッフィンは、「革命の大義」を名誉革命に至るまで維持しつづける役割を果たしたとはいえないだろうか。それにしても、キッフィンが生業でもないのに、石鹸製造業の独立生産者に加担したのは、なにゆえだったのであろうか。その理由として、キッフィンは、冒険商人組合の独占を批判する密貿易商人ゆえに、共和国政府から意見を求められる立場にあり、石鹸製造工にして、ジェネラル・バプテスト派の牧師であるトマス・ラムとも親しい関係にあった。[46]

しかし、それ以上に、ロンドン石鹸製造工カンパニーと独立生産者双方の訴えを調停したのが、賠償金委員会であり、委員会の指導者が新興貿易商人のサミュエル・モイヤーであったことは大きな意味をもつ。モイヤーはキッフィンと親しいのでバプテスト派であると誤認されるほどであるが、実はトマス・グッドウィンの独立派会衆教会の教会員であり、モーリス・トムソンの仲間であった。[47] 小間物商会館で開催されたモイヤーの賠償金委員会は会合を繰り返し、独立生産者をロンドン石鹸製造工カンパニーによる金銭的補償によって和解させるというところまで漕ぎつけた。その際、調停委員の四名の中に、サミュエル・ハイランドとリチャード・ウォラストンもいた。ハイランドは、サザークの貿易商人といわれており、セパラティストの牧師であるが、一六五六年の第二護国卿議会ではキッフィンとならんでミドルセックス選出議員として選任された。[48] ウォラストンは、ハンサード・ノウルズが牧師をするパティキュラー・バプテストの教会の会員であり、十分の一税反対の請願に署名した。[49] ロンドン石鹸製造工カンパニーの独占権が一六五六年に裁判所によって存続を許され、実際に金銭的補償の実施がなされたかは定かでないが、これらの政治的人脈に注目するとき、石鹸製造業の独立生産者たちがキッフィンに支援を仰いだのは当然だったのではないだろうか。とりわけ、リルバーンが内国消費税徴税請負人批判をするために独占ギルドである石鹸製造カンパニーの一翼を担ったことを考慮するならば、キッフィンが、海洋貿易であれ、国内交易であれ、「インターローパー」や「独立生産者」の立場にたって、交易の自由を「一貫して」主張したことは、ピューリタン革命であれ、名誉革命であれ、イギリス革命の通奏低音を、キッフィンの事例が明らかにしているように、新興貿易商人とプロテスタントのコングゲーションが奏でつづけていたとはいえないだろうか。

第二節　「商業革命」への道——キッフィンの多様な海上貿易

では、キッフィンの「交易の自由」の実態はいかなるものだったのであろうか。毛織物輸出貿易以外のキッフィンの商業活動を、『ウィリアム・キッフィンとその時代』から拾い上げてみよう。この資料集において、キッフィンの貿易活動についての記載は、共和国政権と護国卿政権下に集中している。まさにキッフィンの致富の時代である。編者のクライツァは古銭学に通じており、当時市中に流通していた銅製のトークンを例に、歴史を紐解いていくのであるが、興味深いのは、ある一ペニーのトークンについての説明とその解釈である。そのトークンは、表側には、ターバンを巻き、口ひげを蓄えたトルコ人の頭像が描かれ、その周辺は「グラスハウス・ホール発行」の文字が刻まれている。裏側には、三本マストの商船が描かれ、その周辺には、「航海に神の御加護がありますよう」

おそらくキッフィンの教会が発行したグラスハウスのトークン

との文字が刻まれている。[50] このトークンに日付はなく、一六四八年からトークンの発行がチャールズ二世によって禁じられる一六七二年までの間に鋳造されたように思われる。クライツァは大胆にも、このトークンが裏側に、軍艦ではなく商船が描かれ、そこに刻まれた文言からして、一六五一年の航海法の制定を記念しており、当時、グラスハウス・ホールを集会場所として使用していたキッフィンのパティキュラー・バプテスト教会が発行したものでないかと推測している。[51] グラスハウス・ホールは、キッフィンの教会が一六五〇年から一六五六年まで、ジョン・スピルズバリーの教会と一緒にそこを使用しており、移転後は、政府の内国消費税委員会が使用した。[52] 教会がトークンを発行すること自体異例であるが、航海法の制定に当たって、キッフィンのような貿易商人が牧師をする教会が、「交易の自由」の立場から、独占特許貿易会社の廃止と、共和国による新たな交易体制の構築に期待したとしたら、クライツァの解釈は現実味を帯びているように思われる。[53]

　さて、キッフィンは古希を記念して綴った「回想録」において、自分は、革命政権のいわゆる「政商」として活動して、共和国政府や護国卿から便宜を受けたことはないと述べている。「他方、他の者たちは、……公的な地位や公有地によって財産を増やした。私には、利益を産む公的な地位を得る必要は最初からなかった。私にとって利益になることが明らかであろうとも、神の良き配慮によって、常に公有地にかかわることに慎重であった」[54]。キッフィンは、土地に投資して利益を売ることには確かに慎重であった。いわんや、革命に乗じて公有地へ投資し、それを転売して利益を得た形跡は見当たらない。さらに、キッフィンはこう述べている。「これまで私に投げかけられてきた中傷を取り除くために言及することが必要だと考える唯一のことは、禁じられた商品を輸入するための「許可」(order)を獲得することによって財産を増やしてきたということである。これを私は、長期議会や護国卿から獲得したといわれている。それは、私に対する反感である」[55]と述べている。実際に、許可であれ、裁判であれ、政府と接点のあった貿易については、資料が残っており、貿易の実態をある程度復元できるので、キッフィンが「交易の自由」のもとに、どのような貿易をしていたか、その特徴を三つに分けて述べてみたい。

第一は、共和国政府の意向を反映した貿易である。一六五三年から一六五四年にかけて、キッフィンは、フランスのボルドーから、おそらくスコットランドに駐留する議会軍のためのフランス産ワインの輸入貿易に関与していた[56]。キッフィンは「浸礼者ヨハネ号」と呼んでいたが、セント・ジョン・バプテスト号とセント・ミカエル号を用いてその事業に当たっていた。興味深いことに、両船とも母港はハンザ都市ハンブルクである。なぜ、資料が残ったかというと、第一次英蘭戦争中の一六五三年一一月にキッフィンは、もう一人のロンドン商人と一緒に、共和国海軍による「浸礼者ヨハネ」号の保護を求めて国務院に請願したからである。同月、クロムウェル出席のもと、国務院でその請願は許可された[57]。その翌月にも、キッフィンは、ロバート・オスラー他二名の商人と一緒に、今度はセント・ミカエル号に対する安全航行を求めて請願した。しかし、こともあろうに一六五四年三月にセント・ジョン号は共和国海軍によって拿捕された[58]。その記録から、キッフィンはボルドーまで小麦を運び、それをワインと交換してスコットランドに輸入する貿易に従事したことが確認できる。その後、長期にわたってワイン貿易を遂行したようには思われない。ワインは、フランスに対する報復関税のターゲットとされる商品であり、国際政治に翻弄される商品であったからである。

しかし、この貿易は、大陸市場向けの毛織物輸出商人であったキッフィンに西インド諸島貿易への道を切り開いた。なぜなら、ワイン貿易のパートナーの一人で、請願者の一人でもあったロバート・オスラーは、西インド諸島貿易において活躍した貿易商人であったからである。[59] 共和国海軍とこれらの貿易商人の結びつきを示す事例だが、オスラーは、第一次英蘭戦争で死亡したフリゲート船ポートランド号艦長ウィリアム・ルースの九人の遺児たちのために支払われる賜金の保証人として、傷病委員会からキッフィンと並んで指名された五人のうち一人であった。[60]そのような接点から、キッフィンはオスラー同様、一六五五年五月、バルバドス島にとって必要とされる商品を輸出する許可が下付されるように請願した。請願書において、キッフィンは、「イングランドによる手助けがなければ、イングランドに属するバルバドス島とプランテーションは、存続不可能である」と述べ、西インド諸島貿易の性格をよく把握し、「三〇頭の馬と六〇〇ダースの靴を輸送する」ことを申し出たのである。[61] 国務院も、航海法の趣旨を体現するために、「イングランドの植民地にのみ輸送することを証明しなければならない」と注記して、即日許可した。[62] 一六五五年五月という日付は、クロムウェルの「西インド遠征」の時期と重なる。イスパニョーラ島の征服をめざした征服軍は、五月一一日にジャマイカ島に侵入し、六日後、スペイン当局が正式に降伏した。[63]

キッフィンは、アムステルダム在住の代理人であるスタイルズと一緒に、その後も西インド諸島貿易に従事し、そのことから、国務院によって許可された西インド方面の一二人の貿易商人の一人に数えられた。[64] アムステルダム在住のイングランド人貿易商人フランシス・プリンスは、一六五六年九月のキッフィン宛ての複数の書簡の中で、彼ら二人が船舶建造に必要なピッチとタールの売買において一緒に働いていたと述べている。その際、キッフィンはストックフォルムからスウェーデン産タールをロンドンに運んでいることや、第一次英蘭戦争の開戦が迫り品不足の折、アムステルダムでは価格が急上昇していることにも言及している。[65]「回想録」の中で、キッフィンは自分が政府に働きかけたのではなく、国家からの要請であることを以下のように述べているからである。「第一次英蘭戦争が勃発したとき、オランダ人は、「イングランド」議会が艦隊を供給するのを妨げるために、スウェーデン人とデンマーク人と共謀して、ピッチ、タール、大麻、策具を買い占めた。その結果、国務院は件の商品のどれかを輸入しようとする商人には、その他の商品に対しても輸入禁止商品を輸入できる特権を与えるとの許可を出した。……この特権を私は他の者たちと一緒に享受し、件の許可が認める期間に利益を上げることができた。これは、贔屓ではなく、国家の行為」であった。[66] キッフィンは、共和国政府の意向に応える形で、フランス産ワインの輸入貿易、西インド諸島への畜力と生活雑貨の輸出、北欧とのピッチとタールの輸入貿易へとその活動範囲を広げていった。

第二は、キッフィンの貿易活動の生命線をなすアムステルダムを拠点とした貿易である。それは、一六五二年に船一隻分の積荷量の商品を輸入するにあたって国務院の「特別な許可」を必要とした際に確認できる。キッフィンは「回想録」の中で、航海法が施行される前に積荷を完了したが、天候等の理由で航海法の施行後にイングランドに到着する船については、拿捕しないように特別の許可を求めたと記している。[67] 航海法は、中継貿易を目的とするオランダ船を排除するために、成長、製造、生産の地点から直接商品を運ぶ船はイングランド船舶でなければならないと定めており、「特別な許可」を求めたものと思われる。この場合、使用した船がイングランド船舶であったか否かは定かではないとしても、問題はその積荷である。すなわち、丁子、ナツメグ、スペイン産タバコ、鯨ひげ、鯨油、ラテン針金、銅板が積載されていた。[68] 一七世紀の世界貿易の中心港であるアムステルダムだからこそ積載することができる東方物産、南欧物産、工業用素材であった。つまり、キッフィンは双路貿易を手掛ける新興貿易商人として、往路でイングランド産の毛織物をアムステルダムに輸出し、復路において、アムステルダムでないと入手できないような人気商品を輸入する貿易に従事していたのである。[69]

この貿易のパターンは、一六五八年二月に西インド諸島で拿捕されたキッフィンとスタイルズらが共同所有する貿易船チャリティ号（船長は、先に述べたフランシス・プリンスの兄弟ジョージ・プリンス）の事件にも窺うことができる。この事件は、海事裁判所で一年以上にも亘って争われた。拿捕した海軍のマーストン・ムーア号クリストファー・ミングス艦長は、チャリティ号はオランダ船で、イングランドの領土で非合法的貿易していると主張した。[70] 積荷は、「スペイン産ワイン、フランス産かライン地域産のワイン、スペイン産干しブドウ、鯨油、いく種類もの東インド産スパイス、染色されたキャラコ綿[71]」であった。その後、六月にチャリティ号の共同所有者である「アムステルダム在住イングランド人貿易商人」五人の請願が国務院に提出された。五人とは、スタイルズ、フランシス・プリンス、アムステルダムの改革派教会で活発であったウィリアム・ピーコックと、ゼジャー・コルセリス、ヘンリ・ブラウンである。[72] 国務院は最終的に、チャリティ号はアムステルダムで購入された船だけれども、所有者は全員イングランド人であるがゆえに、チャリティ号の所有者への返還が命じた。[73] この事件から、スタイルズ、ピーコックなどアムステルダム在住イングランド人プロテスタント・ネットワークにより、キッフィンの貿易は、もっとも価値ある世界商品が積載できるアムステルダムを拠点として、それらをイングランドのみならず、最終的には西インド諸島へと輸出先を伸ばしていったことが確認できる。キッフィンは一六四三年に「小さな商品」を携えて自らアムステルダムに赴き、わずかながら現地での教会生活を経験し、自らは帰国してパティキュラー・バプテスト教会を立ち上げる代わりに、同じ教会のメンバーであるロバート・スタイルズをアムステルダムに派遣し、代理人として立て、密貿易活動に乗り出していった。もし、キッフィンにとって「浸礼」もアムステルダムからの「輸入品」だとしたら、アムステルダムからの思想と商品の輸入の担い手の中心にキッフィンがいたとはいえないだろうか。

第三は、「商業革命」、それがもたらす「生活革命」との関連である。キッフィンが活動したイギリス革命の時期は、商業革命の始期と重なる。[74] 商業革命によって輸入されたコーヒー、ココア、砂糖、綿花、タバコなどの植民地産品によって、人びとの生活が変化した。例えば、コーヒーハウスがロンドンに最初に開店したのは一六五二年だといわれているが、一六六三年までに市壁の内部で八二軒を数え、その後も増大し、一六七二年までに七〇のトークンを発行していた。[75] その三分の一には、あのグラスハウス・ホールのトークンのデザイン、すなわち、表側に口ひげを蓄え、ターバンを巻いたトルコ人の頭像が刻まれていたのである。じつは、この構図は、アラビア人を彷彿

エクスチェンジ・アレーのコーヒーハウスが発行したトークン

させるせいか、コーヒーハウスのシンボルとなったが、これを刻んだサイコロ製造工は、オスマントルコ第一七代皇帝スルタン・ムラド四世（在位一六二三〜一六四〇）の有名な像をモデルにしたのである。彼は、「バーバリー」といわれる北アフリカ・バルバリア沿岸のサレーの海賊が地中海のみならず、イングランド近海においてさえ、イングランド船舶を襲うのでチャールズ一世が抗議の手紙を宛てた皇帝である。むしろ、内戦前から東インド貿易の航行の安全を願うために、描かれた人物と想定することができる。したがって、年代を鑑みると、コーヒーハウスのトークンの方が、グラスハウス・ホール発行のトークンの構図を模倣したのではないだろうか。キッフィンの教会の「航海の自由と安全」への祈りが、アラビア人を彷彿させることも手伝って、コーヒーハウスのシンボルと化したといえよう(76)。

　次にキッフィンと生活革命の関連を物語るのは、一六五六年夏のスウェーデン大使への贈り物と関連する出来事である。当時オランダはデンマークと同盟は結び、クロムウェルはその脅威を相殺するために、スウェーデンとの同盟を画策した。スウェーデン国王は一六六五年七月イングランドに特使クリスター・ボンドを派遣し、ボンドは所期の目的を果たし、一六五六年八月に帰国した。クロムウェルと国務院は、ボンドに贈り物をすることを決め、肖像画や宝石の他に、金と銀で刺繍された輸入シルク織物の贈り物をキッフィンが準備することになった(77)。注目すべきは、その報酬として国務院が提供したのが、チョコレートの原料でもあるココアを積載した船舶からの見返りであった。支払いをめぐる紆余曲折の結果、財政難に苦しむ護国卿政府は、具体案は提示しないけれど、国庫に入る他の資金からキッフィンへの一二〇〇ポンドの支払いがなされるべきだということを決めた。[78] そこで、舞い込んだのが、一六五六年九月にジャマイカ島からココアを満載した国有船の到着であった。船の名前はグレート・チャリティ号。四四門搭載の中規模な軍艦である。イングランドのカリブ艦隊の一翼を編成していたが、コロンビアで二隻のスペイン船を拿捕し、その船荷であったワインとココアをこの船に積み替えた。[79] ロンドンで積荷のココア八七〇袋を購入したのが砂糖とタバコ貿易に従事する西インド貿易商人のマーティン・ノエル。かつて、モーリス・トムソンらと一緒に東インド密貿易コーティン・プロジェクトにも参加したノエルからキッフィンに一二〇〇ポンドが支払われた。この一六五六年のグレート・チャリティ号の到着こそが、イングランドにおいて最初に大量のココアが普及する機会となった。[80] その後、ココアの飲用は、コーヒー同様、ロンドンの街中でやがて大流行するようになる。

これまで、コーヒー、ココアについて言及したが、これらから取り上げる一六七七年の衡平法裁判所の記録によれば、キッフィンは、ロンドンの精糖所の経営に関与していた。一六六七年一二月に魚商でロンドン市民のエドワード・キーリングと寡婦のウォルター・アン等一〇名は、テムズ川を挟んでシティの対岸にあたるミドルセックスのストランドに精糖所とパン工場を経営していた共同出資者であったが、コールドハーバーというシティ側の河岸に別の精糖所とパン工場を建設する許可を取り付けた。[81] 彼らがバーソロミュー・クラークとの間に結んだ合意は、五一年間リースで、最初二年間の地代は毎年一〇〇ポンド、残りの四九年間は毎年一八〇ポンドであり、バーソロミュー・クラークは、クリスマスの度にそこで精製された砂糖ローブ六本、重量にして三〇ポンドを受け取るというものであった。[82] しかし、一六七二年九月コールドハーバーにある精糖所は「嘆かわしく、恐ろしい火災」によって壊滅した。その後、ジョン・フォースがこれらの共同出資者から精糖所の財産を譲り受けて、船乗りのカンパニーに又貸ししていたが、フォースは、以前の二人のパートナーと、キッフィン、キッフィンの教会員であるオランダ人のジョージ・ゴスフライト、他一名の六名で新しいパートナーシップを組んで、コールドハーバー精糖所の再建にあたった。[83] 問題は、家主の側の権利も移転したことにある。コールドハーバーに対するバーソロミュー・クラークの利権は二〇〇ポンドの科料を支払ったフランシス・ヴァナッカーに譲渡された。ヴァナッカーは、かつての共同出資者の一員であったキーリングとアンに地代を支払うように求め、裁判を起こし、彼らに対して二四〇ポンドの支払いが命じられた。[84] これに驚いたキーリングとアンの二人は、ヴァナッカーとキッフィンら新しい共同出資者たちを衡平法裁判所に告訴したという次第である。衡平法の最終的な命令は一六七九年一一月に下された。すなわち、新しい共同出資者は、四〇五ポンドの供託金を支払い、そこからキーリングとウォルターの二人に三〇五ポンドが与えられ、残りの一〇〇ポンドは、チャールズ二世の特許に関して詳しく、会計簿を管理しているフランシス・ベイヤーに渡すよう命じ、決着を見た。[85] キッフィンは、貿易のみならず、砂糖という生活革命の主要商品の加工工業である製糖業にも関与していたのである。

第三節　ギルド・家族・財産

一六二五年にロンドンを襲ったペストによって両親を奪われたであろうキッフィンが七年間の徒弟奉公を終え、ギルドの会員（freeman）の資格を得たのは、ピューリタン革命前の一六三八年七月一〇日である。鞣革商人カンパニーに残る記録は、おそらく一六三二〜三三年の会長を勤めたジョン・スミスという親方の下にキッフィンが徒弟に入ったことを確証し、キッフィンが組合員になったと記録している。[86] 鞣革商人カンパニーは、一七世紀前半のロンドンに存在した六一のリヴァリ・カンパニーのうちでも最大級のカンパニーであり、キッフィンは、同職カンパニーの内部に多様な職業が混在する「ロンドンの慣習」（Custom of London）[87] があるにもかかわらず、スミスという親方から手袋製造工としての訓練を受けたように思われる。革命期の「職人説教師」を揶揄するパンフレット

『ひっくり返った職人説教師たち』(*Tub-preachers Overturne'd*) には二〇名の「職人説教師」たちの名前と職業が列挙されているが、その中に「キッフィン・手袋製造工」と記載されている。[88] 他方、キッフィンは親方として、主にロンドンやその周辺諸州出身の八名の青年と徒弟契約を交わした。最初の徒弟契約はキッフィン自身が徒弟修業を終えた翌年の一六三八年であった。八名のうち四名が「徒弟修業」(apprenticeship) を通じて会員資格を得た。八名の青年の父親の職業を列挙すると、「サリー州のヨーマン」、「ロンドンの行商人」、「ロンドンの桶屋」、「エイヴォンの事務員」、「ミドルセックスの帽子製造工」、「リンカンのジェントリ」、「ロンドンの貿易商人」、「バークシャーのヨーマン」であり、多岐にわたる。最初に契約を交わした徒弟は、クロムウェルの軍政官の実弟であった。[89] キッフィンは、一六五七年にはギルドの要職であり、「仕着せ」の意味を持つリヴァリに就任し、王政復古期の一六七一年七月に、非国教徒でありながらも、鞣革商人カンパニーの一六七一～七二年の会長を勤めたのである。[90]

キッフィンの家族について述べてみよう。図7-1はキッフィン家の家系図である。キッフィンは、親方になった一六三八年に二二歳で、同じ教会に通うハンナと結婚し、少なくとも三男三女をもうけた。[91] 長男については不詳であるが、次男のジョーゼフは一六七一年、三男のヘンリも一六七三年にいずれも「家督」(patrimony) を通じて鞣革商人カンパニーから会員資格を得た。次男のジョーゼフは一六七〇年代に留学先のヴェネチアにおいて客死し、[92] 三男のヘンリが直系となった。ヘンリは一六八〇年代に、義理の兄弟のヒューリング同様、シリアのアレッポでレヴァント会社の代理商を勤めていたレヴァント貿易商人であった。一七世紀の後半において、亜麻と綿の混紡ファスティアン織が流行し始め、トルコ産綿花を輸入するために、ヘンリのように新興貿易商人の二世がレヴァント会社に入り活動した。[93] ヘンリは、キッフィンの遺言執行者としてキッフィンの財産を継承した。そして一六九八年この三男ヘンリの死の翌年、キッフィンの孫にあたる三男の長男ウィリアムも、鞣革商人カンパニーから「家督」を通じて会員資格を得た。このウィリアムはその直後、鞣革商人カンパニーの一七〇〇～〇一年のリヴァリに就任した。長女のレベッカは、一六七二年にジョーゼフ・ヘイズという貿易商人と結婚した。彼は、ジョーゼフ・カーラ

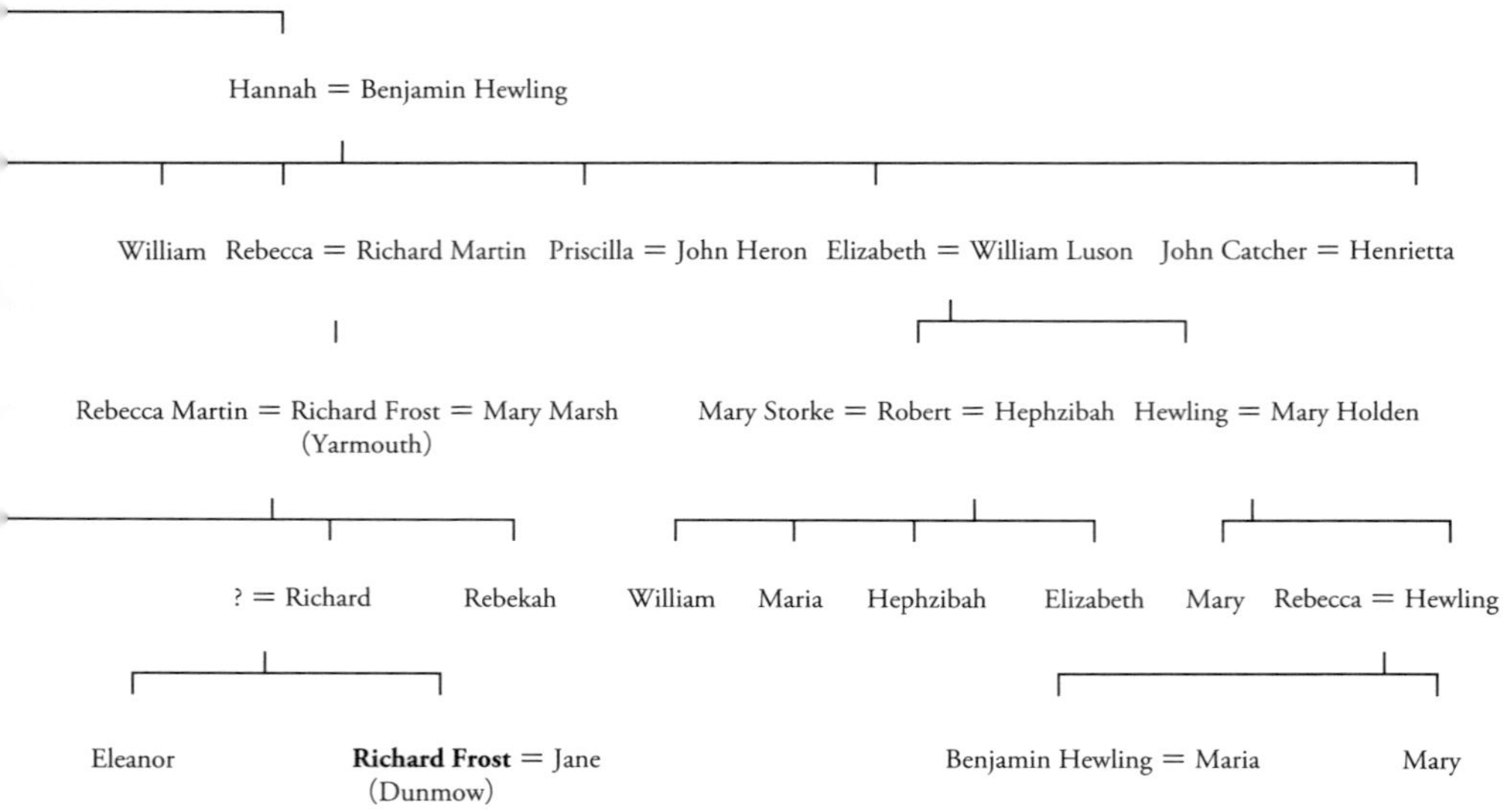

イルの独立派会衆教会の教会員で、一六七〇年に施行された第二次秘密集会法に強く反対した貿易商人ジェームズ・ヘイズの息子であり、ヘイズもまた結婚直後「家督」を通じて、鞣革商人カンパニーの会員資格を得たのである。(94) 息子たちや義理の息子、そして孫が「家督」を通じて会員資格を取得し、直系の孫が息子の死の直後にリヴァリに就任したことは、明らかに貿易活動で富を得たキッフィンの経済力と名声のなせる業であった。鞣革商人カンパニーにおけるこれらの事実は、一七世紀後半のロンドンにおいて、ギルドである同職カンパニーと貿易会社が別個の団体でありながらも、相互に関連していたことを示唆している。すなわち、貿易商人といえども、いずれかの同職ギルドに所属し、そこで会員資格の取得という市民権保有者としての条件を満たすことが、ロンドンでの貿易活動を有利にした。他方、貿易会社で得た富はギルド内部での影響力の増大に貢献したのである。

さて、三女のハンナは、一六五七年、ジョー

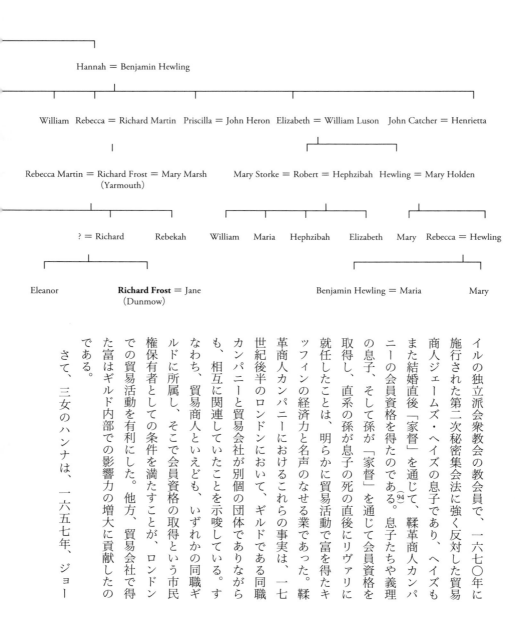

図 7–1　ウィリアム・キッフィン家系図

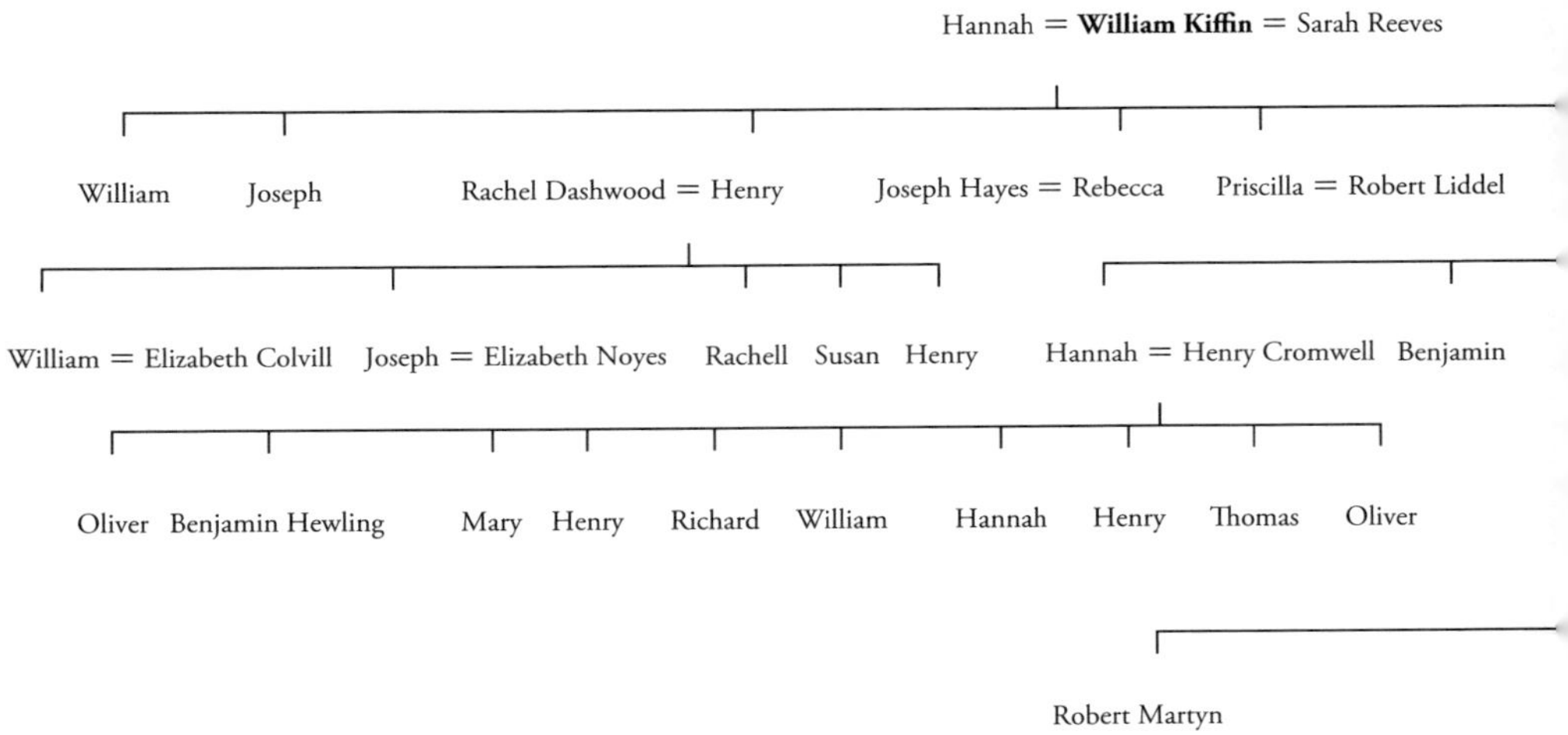

出典：*WKW*–3–399.

ジ・コケインの独立派会衆教会員で当時のロンドン市長ロバート・ティチボーン（国王殺し）が申し立て人となり、レヴァント商人で、バプテスト教会員のベンジャミン・ヒューリングと結婚した(95)。その長女のハンナは、一六八六年にオリヴァ・クロムウェルの孫のヘンリと結婚した。クロムウェルの孫のヘンリは、アイルランド総督ヘンリ・クロムウェルの次男であるが、アイルランドにおいてバプテストを嫌悪した父親に抗うかのように、皮肉なことに、その死後は、キッフィンの孫娘と一緒に非国教徒の墓バンヒル・フィールズに埋葬された(96)。バンヒル・フィールズは、シティの北側に位置し、一六六五年のロンドンのペスト流行の際に、教区教会の墓地で収容できなくなった遺体の埋葬場所としてシティ当局が使用した。その後、民営墓地となり、キッフィン自身を含め、有名な非国教徒がこの墓地に埋葬されるようになった(97)。

他方、結婚はというと、名誉革命により「信教の自由」が確立される以前は、非国教徒といえども、実際に教区教会で挙式したかは別として、結婚も葬儀も居住区の教区教会で執り行うことが強制され、それゆえ、キッフィン家の結婚記録も現存している。[98] 他方、長男ベンジャミンは、オランダの神学校にまで進んだが、次男ウィリアムと一緒に「イングランドの自由とプロテスタント信仰」のために、一六八六年にモンマスの反乱に連座して処刑された。キッフィンはこの政治的事件で同時に二人の若い孫を失った。[99] キッフィンは最初の妻ハンナと四三年間連れ添ったが、一六八二年にハンナは病死した。翌年キッフィンはサラ・リーベという別な女性と再婚したが、再婚は幸せなものではなかった。再婚した妻は、夫の財産を横領したとして、キッフィンの教会から事実上破門された。[100] クライツァによれば、キッフィンの末裔は、キッフィンから数えると、六代目まで辿ることができる。川分圭子は、一七世紀から一九世紀まで存続し、ロンドンの長老教会と会衆教会に所属し、西インド貿易とレヴァント貿易に従事したボイントン家について家族史を詳細に追究した。その結果、一七世紀から一九世紀まで、すなわち、プロテスタント非国教徒を公職から排除する「審査法」が一八二八年に廃止されるまでの二〇〇年の間「非国教徒親族網」が存続し、非国教徒同士の婚姻が、非国教徒同士の強固な紐帯の結節点であることを明らかにした。川分が作成した詳細な家系図によれば、非国教徒ゆえにキッフィン同様市参事員就任を拒否されたシルク商人で、醸造業者カンパニーの会長をしたウィリアム・ダッシユウッドの二人の娘がボディントン家とキッフィン家の息子たちと結婚している。メアリは一六七三年にジョージ・ボディントン一世の息子マシューと結婚し、もう一人の娘レイチェルは、一六七五年キッフィンの三男で直系のヘンリと結婚した。またワッピングの船大工の出身で、護国卿政権下の海軍少将、会衆教会の信徒指導者、北米貿易商人であるニーマイア・ボーンの息子は、ジョージ・ボディントン一世の娘アンと結婚した。このことだけでも、キッフィン家はクロムウェル家と、またボディントン家を介して、ボーン家と教派を越えて婚姻関係を結び「非国教徒親族網」の一翼を形成していたことが分かる。[101] キッフィン家において、直系は三代目で途絶えたが、三女のハンナが結婚したヒューーリング家、その長女のハンナが結婚したヘンリ・クロムウェル家の系図の方にキッフィンから数えて六世代目が記されており、五代目はマニュファクチャー経営者、六代目は非国教徒の牧師であることから、「非国教徒親族」の紐帯が長期間存続したことが見て取れるのである。

　では、キッフィンはどれほどの財産を残したのだろうか。通常、産業革命以前の社会においては、貿易商人が商業活動で蓄積する富は「前期的商業資本」といわれ、実業よりも荘園の領主裁判権等の購入にあてられて、貿易商人の地主ジェントリへの「上昇転化」が考えられてきた。[102] だが、キッフィン自身に関していえば、確かに荘園の購入で領主権を入手したことはあるが、それも早々と手放し、その荘園からの地代を主な収入源として地主化したという事実は、残された資料からは窺えない。土地財産を取得したことによって、貿易活動を停止したこともない。一例を挙げると、バハマ諸島会社の社員になった一六七二年一〇月、キッフィンは、ハーフォードシァに位置するソーレーホール荘園の土地証文に署名し、近隣の村に住むジェントリから荘園所有権を購入した。クライツァは、購入価格が余りにも安かったので、何らかの政治的要因が働いていたのではないかと述べている。[103] ソーレーホール荘園は、全体として四八〇エーカーの土地を有しており、一一世紀のドームスデイブックでは、その価値は八ポンドと見積もられている。一六七三年にキッフィンは荘園の境界線と土地の再調査を依頼した。最近の年輪史学の成果によれば、マナーハウスは一二五三～五四年の古くからのものであり、主要な倉庫は一五三一年のものである。一六七五年までにキッフィンは、ソーレーホール荘園の所有権を三男のヘンリに譲渡した。一六七五年に結婚した二人への贈与であった。ヘンリは一六七五年以来、「荘園領主」（the Lord of Manor）であり、荘園では男爵裁判所が開催された。

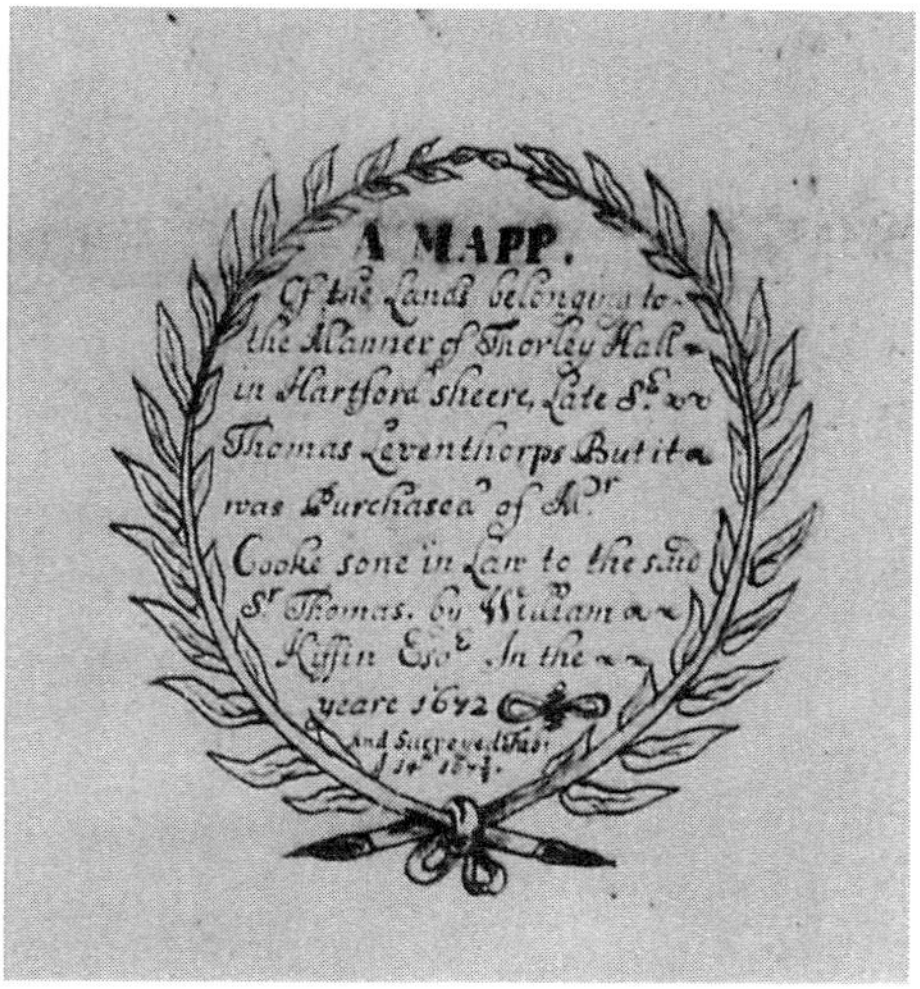

キッフィンが実施したソーレーホール荘園検地地図の扉（1673）

しかし、一六九一年にヘンリは、ロンドン市民の小間物商人にソーレーホール荘園の所有権を売却したのである。[104]

一六九九年一二月にヘンリは四四歳の若さで逝去し、一七〇一年一二月にはキッフィンが八五歳で召天した。彼らが残した遺言書から、キッフィン家がどれぐらいの財産を有していたかが多少なりとも読み取れる。キッフィンの遺言書は、一七〇〇年三月に署名され、息子のヘンリに先立たれた関係で、執行人は孫のウィリアムに委ねられたが、実際には、直系の孫の中では最後まで生き残った独身のスーザンが担った。この遺言書の特徴は、最初の妻ハンナとその子どもたちと一緒の埋葬を希望していることであり、財産の大半をなす土地に関しては、亡きヘンリの長男であるウィリアムに譲ると宣言し、それ以外の財産に関して、子どもたちと直系の孫たちにそれぞれ一五ポンドから一八〇ポンドの金銭や年金を遺贈するというものである。他に三人の奉公人には五ポンドから一〇ポンド相当を遺贈することが記載されている。直系以外の孫では、ヘンリ・クロムウェルの妻ハンナに二〇ポンドを約束している。[105] さて、キッフィン家の財産規模をむしろ正確に伝えているヘンリの遺言書は、彼が病気であったと思われる一六九八年七月に署名されている。第一に、王立取引所近くのキッフィン家の家屋敷であるオースティン・フライヤーズの建物をヘンリの妻レイチェルに。財産表示はこの遺言書にはないが、購入価格は三〇〇〇ポンドであった。第二に、年間五〇ポンドの家賃収入があるシティのロスベリの建物は、妻と長男のウィリアムに、そして妻の死後はウィリアムに。第三に、地代財産含め九七〇ポンドの価値がありエセックスに所在する三つの農場についてはウィリアムに。第四に、エセックスにある別の土地と財産については、次男のジョーゼフに。第五にやはりエセックスにある二つの農場と土地については、財産表示がないが、借金の清算をしたうえで、長女のレイチェルとキッフィンの遺言書には記載されていなかったキッフィンの次女パトリシアの夫ロバート・リデルへ。また、ヘンリの遺言者には記載されていないが、独身の三人の兄弟である長女のレイチェル、三男のヘンリには、キッフィンの遺言書においてそれぞれ五〇ポンドが与えられ、次女のスーザンには、やはりキッフィンの遺言書において、シヤフツベリ家の執事トマス・ストリンガーが購入し、キッフィン家にリースしたロンドン郊外ベックウェルのマナーハウスの家財が与えられた。[106] キッフィンとヘンリの遺言書から言えることは、直系家族全員に限なく財産分与をしていること、ロンドンの中心部や周辺に確かにキッフィン家は複数の土地財産を所有していたという点である。[107] その富は、決して莫大なものではなく、遺言書に記された遺贈からいえることは、一七世紀後半から一八世紀にかけてのロンドンの社会層の分析をしたP・アールに従って、「中産階級の富裕者」よりも、富裕といえる程度のものであったのではないだろうか。アールは、一七世紀後半のロンドンに六〇〇～一〇〇〇人の専業の貿易商人を数え、四九名が二万ポンドの資産を所有し、半数を少し超える貿易商人が五〇〇〇～一万五〇〇〇ポンドの資産を有していたと述べている。[108] 独身でオランダ在住のキッフィンの代理人のスタイルズは一五万ポンドという莫大な財産を残したが、家族を抱え、パティキュラー・バプテスト派のリーダーであると同時に、同派の教会の牧師であり、その教会において、手工業者である大勢のトレイズマン層や寡婦たちを抱えるキッフィンの場合はそうではなかったのではないだろうか。[109] そしてキッフィン家は、主な収入源を、土地財産に移し変えたかどうかという点については、キッフィン直系の孫たちが、子どもに恵まれなかったり、独身であったりしたので、キッフィン家自体一八世紀初頭で途絶えており、それ以上のことは何ともいえない。総じて言えることは、ジェントリとの結婚が国教信奉への道、ひいては、地主化への道であるとするならば、非国教徒商人が「非国教徒親族網」に支えられて貿易業務に従事しているかぎり、地主化するということはなかったということではないだろうか。

おわりに

以上、「新興貿易商人」ウィリアム・キッフィンについて論じてきた。その結果、次のことがいえよう。キッフィンは、ピューリタン革命、王政復古、名誉革命の一七世紀イングランドの政治的嵐の中で、貿易活動に従事してきた。その貿易は、冒険商人組合のインターローパーとして開始された。すなわち、往路において、冒険商人組合の指定市場ではないアムステルダムにイングランド産毛織物を輸出し、その復路では、世界貿易都市アムステルダムから、東インド産の奢侈品や、人気商品を輸入するという双路貿易であった。ピューリタン革命に際して、新興貿易商人は「糧食供給業者」として、各地に展開する議会軍への兵站供給の実務を担ったが、キッフィンはその機会を利用して、その軸足を西インド諸島や北欧貿易にも伸ばした。キッフィンは、民主的な株主総会を承認した一六五七年のクロムウェル改組の際に東インド会社の株式を保有し、一六七三年三月二六日には、ついに東インド会社の社員になる。また一六六〇年代に西アフリカのギニア海岸で、金や象牙の交易にも従事した。(110)

次章で述べるが、一六七〇年代にシャフツベリ伯やその秘書であったジョン・ロックと一緒に、バハマ諸島会社の設立時の社員となり、そして、東インド会社社員として、シャフツベリ伯やロックから出資金を募り、シルクの輸入貿易乗り出すのである。他にも、シャフツベリ伯との関係では、かつてグリーンランド会社であった鯨骨会社への出資も確認される。(111) ピューリタン革命期に独占特許貿易のアンチ・テーゼとして主張された「交易の自由」は、新興貿易商人にとっては、このように海洋貿易を通じて世界各地に市場を求めることであり、貿易量の増大と商品の多様性において「商業革命」への突入を意味するものであった。

「交易の自由」の主張は、キッフィンの場合、ピューリタン革命のみならず、王政復古においても主張された。王政復古後、庶民院や枢密院を舞台にして「交易の自由」論争が冒険商人組合との間に交わされ、名誉革命によって最終的に毛織物の独占特許貿易は解体した。キッフィンの「交易の自由」の論争と実践を通じていえることは、「交易の自由」が「信教の自由」の主張と相まって、ピューリタン革命期に「セクト」といわれ、王政復古後は「非国教徒」といわれたプロテスタント諸教会の間で担保されてきたということである。キッフィンのオランダ在住の代理人が同じ教会のメンバーであり、商船船舶の共同所有者が非国教徒貿易商人同士であるケースが示しているように、非国教徒貿易商人同士の結合がイギリス革命全般において、通奏低音のように奏でられたのである。彼らにとって最大の圧力であった第二次秘密集会法が導入された一六七〇年に、「良心の自由」を求めて、非国教徒ロンドン市民は、王室への貸付を買って出た。また教区教会、すなわち、地域政治とはまったく縁のなかった「ゼクテ」原理の教会の指導者キッフィンが市参事員やシェリフに指名され、ホイッグの前身にあたる政治的結合を作りあげていったのは、このような非国教徒の諸教会の結束に他ならなかった。たとえば、前章においてはその教派別内訳を述べたが、王室への貸付に応募した一五五名の債権者のうち、キッフィンは最大の債権者であったが、貿易商人は五八名を数え、職業不詳者の三九名を差し引くと、王室への貸付のちょうど半分は貿易商人たちであったのである。[112] これは、一七世紀において、五〇万人といわれたロンドンの人口のうち、貿易商人はわずか六〇〇〇人から一〇〇〇〇人であるから、貿易商人が非国教主義の中枢を支えたといっても過言ではないといえよう。[113] 一六七〇年五月に第二次秘密集会法が施行され、キッフィンが逮捕されたが、六月には、ジェームズ・ヘイズとジョン・ジェンキルも逮捕された。ヘイズもジェンキルも独立派会衆教会の教会員で、ヘイズは西インド貿易商人で、すでに述べたようにキッフィンの娘婿の父親であった。またクエイカーのウィリアム・ペンとウィリアム・ミードの裁判では、ロンドン市民からなる陪審員のうち、エドワード・ブッシェル他三名の陪審員が「良心に従う」ことに賛同し、無罪放免を報告したところ、そのブッシェルらが投獄された。ロンドン市の法律顧問（Recorder of London）は、「イングランドにおけるスペイン人の異端審問のようだ」と不満を述べた。このブッシェルもキッフィンのビジネス・パートナーだったのである。[114] 王政復古半ばのロンドンはこのような状況であり、これがまさしくホイッグ誕生の原因でもあった。

こうした非国教徒貿易商人たちの結束は、一六七二年に国王大権による「信教の自由令」の制定をもたらした。この大権行使の準備作業にあたっていたシャフツベリ伯と秘書のジョン・ロックは、キッフィンら非国教徒の「良心の自由」の訴えにも当然耳を傾けていたのである。

注

（1） R. Brenner, *Merchant and Revolution: Commercial Change, Political Conflict, and London's Overseas Traders, 1550–1653*, Cambridge UP, 1993.

（2） *Memo.*, pp. 22–23. クライツァは、キッフィンのオランダ滞在を、一六四三年の一月から六月までの半年間であると述べている。その間、キッフィンは、レヴェラーズでジェネラル・バプテスト派のリチャード・オーヴァトンがアムステルダムにおいて一六四〇年代初頭に署名した『ラテン告白』に影響を受けて、帰国後に「浸礼」に踏み出したのではないかと推測している。*WKW*–2–p. 277n. アムステルダムにおけるオーヴァトンについては、K. L. Sprunger, *Dutch Puritanism: A Histry of English and Scottish Churches of the Natherlands in the Sixteenth and Seventeenth Centuries*, Leiden, 1982, pp. 86–86.

（3） イングランドの羊毛工業、毛織物工業については、多くの邦語文献が出版されてきた。角山栄『イギリス毛織物工業史論』ミネルヴァ書房、一九六〇年、船山榮一『イギリスにおける経済構成の転換』未來社、一九六七年、坂巻清『イギリス毛織物工業の展開』日本経済評論社、二〇〇九年など。

（4） 本書、第六章参照。

（5） 違反した法令はエリザベス礼拝統一法である。TNA, Surrey Assizes-Lent 1642 in *WKW*–1–p. 31.

（6） *Ibid.*, p. 13.

（7） J. Boulton, *Neighbourhood and Society: A London Subrub in the Seventeenth Century*, Cambridge U. P., 1987, pp. 97–98.

（8） アムステルダム在住ゆえにスタイルズの名前は、これまでのロンドン商人に関する研究書には出てこない。Kreitzer, 'Our Man in Amsterdam–The Case of Robert Stiles,' in *WKW*–3–276ff. これにより、キッフィンの教会員であり、キッフィンのビジネス・パートナーの足跡が明らかになった。

（9） ジョーゼフ・ハンキンズ・スタイルズのキッフィンとの徒弟契約には、「バークシァのワォンティングのヨーマンの息子」と述べられている。Kreitzer, 'William kiffen's Apprentices within the Leathersellers' Company of London,' in *WKW*–2–260. スタイルズの遺産は、彼の故郷ウォンテージの私立救貧院の建設にも使われた。この建物は現存している。

（10） 国教会との抗争においてキッフィンは市参事員の就任を二度拒否された。しかし、名誉革命直前の一六八七年八月から一六八八年一〇月にかけて、国王の依頼により、キッフィンはアイルズ同様、市参事員をつとめた。アイルズとキッフィン経歴については、J. R. Woodhead, *The Rulers of London 1660–1689: A Biographical Record of the Aldermen and Common Councilmen of the City of London*, London, 1965, pp. 66, 104. また、キッフィンのパティキュラー・バプテスト教会の教会員の社会経済史的分析については、本書、補論を参照。

(11) Brenner, *op. cit.*, pp. 381ff.

(12) Anon., *A Proclamation for the Venting and Transporting of the Cloth and Wollen Manufacturers of this Kingdom*, London, 1643.

(13) 角山栄、前掲書、一八九頁。天川潤次郎「一七世紀初頭の冒険商人組合の機構と貿易」『経済学論究』第一一巻二号、一九五七年、一〇八―一一六頁。

(14) B. E. Supple, *Commercial Crisis and Change in England 1600–1642*, Cambridge U. P., 1959, pp. 137, 150.

(15) TNA, SP25/123, p. 53 verso–54recto, in *WKW*–3–119. キッフィンの公文書記載の背景にある毛織物工業の規制と自由の抗争については、J. P. Cooper, 'Economic Regulation and the Cloth Industry in Seventeenth-Century England', in *Land, Men and Beliefs: Studies in Early-Modern History*, London, 1983 参照。

(16) TNA, SP18/127, p. 85, in *Ibid.*, pp. 123–125. 冒険商人組合の請願は、同上TNA, SP18/127, p. 84, in *Ibid.*, pp. 119–123.

(17) Anon., *The Golden Fleece Defended; OR Reasons against the Company of Merchant Adventurers*, London, 1646. この挑発的なパンフレットの一二項目のうち、国事文書の中の冒険商人組合への反論において、キッフィンが利用した項目は、第五項目を除く最初の六項目であり、それらにキッフィンは、新しく一項目を付け加えた。

(18) Kreitzer, 'William Kiffen and the Battle with the Merchant Adventurers' over free Trade of Wool', in *WKW*–3–108.

(19) *WKW*–3–124–125.

(20) 天川、前掲論文、七一―七二頁。

(21) *WKW*–3–123–124.

(22) *Ibid.*, p. 123.

(23) レヴェラー運動との決裂については、大西晴樹『イギリス革命のセクト運動〈増補改訂版〉』御茶の水書房、二〇〇〇年、第八章参照。リルバーンも「羊毛はわが国の主要商品であり、国法と国制によってイングランドの全自由人はそれを商う自由を有する」と宣言した上で、「彼らからこれを奪って……何らかの架空の特許状や権威によってこれを横領する者は、イングランドの自由人から生得権と相続財産を強奪する罪を犯す」と冒険商人組合を断罪した。J. Lilburne, *Englands Birth-Right Justified against all Arbitrary Usurpation, whther Regall or Parliamentary, or under what Vizor soever*, 1645, London, p. 9. 渋谷浩編訳『自由民への訴え――ピューリタン革命文書選』早稲田大学出版部、一九七八年、一二一頁。

(24) *WKW*–3–108. 布告は *A Proclamation Concerning the Residence of the Merchant Adventurers of England*, London, 1656.

(25) *An Ordinance of the Lords and Commons in Parliament Assembled for the Upholding the Government of the Fellowship of the Merchant Adventurers,*

London, 1646.

（26） *WKW*–3–109.

（27） *Memo.*, pp. 32–33.

（28） 本書、第六章参照。

（29） TNA, PC2/55, p. 603, in *WKW*–3–129.

（30） TNA, PC2/55, p. 620, in *Ibid.*, pp. 130–131.

（31） TNA, T51/10, p. 191, in *Ibid.*, p. 131.

（32） Kreitzer, 'Kiffen and Barttle with the Merchants Adventures over the Free trade of Wool', in *Ibid.*, p. 113.

（33） *Ibid.*, p. 114.

（34） TNA, SP29/276, pp. 182–183, in *Ibid.*, p. 146.

（35） *Ibid.*, p. 147.

（36） 本書、第六章参照。キッフィンの市参事員の二度の拒否の記録は、A. B. Breaven, *The Aldermen of the City of London, Temp. Henry iii–1908*, vol. 1, London, 1908, p. 248.

（37） *Act for the better encouragement of the manufacture as well as the growth of wool.* この法令は、レヴァント会社、ロシア会社、アフリカ会社、イーストランド会社への独占特許を認めた以外は、あらゆる地域への毛織物輸出の自由を認めた。松尾太郎『近代イギリス国際経済政策史研究』法政大学出版局、一九七三年、五〇—五六頁。

（38） 大塚久雄「近代資本主義発達史における商業の地位」『大塚久雄著作集』第三巻、岩波書店、一九六九年、所収。

（39） Kreitzer, 'Confronting the 'Caterpillars of the Commonwealth': William Kiffen and the Soapboiler's Petitions of 1653', in *WKW*–4.

（40） M. James, *Social Problems and Policy during the Puritan Revolution 1640–1660*, London, 1930, pp. 136–138.

（41） リルバーンは、Anon., *The Soapmakers Complaint for the Losse of their Trade*, London, 1650, titlepage に署名した一二人のうちの一人。石鹸製造業者になることのリルバーン自身の決意表明は、Lilburne, *The Legal Fundamentall Libertiies of People of England, do.*, London, 1649, pp. 61–62.

（42） Lilburne, *To Every Indivuall Member of the Supreme Authority of the Parliament of the Commonwealth of England,but especially to Colonell George Thompson, do.*, London, 1650.

（43） TNA, SP24/52, p. 165, in *WKW*–4–33.

(44) TNA, SP24/52, p. 33, in *Ibid.*, p. 35.

(45) Kreitzer, 'op. cit', in *Ibid.*, p. 13.

(46) ジェネラル・バプテスト派の指導者トマス・ラムとキッフィンの関係については、*WKW*–4–21–26.

(47) モイヤーについては、R. Greaves and R. Zealler, eds., *Biograpaical Dictionary of British Radicals in the Seventeeth Century*, Brighton, 1983, vol. 2, pp. 251–253.

(48) ハイランドについては、*Ibid.*, pp. 88–89.

(49) ウォラストンについては、D. C. Bustin, *Paradox and Perseverance: Hanserd Kollys, Particular Baptist Pioneer in Seventeenth-Century England*, Milton Keynes, 2006, pp. 124, 134.

(50) Number 1155. M. Dickinson, *Seventeenth Century Tokens of the British Isles and Their Vales*, London, 1986, p. 119.

(51) Kreitzer, 'William Kiffen, the Glasshouse Church,and the Navigation Act of 1651: A Numismatic Clue', in *WKW*–4–219.

(52) *Ibid.*, p. 216.

(53) 航海法と新興貿易商人の関係は、J. E. Farnell, 'Navigation Act of 1651, the First Dutch War, and London Merchant community', *Ec. H. R.* no. 16, 1964を参照。

(54) *Memo.*, 23.

(55) *Memo.*, 24.

(56) Kreitzer, 'William Kiffen and the French Wine Import Business', in *WKW*–2.

(57) TNA, SP25/72, p. 104, in *WKW*–2–153.

(58) TNA, SP18/68, p. 77, in *Ibid.*, p. 154.

(59) *Ibid.*, p. 152.

(60) Kreiter, 'The Case of William, Rouse, Captain of the Frigate *Portland*' in *WKW*–2–137–138. クライツァは、ポートランド号の次の任務が西インド遠征であり、その際の艦長のリチャード・ニューベリがバプテストであったことから、ルース艦長もバプテストではなかったかと述べている。

(61) TNA, CO1/12, p. 110, in *WKW*–3–308–309. グラッグは、イングランドからの馬の輸入が砂糖キビ栽培で活気づくバルバドス島の経済発展にとって重要であることを指摘している。L. Gragg, *'Englishmen Transplanted': The English Colonaization of Barbados 1627–1660*, Oxford U. P., 2003, pp. 22–23.

(62) TNA, SP25/76, p. 110, in *WKW*–3–309.

(63) クロムウェルの「西インド遠征」については、本書、第五章参照。

(64) Kreitzer, "Our Manin Amusterdam'--The Case of Robert Stiles', in *WKW*–3–282.

(65) BLL, Add MS4157, folio 106. この書簡は、T. Birch, ed., *A Collection of the State Papers of John Thurloe*, London, 1742, vol. 5, p. 406 にも収録されている。

(66) *Memo.*, 25–26.

(67) *Memo.*, 24–25.

(68) TNA, SP25/66, p. 593, in *WKW*–3–306.

(69) 世界貿易の拠点アムステルダムについては、杉浦未樹「アムステルダムにおける商品別専門商の成長一五八〇～一七五〇年――近世オランダの流通構造の一断面」『社会経済史学』第七〇巻一号、二〇〇四年。玉木俊明『北方ヨーロッパの商業と経済　一五五〇～一八一五年』知泉書館、二〇〇八年、参照。

(70) Kreitzer, 'op. cit.', in *WKW*–3–285.

(71) TNA, CO1/33, p. 97, in *Ibid.*, p. 310.

(72) TNA, SP25/78, p. 677, in *Ibid.*, p. 313. ピーコックについては、Kreitzer, 'op. cit.', in *WKW*–3–286.

(73) TNA, SP18/205, folio133, in *WKW*–3–135.

(74) この点については、拙著「「市民革命」と「商業革命」」岩井淳・指昭博編『イギリス史の新潮流――修正主義の近世史』彩流社、二〇〇〇年において言及した。

(75) Kreitzer, 'William Kiffen,the Glasshouse Church, and the Navigation Act of 1651: A Numismatic Clue', in *WKW*–4–217–218. コーヒーについては、D. Brandon, *Life in a 17th Century Coffee Shop*, Stroud, 2007.

(76) Kreitzer, 'op. cit.', p. 218. サレーの海賊については、本書、第四章参照のこと。

(77) Kreitzer, 'Using Chocolate to Pay for Silk-William Kiffen and the Gift of Cloth for the Swedish Ambassador in 1656', in *WKW*–3–256–257.

(78) *Ibid.*, pp. 259–261.

(79) Kreitzer, 'op. cit.', in *WKW*–3–260–261. この拿捕をもたらしたカリブ艦隊内の指揮権抗争については、B. Capp, *Cromwell's Navy: The Fleet and English Revolution, 1640–1660*, Oxford, 1989, p. 194.

(80) ノエルやコーティン・プロジェクトについては、Brenner, *op. cit.*, pp. 175–176.

(81) TNA, C10/475/157, in *WKW*–3–42.

(82) *Ibid*., p. 43.

(83) Kreitzer, 'William Kiffen and Suger Houses in Cold Harbour (1677)', in *WKW*–3–34–35.

(84) TNA, C33/251, folio 556 recto, in *Ibid*., p. 54.

(85) TNA, C33/253, folio 126 verso, in *Ibid*., p. 62.

(86) LCL, Register of Freemen–1630–1694 (Mem5/1), p. 15.

(87) 「ロンドンの慣習」については、G. Unwin, *The Guilds and Companies of London*, London, 4th ed., 1963, p. 262. 樋口徹訳『ギルドの解体過程』岩波書店、一九八〇年、一四六―一四七頁。坂巻清『イギリス・ギルド崩壊史の研究』有斐閣、一九八七年、第六章参照。

(88) Anon., *Tub-preachers Overturn'd or Indepancy to be abandon'd and abhor, d is destructive to be the Majestracy and Ministry, do.*, London, 1647, titlepage.

(89) Kreitzer, 'William Kiffen's Apprentices within the Leathersellers' Company of London', in *WKW*–2–259–260.

(90) Kreitzer, 'William Kiffen:Leatherseller and Baptist Merchant', *Lethersellers' Review 2008–09*, 2009, pp. 12–13.

(91) キッフィン家の家系図は *WKW*–3–399 に掲載されている。

(92) *Memo*., p. 49. キッフィンは、次男がヴェネチアで客死した出来事を「教皇派聖職者によって毒殺された」と述べている。

(93) 当時のレヴァント貿易については、川分圭子『ボディントン家とイギリス近代――ロンドン貿易商 1580–1941』京都大学学術出版会、二〇一七年、第四章が詳しい。

(94) Kreitzer, 'William Kiffen's Apprentices within the Leathersellers' Company of London', in *WKW*–2–260.

(95) CROH, 731/140, in *Ibid*., pp. 292–293.

(96) A. W. Light, *Bunhill Fields Written in Honour and to The Memory of the Mary saints, do.*, London, 1913, p. 100. 現在、バンヒル・フィールズにあるヘンリ・クロムウェル墓所は確認できるが、キッフィン家の墓所は確認できない。アイルランド総督ヘンリ・クロムウェルの「アナバプテスト」嫌いは、T. C. Barnard, *Cromwellian Ireland: English Government and reform in Ireland 1649–1660*, Oxford U. P., 1975, pp. 105ff.

(97) *Ibid*., pp. 99–105.

(98) Kreitzer, 'The Kiffen Family Marriage Documents', in *WKW*–2–292–298.

(99) *Memo.*, 56. アッシュクラフトは、キッフィンがこの事件を事前に知っていたと述べている。R. Ashcraft, *Revolutionary Polltics and Locke's Two Treatises of Government*, Princeton U. P., 1986, p. 369n.

(100) Kreiter, 'op. cit.', *Letherseller Review,* p. 13.

(101) 川分、前掲書、第六章参照。

(102) 大塚「近代資本主義の系譜」、前掲『大塚久雄著作集』第三巻、参照。

(103) Kreitzer, 'William Kiffen's Property Indenture for Thorley Hall Monor, Hertfordshire (1672)', in *WKW*–2–155–165. クライツァは、支払価格が五シリングと異常に安いことから、この荘園の売却が党派間の複雑な協定に基づいていると述べている。*Ibid.*, p. 154.

(104) *Ibid.*, p. 157.

(105) TNA, PROB 11/551, folios 51 vesso–52 recto in *WKW*–1–412–414.

(106) TNA, PROB 11/449, folio 342 verso–343 recto in *Ibid.*, pp. 414–418.

(107) 'Thomas Stringer to Locke, 10 Februay 1676', in E. S. De Beer, ed., *The Correspdance of John Locke*, Oxford, 1976, p. 436n.

(108) P. Earle, *The Making of the English Middle Class: Business, Society and family Life in London, 1660–1730*, London, 1989, p. 35.

(109) たとえば、国事文書にはキッフィンが海軍に寄せた教会の貧民への施しの訴えが残っている。「神を畏れる男ジョン・ハヴィーに支援を請う。……ハヴィーが、先の従軍によっても、貧しくて、家族のためにパンを提供できないとき、……彼が一員である教会の会衆たちによって当面必要なものは提供されなければならない」。*C. S. P. D., 1658–9*. p. 559.

(110) Kreiter, 'op. cit.', *Leathersellers' Review 2008–09*, p. 12. Woodhead, *op. cit.*, p. 104 によれば、キッフィンは一六六〇年に東インド会社の株式を一〇〇〇ポンド保有している。Kreitzer, 'Kiffen and the French Wine Import Business', in *WKW*–2–150.

(111) K. D. H. Haley, *The First Earle of Shaftesbury*, Oxford, 1968, p. 228.

(112) 一一五名の一覧表は、G. S. De Krey, *London and the Restoration 1659–1683*, Cambridge U. P., 2005, Appendix I.

(113) Earle, *op. cit.*, pp. 17, 34.

(114) De Krey, 'The First RestrationCrisis:Conscience and Coercion in London,1667–73', *Albion*, vol. 25, no. 4, 1993, pp. 571–576.

第八章　ウィリアム・キッフィンとジョン・ロック

——交友・取引関係の記録が意味するもの

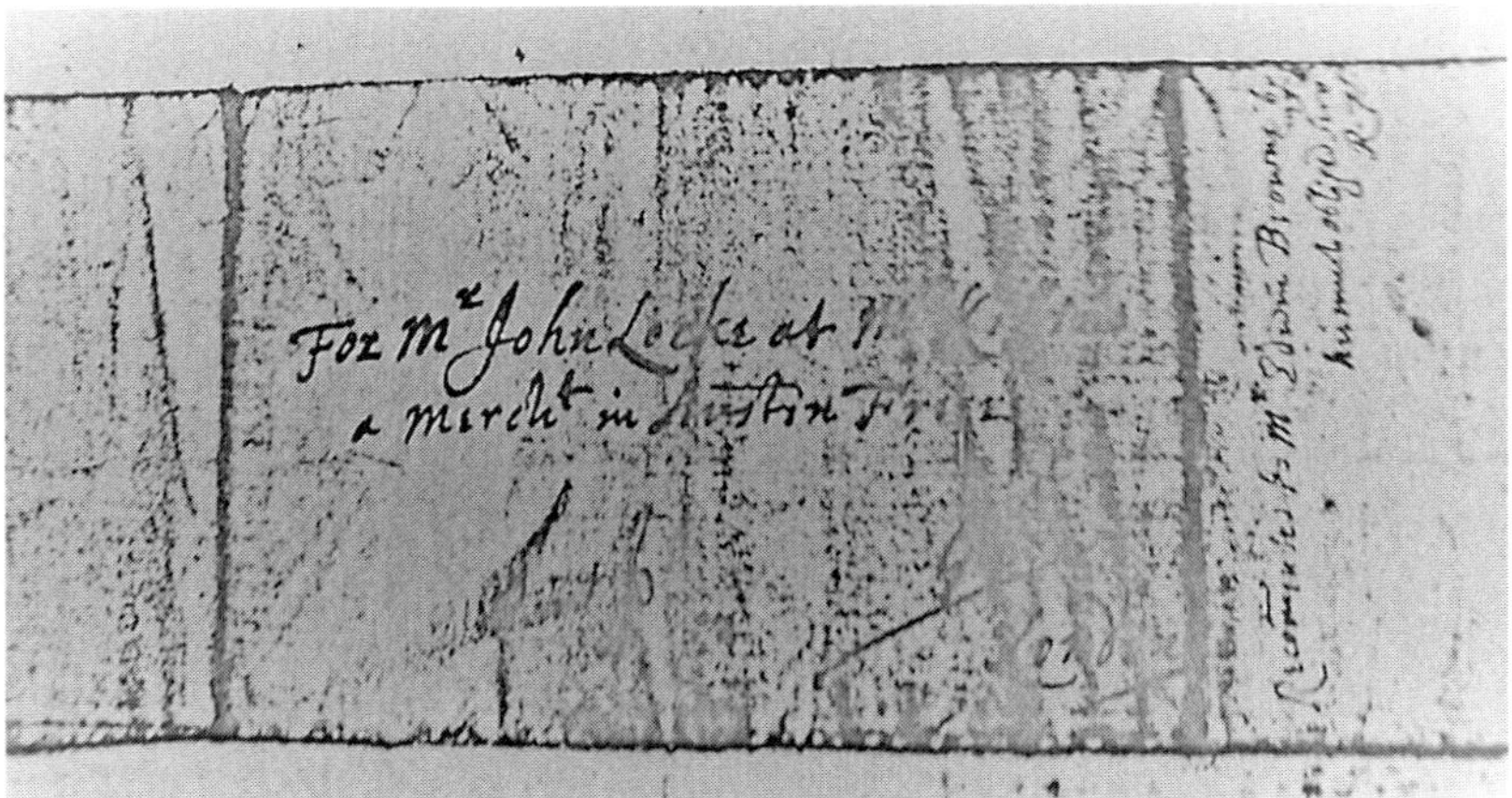

シリアのイギリス商館付チャプレインをしているロックの友人が，フランス旅行中のロックに宛てた 1678 年 5 月 22 日付書簡の宛先。鮮明ではないが，「ロンドンのオースティン・フライヤーズの商人ウィリアム・キッフィン気付ジョン・ロック氏宛て」と記されている（MS Lock, c.2, fol. 248）

はじめに

ハーヴァード大学の思想史家D・アーミテイジは、二〇〇〇年に出版された『帝国の誕生――ブリテン帝国のイデオロギー的起源』において、近世イギリスの特徴を「海上帝国」「プロテスタンティズム」「自由」に求めている。それらの特徴を顕在化させるために、「インペリウム imperium」（支配権）と「ドミニウム dominium」（領有権）というローマ帝国以来植民地支配にとって重要な二つの概念の正当化の必要性について論じ、とりわけ、「領有権」に関して先行するローマ・カトリックのスペイン帝国と、後発のプロテスタントのブリテン帝国との相違を以下のように述べている。すなわち、「「所有権は所有者の魂の状態に由来する」という「教皇勅書」に基づく「領有権」の主張に対して、イングランド人（とスコットランド人）の植民支持者は、とくにアメリカ大陸における自らの所有権と支配権を正当化する別の方法をさらに示す必要があった。……この議論をもっとも広範囲に提起したのはもちろん、ジョン・ロックの『統治論・第二篇』第五章であった。……たとえ誰であろうと、その宗教に基づいて土地を享受する権限を奪われてはならない」[1]。第五章とは「所有について」の箇所であり、北米植民地をおもに想定して、所有の正当性は宗教ではなく、人間の労働に基づくという労働価値説が説かれた箇所である。

その後アーミテイジは、二〇一三年に出版した『思想のグローバル・ヒストリー』に収録されたロックに関するいくつかの論文において、ジョン・ロック（John Locke, 1632–1704）の『統治論・第二篇』の執筆年代の推定を試みた。周知のとおり、『統治論・第二篇』の初版は名誉革命直後の一六八九年末に匿名で出版された。この書物が「名誉革命の書」といわれる所以である。しかし実際の執筆年代は出版より早く、P・ラズレットは一六七九年から一六八〇年の排斥危機の時期だとし[2]、J・R・ミルトンは第五章に限っては、ロックがカロライナ領主の秘書をしていた一六六九年から一六七五年の間に書いたと推定している[3]。アーミテイジは、第五章に関して、ロックが北米

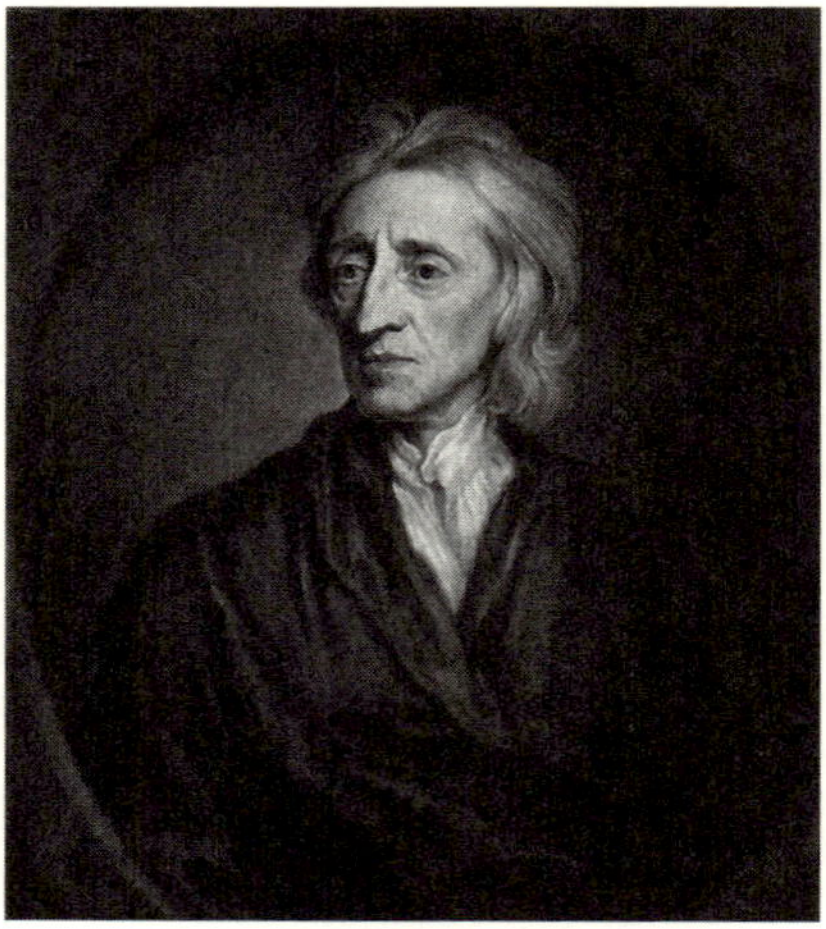

ジョン・ロック（1632–1704）

植民地の構想に関わった『カロライナ憲法』（一六六九年公布）との関与を重視し、ロックはこの憲法の一六八二年の改正にも関与していたことから、『統治論・第二篇』第五章の執筆年代について、一六八二年説を提起した[4]。

さて、ロックという著名な思想家は、どのようにして、労働による領有権の正当化の論理を構築したのであろうか。これは、ロック研究からいえば、初期の権威主義的な立場から、中・後期のリベラルな立場への転身と絡む問題である。『カロライナ憲法』には、早くから「信教の自由」の箇条が定められており、それは、一六六九年の公布の際も、一六八二年の改正の際も変わることはなかった。「しかし、われらの植民とかかわりのある統治の先住民は、キリスト教にまったく無知だから、偶像崇拝、無知誤謬があるからといって、彼らを排除し、虐待する権利はわれわれにはない[5]」。すでにロックは一六六七年から『寛容論』を書いており、「統治者は、人間の魂の善や別の世での関心事にいっさい関りがなく、ただ社会において人々が互いに平穏かつ快適に生活するために、その権力を委託されたにすぎない[6]」とさえ、述べている。労働による領有権の正当化以前に、ロック自身は「信教の自由」の論理を身に着けていたのである。

オックスフォード大学のバプテスト派の神学校リージェンツパーク・コレジ（プライベート・ホール）は、二〇一〇年から『ウィリアム・キッフィンとその世界』という資料集の刊行を開始した[7]。これは非国教徒であるバプテスト派の指導者にして、自由貿易商人であるウィリアム・キッフィン（William Kiffin, c.1616–1701）の足跡を国事文書や植民会社の会議録などから跡付けたものである。興味深いことに、これらの資料によれば、これまで論じら

初代シャフツベリ伯アンソニー・クーパー
(1621–1683)

れることのなかったこのキッフィンとロックとの交友・取引関係が言及されている。(8) 迫害下にある非国教徒の有名な指導者キッフィンと、広教派とはいえ、イングランド国教会信徒であり、初代シャフツベリ伯に叙せられるアシュリー卿アントニー・クーパー(Anthony Cooper, Lord Ashley, 1621–1683)の秘書として王政復古後の宗教政策にも従事したロックは、おそらく政治的危機管理を意識して、著作やパンフレット、書簡を通じた二人の関係を後世に残すことはなかった。それゆえ両者の関係は、啓蒙思想史研究からもプロテスタント教会史研究からも論じられることはなかったのである。しかし、著作やパンフレット、書簡だけが思想的な影響力の相互作用を物語るものではない。本章は、二人が出資者として名を連ねたバハマ諸島会社の記録と、ロックのフランス旅行中の日記、ラヴレース・コレクションに収められているロックの「現金出納簿」から、二人の交友・取引関係を再構成することによって、「信教の自由」と「交易の自由」の実践家と理論家との思想的交錯を探ってみたい。

第一節　バハマ諸島会社の出資者として

植民地勅許状の下付

キッフィンとロックの接点が文書上最初に確認されるのは、一六七二年に設立され、二人とも出資者として参加した「バハマ諸島会社」(Company of Adventurers to the Bahama Islands) に関する手稿資料である（以下、この資料を「バハマ諸島会社手稿」と略記）。この貿易植民会社は、ジョイント・ストック・カンパニー（合本会社）として、おそらくカロライナ領主の一人アシュリー卿の呼びかけによる一一人の出資者によって社員が構成されており、キッフィンもロックも名を連ねたのである。(9)

王政復古後のイングランドにとって、アメリカ大陸についていえば、同国人の入植者はヴァージニアまで南下した。しかし、フロリダ半島に陣取るスペイン人植民地との中間にあるカロライナは、一六二九年に国王チャールズ一世によって植民地勅許状が法務長官ロバート・ヒースに下付されたものの、植民は進んでいなかった。また、西インド諸島はどうかといえば、バルバドス島で砂糖キビ栽培によるプランテーションが一六四〇年代から急速に発展し、一六五五年にはクロムウェルの西インド遠征によるジャマイカ島占領によって、スペインの西インド諸島支配に楔を打ち込んだものの、フロリダ半島遠方沖のバハマ諸島の植民は困難を極めていた。このような状況のなかで、国王チャールズ二世は一六六三年に、カロライナについて改めて植民地勅許状を八人の寵臣たちに下付した。その経緯は以下のようである。ピューリタン革命の際に国王派としてチャールズ一世のための戦いに敗れて、バルバドス島に流れ着き、プランテーションを経営したジョン・コルトンは王政復古後、国王への忠誠への報酬を求めて、国王派のバークレイ男爵や、その弟で、ヴァージニア植民地総督であったウィリアム・バークレイに援助を願い出た。彼らは、国王の実弟であるヨーク公を通じて、海軍会計官のジョージ・カートレットや王政復古の立役者

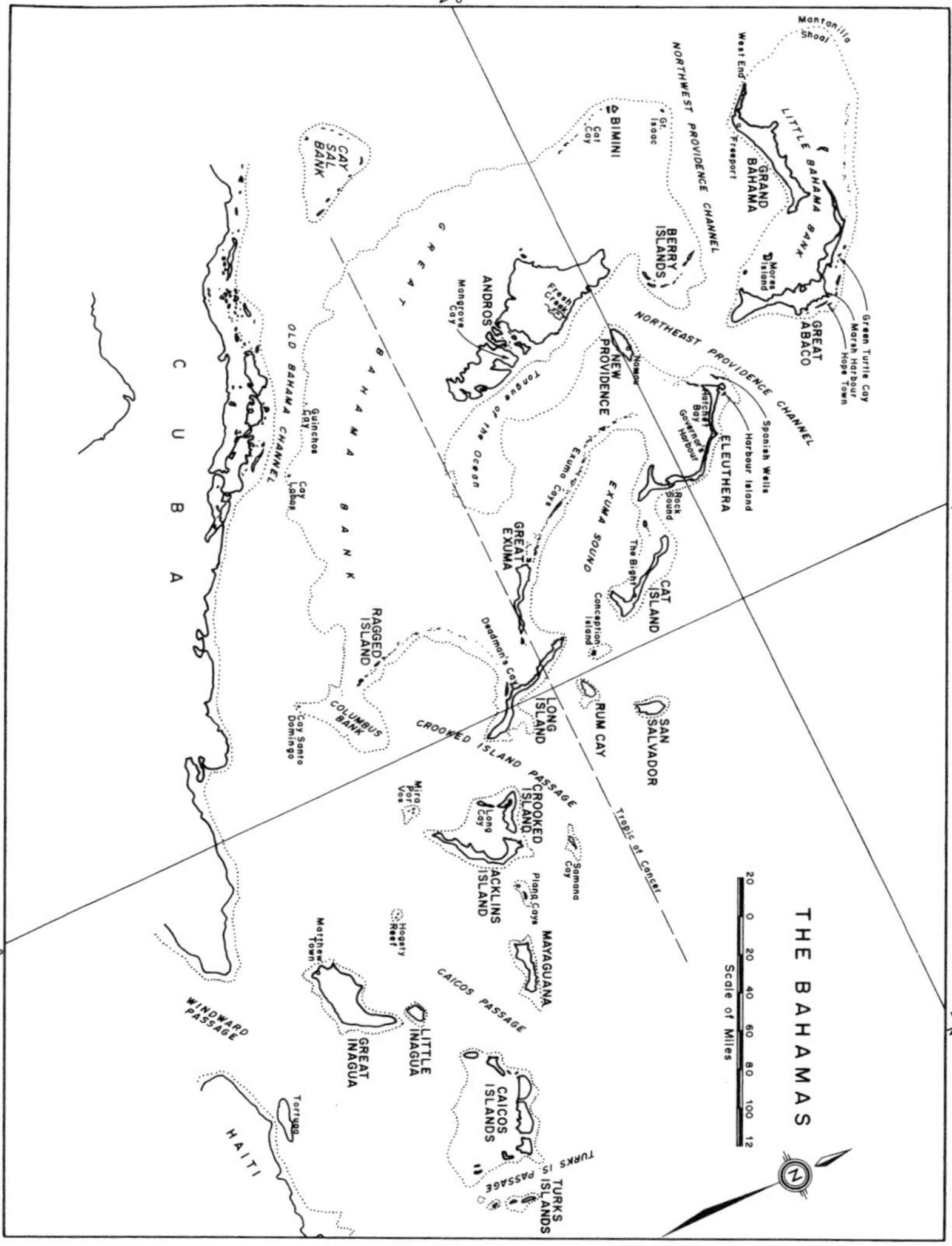

初期のバハマ諸島地図。出典：M. Craton, *A History of the Bahamas*, Waterloo, 1962.

のジョージ・モンク将軍こと初代アルベマール公と結合した。のちに、バークレイ男爵やカートレットが北米ニュージャージーの植民地勅許状を手にするのもこの人的結びつきのためである。ヨーク公を除くこれらの五人のグループは、国王の周辺にいた他の三人、すなわち、軍人で富裕な宮廷人のクレイヴン伯、宗教迫害立法で名高い大法官クラレンドン伯、そして、大蔵委員の一人であり、枢密院の貿易や植民地関連の委員を歴任、のちに大法官となるアシュリー卿と一緒に、カロライナを下付され、カロライナ領主として、カロライナの植民事業に従事することになる。(10)

ジョン・ロックは、オックスフォード大学クライスト・チャーチ・コレジのテューターの職を保持しながら、一六六七年にロンドンに移り、アシュリー卿の侍医や秘書として、アシュリー卿の邸宅エクセタ・ハウスに寝泊まりし、現実的な政策課題と向き合うことになる。カロライナの植民事業がその後進展せず、土地投資も枯渇した状況の中で、クラレンドン伯が政治的に失墜、アルベマール公が死去、他の領主たちも年齢的に衰えを見せることによって、主導権を握ったアシュリー卿は一六六九年に資金を集め、秘書であるロックと共に『カロライナ憲法』を起草し、再び植民事業に乗り出した。(11) 結果的に三二〇〇ポンドが集められ、一六六九年の後半、カロライナ号、ポート・ロイヤル号、アルベマール号の三隻が船出し、一一月に当時二万人を超える人口を擁していたバルバドス島に到着し、同島と、バルバドス島同様砂糖キビ栽培が盛んなネヴィス島で入植者を募り、船団はバハマ諸島を経由して、カロライナに向かった。しかしながら、アルベマール号とポート・ロイヤル号は難破、カロライナ号は嵐によってバミューダ島に避難の寄港を余儀なくされ、この事業も困難を極めた。事業の再開を知ったバミューダ島の二人の貿易商人ジョン・ダレルとヒュー・ウェントワースはアシュリー卿に書簡を送り、彼らが「ニュー・プロヴィデンス」と命名した島をはじめバハマ諸島に対する植民地勅許状の取得を求めたのである。(12)「神意」を意味する「プロヴィデンス」とは、ピューリタンが好む名称であるが、一六三〇年からピューリタン貴族によって推進されたニカラグアグア沖の小さな「プロヴィデンス」島の植民事業(13)と区別して、「ニュー・プロヴィデンス」島と呼ばれた。実際、ピューリタン革命期の一六四八年、カロライナの将来の総督で、バミューダ島のシェリフであったウィリアム・サイルによって指導された独立派会衆教会の七〇名の一団がボストンの財政的援助を受け、バミューダ島から出発、バハマ諸島への入植を試みた。彼らが上陸した島はギリシャ語で「自由」を意味する「エリューセリア」(Eleutheria) と命名されたが失敗。いく人かを除いて一六五〇年にバミューダ島に戻った。[14] その後、ダレルに後押しされた新しい入植者たちが上陸し、一六七一年のある調査によれば、ニュー・プロヴィデンス島の人口は九〇三名であり、うち四〇三名は奴隷であった。[15] 彼らは、バハマ諸島を、「船舶の停泊にとって都合のよい大きな湾をもつ健康的で、楽しい」場所、「アメリカではかってないほどの良質な綿花と大きなタバコ」を栽培していると述べている。彼らはまた、特産物である砂糖キビ、染料や固い性質を利用して弦楽器の材料にもなるブラジルモク、マッコウクジラから採る香料である竜涎香、おもに食用とされたリクガメについて言及している。「今日最大の必要は、……小さな武器と弾薬、敬虔な聖職者、よき鍛冶屋である」と要約している。[16] フロリダ半島のスペイン人に対する橋頭堡という地政学上の意味合いもあって、アシュリー卿は、バハマ諸島の植民地勅許状の下付にむけて動いた。

一六七〇年一一月一日付で勅許状が下付された。国王から勅許状を下付されたのは、カロライナの八名の領主のうち、バークレイ男爵と、失脚したクラレンドン伯を除く六名のカロライナ領主たちであった。六名のうち、逝去したアルベマール公は息子のクリストファーへ、ジョン・コルトンも息子のピーターに代替わりしていた。[17] 勅許状は、明らかにチャールズ二世時代の植民地勅許状のパターンを踏襲し、あたかもその植民地が中世の知行であるかのように論じており、国王の封建的な借地の長として、六名のバハマ諸島の領主たちは、バハマ諸島の全島の所有権を有し、そこで「善き幸福な統治」を確立する責任を負わされていた。すなわち、教会の建築、法廷の構築、商業に導く社会的インフラストラクチャーの整備である。[18] 交易活動に関する限り、たとえば、領主たちは漁業権と捕鯨権をもち、希少価値のあるメタル(とりわけ金銀)、この諸島で発見される貴重な石や宝石に対する採掘権をもつ。[19] 領主たちは、バハマ諸島で発見される金銀宝石の四分の一を国王に支払わなければならないし、名目上の免役地代として、国王が個人的にこの島を訪問するとしたら、良質の銀貨一ポンドを献げなければならない。[20] 貿易センターとしての植民地の発展を鼓舞するために、この勅許状は、必要と見なされる商品をバハマ諸島に搬送する自由許可を下付している。[21] 六名の領主たちは、それぞれ二〇〇ポンドを投資した。他方、バハマ諸島の統治については、一六七一年四月二一日付でロンドンにおいて発令されたヒュー・ウェントワース総督の委任状にバハマ諸島の憲法ともいうべき教書が付されている。それによれば、バハマ諸島の植民地政府は、自由民によって選出された二〇名からなる選挙で選ばれた「集会」を設けており、その集会から選ばれた五名を含む付加的な「大評議会」(Grand Council) が設置されているけれども、行政を担当する総督の執行評議会の六名の定足数は領主たちの現地代理人から構成されていなければならなかった。領主たちの意向が反映される植民地行政になっていたのである。[22]

そのバハマ諸島の経済発展を目的として、一六七二年九月四日バハマ諸島会社が設立された。キッフィンとロック以外に九名の富裕な出資者が社員として名前を連ねた。内国消費税委員であったリチャード・キンドン、バルバドス島への入植を希望するジェントリたちのロンドンの窓口を務めたエドワード・ソンバラ、イングランド教会聖職者であり、ロックの友人で医者であるジョン・メイプルトフト、シャフツベリ家の執事で、その邸宅であるエクセタ・ハウスで、ロックと一緒に暮らしたトマス・ストリンガー、バミューダ島で実際に働き、アシュリー卿への書簡を書いたジョン・ダレル、他に経歴不詳のジョン・ベイン、ヘンリ・エルドリッチ、リチャード・ダヴィ、ピーター・ジョーンズである。[23] キッフィンにとっての一六七〇年は、説教者を狙い撃ちにした第二次秘密集会法への対応に忙しく、この宗教弾圧法を阻止するために大車輪の活躍を見せていた。一六七〇年、ペスト、ロンドン大火、第二次英蘭戦争で疲弊した王室は、ロンドン市に対して六万ポンドの貸付を求めたが、市当局は二万ポンドしか応えず、残された四万ポンドは、一五五名の非国教徒が応じた。その際、キッフィンは一人で全体のほぼ一割にあたる三九〇〇ポンドを貸付、宗教弾圧法の施行を牽制した。一六六九年と一六七〇年の二度、ロンドン市の市参事員に指名されている。また一六七〇年には、奉行職として陪審員の選任に大きく関わるロンドン市とミドルセックスの二人のシェリフの一人に指名された。国教会から完全に分離した「ゼクテ」型教会であるパティキュラー・バプテスト派の牧師として、教区教会での礼拝はもちろん、教区会や教区の行政職に一切コミットしないキッフィンがロンドン市の要職に指名されること自体、異例の出来事である。[24] 当然のことながら、「自治体法」の適用により非国教徒であることを理由に、市参事員会は拒否権を行使、キッフィンが名誉革命の直前を除いてこれらの要職に実際に就任することはなかった。しかしながら、キッフィンがバハマ諸島会社の社員に抜擢されたことは、アシュリー卿やその秘書のジョン・ロックとの知己の関係にあったことを物語っているのである。アシュリー卿は、一六七二年三月の国王大権による「信教の自由令」の発令に尽力し、国王より初代シャフツベリ伯に叙せられ、一一月には大法官に任じられる途上にあった。またロンドン市の要職就任を拒否されたキッフィンが、一六七一〜七二年の鞣革商人カンパニーの会長に就任したこと、バハマ諸島会社の社員となったことは、宗教や行政とは異なり、経済活動においては、公然とした非国教徒の登用が許されたことを示しているのである。

バハマ諸島会社

「バハマ諸島会社手稿」は三つに分けられる。「領主と会社との合意事項」、「会社経営のための出資者たちの合意事項」、「バハマ諸島出資者たちの営業会議録」である。

「領主と会社との合意事項」[25] であるが、基本構想は、一一人の出資者が、一六七二年九月二九日以前に貿易植民会社を設立するために、全体で一六〇〇ポンドから二〇〇〇ポンドの間で徴募でき、いったん利益が生まれるや、比例分配するという点にあった。[26]「バハマ諸島会社手稿」には、一一人の出資金が記されている。すなわち、キッフィン一〇〇ポンド、ロック一〇〇ポンド、キンドン二〇〇ポンド、ダヴィ二〇〇ポンド、エルドリッチ二〇〇ポンド、ストリンガー三〇〇ポンド、ソンバラ二〇〇ポンド、ダレル一〇〇ポンド、メイプルトフト一〇〇ポンド、ベインズ二〇〇ポンド、ジョーンズ二〇〇ポンドの合計一九〇〇ポンドである。[27] 出資金においてシャフツベリ家の執事ストリンガーが一頭地抜けている点が目を引く。出資者は各自、バハマ諸島の内部の土地の三一年リースがあてがわれた。いわばニュー・プロヴィデンス島の一万二〇〇〇エーカーと、バハマ諸島の他の島嶼の一万二〇〇〇エーカーである。彼らは、二一年間「わずかばかりの地代」(a rent of one peppercorn) をこの土地から支払うだけでよかったし、その後一〇年は、一エーカー当たり一ペニーの地代を支払わなければならなかった。バハマ諸島で発見され、採取される金、銀、鉱物、宝石、竜涎香、鯨、真珠、難破船に対する権利や使用料の条件も三一年間有効であった。木材資源、すなわち、ブラジルモクと樫の権利と使用料については、一トン当たり五ポンドと定められた。その他、いくつかの合意事項はあるが、出資者への便宜を最大限図るとの趣旨である。「合意事項」には、バルバドス島の副総督として不在であったピーター・コルトンを除く六名の領主たちのうち五名と、一一名の出資者全員の署名があった。

「会社経営のための出資者たちの合意事項[28]」には、徴募額が成功裏に集まるや、総裁と財務担当を選出すること。出資総額が一六〇〇ポンドから二〇〇〇ポンドの間に未達の場合、出資者がいくら出資しても許されること。出資総額が未達の場合、別の出資者たちが登録されること。出資者が約束した出資金を支払わない場合、一〇〇ポンド当たり月額二ポンドの罰金を支払う責任があること。それが支払えない出資者は、会社の役職を保持することを妨げられ、株主総会で投票権を持つことを妨げられること。それぞれの社員は出資額一〇〇ポンドにつき、一票を与えられること、また総裁と会計係に立候補が許されること。株主総会は、総裁か会計係のいずれかの招集によって年二回開催されなければならないこと。第一回株主総会は四月の第一土曜日に開催され、役員が選ばれ、会社の状態に関する十全な財政状態が公表されなければならないこと。第二回株主総会は九月の第一土曜日に開催され、会社のよき経営に関する事柄が議論されなければならないこと。総裁と会計係は、必要だと考えるならば、追加的な株主総会を開催できること。少なくとも会社の半分以上の社員の出席により、株式と経営に関して規則や命令を作るために召集される会議に権限が与えられること。三一年間の契約が失効するや、会社が所有する利益や収益は、出資者たちに等しく分配されなければならないこと。出資者がもつ会社の株式について、個人での処分が許されること。出資者たちの間で生じるに違いない不一致は、法廷に訴えることなく会社の内部で解決しなければならないことなどが定められている。ギルド制に基づく制規組合の出資額に比例した投票権とは異なり、民主的で、合理的な会社経営が記されている。

「バハマ諸島出資者たちの営業会議録」[29]には、第一回から四回までの営業会議の議事録が記載されている。一六七二年九月九日の第一回営業会議の会場は、ストランドにあるシャフツベリ伯の邸宅エクセタ・ハウスであった。一一人中八名が出席している。キッフィンは欠席、ロックは出席。冒頭、ストリンガーが会計係に、ジョーンズが事務係に指名された。同年一〇月二三日の第二回営業会議もエクセタ・ハウスで開催された。一一名中六名が出席。前回同様キッフィンは欠席、ロックは出席。主な議題は出資者の一人メイプルトフトの出資金の株式を友人のロックに譲渡する件であり、それは承認された。同年一一月八日の第三回営業会議は、わずか五人の出席。キッフィンは欠席、ロックは出席。注目すべきは、西インド諸島で船長の経験のある出資者ダレルが出席し、バハマ諸島会社所有のバハマ号と名づけられた艦船の船中で行われたことである。商船バハマ号は、二本マストの商船（ブリガンティン）であり、重量二〇〇トン、全長二四・四メートル、砲門一〇〜二〇門、乗組員一〇〇名の規模で、ピープスの軍艦の区分でいえば、五級クラスの船であった[30]。じつはバハマ号は、旧名はオールド・アブラハム号であり、オランダからの拿捕船である。第二次英蘭戦争開始直後の一六七二年四月に、積荷の穀物と一緒に拿捕された。それを七月にバハマ諸島出資者が、ロンドン港の分捕品購入委員会から四〇〇ポンドで購入し、転用したものである。こんなに早く拿捕船の転用が可能だったのは、枢密院にバハマ諸島の領主クレイヴン伯とバークレイ卿がいたからであると、クライツァは推測している[31]。商船バハマ号はその後実際に航海に出て、ニュー・プロヴィデンス島をはじめ西インド諸島との間を往来した。第四回営業会議は一一月一一日、オースティン・フライヤーズで開催され、一一名中六名が出席した。キッフィンもロックも出席した。というよりも、キッフィンの自宅で開催された可能性が強い。キッフィンは、一六六八年から少なくとも一六八二年まで、オースティン・フライヤーズに住んでおり、出席者リストの筆頭にあるので、ホストであったことを示唆している。二つの事柄がこの会議で決められた。出資者たちによって運ばれた商品の商標は、大文字のBを用いるべきであり、ピーター・ジョーンズは事務係のみならず会計係も務めるべきであるという点であった。

その後のバハマ諸島会社については、詳しく知る手がかりはない。ロックの『書簡集』には、カロライナ、およびバハマ諸島の領主であり、バルバドス島副総督として同島在住のプランテーション経営主であるコルトンがバハマ諸島への安易なプランテーションの設立を戒める一六七三年五月二八日付の書簡が掲載されている[32]。また、一六七三年一〇月ごろの書簡では、バハマ諸島からのブラジルモクよりも、バルバドス島からの砂糖の運搬の方がより魅力的な事業であることが示唆されている[33]。このような経済的理由だけからではないと思われるが、ロックは一六七七年にバハマ諸島会社における自分の株式を売却した。M・クランストンの『伝記』によれば、ロックは一六七五年に一〇〇ポンドで購入したバハマ諸島会社の株式を翌年一二七ポンド一〇シリングで処分したのである[34]。その背景には、大法官、枢密院の貿易植民地委員会の議長にまで登りつめたシャフツベリ伯が、チャールズ二世がフランスとの間に密かに結んでいた「ドーヴァの密約」の危険性を察知し、反国王の立場に転じ、一六七三年一一月には政治的に下野したことが挙げられる。その間、ロックは、シャフツベリ伯による任命後、非国教徒であることを理由に一六七三年の「審査法」により貿易植民地委員会主事の辞任を余儀なくされたベンジャミン・ワースレイに代わって同委員会主事を務めた[35]。だが、シャフツベリ伯の下野に伴い、ロックは、自らが筆禍事件に巻き込まれることを恐れて、一六七五年一一月にフランス旅行に出発した。このような状況は、シャフツベリ伯の支持者のネットワークや仲間の投資家たちの間に警告を鳴らし、キッフィンも同様に、バハマ諸島会社の株式を手放したと考えられる。

第二節　キッフィンとロックの交友・取引関係

ロックのフランス旅行中のキッフィンの役割

一六七五年から一六七九年にかけて、ロックは、持病の喘息の療養を兼ねてフランスに滞在した。またその旅は、シャフツベリ伯に依頼されたバンクス卿の息子の大陸旅行の付き添いであり、貴族の子弟教育のためのグランド・ツアーでもあった。その間のキッフィンとロックの交友関係は、距離的に離れているとはいえ、親密なものであった。たとえば、交易の要地としてイングランド領事館が設置されていたシリアのアレッポから、ロバート・ハンティントンは一六七八年五月二二日付の書簡をジョン・ロックに宛てたが、その宛先は「ロンドンのオースティン・フライヤーズの商人ウィリアム・キッフィン気付ジョン・ロック氏宛て」と記されていた。[36] ロックの不在中の住所が、バハマ諸島会社の営業会議が開催されたオースティン・フライヤーズのキッフィンの自宅だったのである。セント・ピーター・ル・プア教区にあるキッフィンの自宅には、一六七五年の炉税報告書によれば一八もの炉があり、客人をもてなすには十分な広さであった。キッフィンは、その建物を三〇〇〇ポンドで購入、一六六八年から最初の妻ハンナが一六八二年に死ぬまで、一三年間ハンナや子どもたちと一緒に暮らした。アムステルダム駐在のキッフィンの代理人であるロバート・スタイルズもそこに一時寄寓した。[37] また、ハンティントンは、一六七一年から一六八一年までアレッポのレヴァント会社の商館付チャプレインであった。王政復古以降、麻と綿の混紡であるファスティアン織が流行し、トルコ産の綿花が重要な輸入品となったので、制規会社であるとはいえレヴァント会社には、キッフィン家からも一六八〇年代初頭にキッフィンの三男のヘンリや、三女の娘婿ベンジャミン・ヒューリングの息子ロバートが組合員となり、アレッポで代理商をしていたのである。[38]

ロックのフランス旅行中のキッフィンとの交友関係の証拠は、ロックの留守中の住所の件だけではない。ロックは旅行中『日記』を綴ったが、以下の四カ所にキッフィンについての言及がある。

［一六七六年］三月一七日。私［ロック］はモンペリエにおり、受取人をロンドンのキッフィンとして、ピーエール・ロカレオにワインをボルドーから船で送ってもらった。ヤーマスのジェームズ号で船長はトマス・パリス。荷物運送料は五シリング[39]。

三月二四日、火曜日。ストリンガー氏にオレンジの積載手形を送る。一六七六年三月一三日にボルドーからピエール・ロカールが、受取人をロンドンのキッフィンとして、ナサニエル・ロック船長のヤーマスのリカバリー号に積んだ。荷物輸送料は八シリング[40]。

フランスからワインやオレンジを送るのにロンドンのキッフィンを受取人にしているのは、「シャフツベリのための農業スパイ」としてのロックの役割ではないのだろうか。アーミテイジによれば、フランス旅行中も、ロックはカロライナの将来に関心をもっていた。ロックは、帰国後「ワイン、オリーブ、果実とシルクに関する考察」(‘Observations on Wine, Olives, Fruit and Silk’)を発表しているが、カロライナやバハマ諸島の経済的将来像を思い描いていたからこそ、同じバハマ諸島会社の社員であるキッフィンを受取人としていたように思われる[41]。だが、両者の取引関係は、個人貿易に留まらなかった。

五月一〇日、月曜日。私は、二〇リブラ・スターリングに対して、サー・ペイシャンス・ワードの信用状に基づき、ボルドーのトマス・アンデル氏から二五五ポンドあるいは八五エスキューズを受け取った。信用状の命令と、サー・ペイシャンス・ワード宛の手形に裏書をし、二つの手形に署名したアンデル氏の要求にしたがって、しかしながら同日に、サー・ペイシャンス・ワードに対して二〇リブラをキッフィン氏に返済し、弁済してもらうために、キッフィン氏に手紙で注文した。(42)

ロックは、キッフィンに向かって、預金を書き換え準備するさいの援助を求めているのである。『日記』の記載は明らかに、ロンドンのサー・ペイシャンス・ワードという彼の金銭上の代理人をキッフィンに置き換えようとしている。ワードは、フランス毛織物貿易に従事するロンドン商人で、キッフィンが拒否された際の一六七〇〜七一年にロンドン市シェリフ、一六八〇年にはロンドン市長に就任した。(43)非国教主義にシンパシーをもつ改革派プロテスタントであり、「便宜上の国教徒」(occasional conformist)として公職に就任したのである。ロックと非国教徒貿易商人の関係を物語る貴重な資料である。

[一六七七年]六月九日、水曜日。キッフィン氏の一六七六年九月一三日付手形、三一五ポンド一五シリング九ペンスに基づくペレティエ氏の記録。(44)その手形はストリンガー氏によって二五リブラ・スターリンクで決済された。

この記録は、ワードに代ったキッフィンがロックの金銭上の代理人として行動していることを示している。これは、ロックがパリにいた間に書かれている。

フランス旅行の『日記』は、J・ラフの編集によって一九五三年に出版された。それにしても、どうしてロック研究者は、パティキュラー・バプテスト派の貿易商人と啓蒙思想家の間で交わされた商品取引、金銭取引が物語るような、両者の親密な関係に気づかなかったのだろうか。その原因は、編集者のラフが『日記』の注記の中で、キッフィンのことを、パティキュラー・バプテスト派の指導者、貿易商人であると認識できずに、「シャフツベリ家の家人か?」('a member of Shaftesbury's household?')と記載しているからなのだろうか。(45)

「現金出納簿」に記帳されているロックのキッフィンとの取引

オックスフォード大学ボウドレアン図書館所蔵ラヴレース・コレクションの中に、シャフツベリ家の執事トマス・ストリンガーが記帳したロックに関する複数の「現金出納簿」が収められている。これらの「現金出納簿」は一応、貸借対照表の形式を踏まえており、借方(Dr)は現金の減少を示し、貸方(Cr)は現金の増加を表している。ストリンガーは、ロックの留守中帳簿を管理していた。彼は、バハマ諸島会社の出資者として、ロックやキッフィンとともに営業会議に出席した仲でもある。

MS Locke b.1という「現金出納簿」の中の、キッフィンに関する言及は以下の通りである。

ロック氏出金

[一六七六年]九月一四日　　パリスに返金するためのキッフィンへの支払　二五ポンド。(46)

この言及はフランスの都市パリではなく、さきの『日記』の記述と連動するが、ロックが一六七六年三月にロンドンへワインの積み荷を送ったさいに用いたリカバリー号の船長であるトマス・パリスを指しているように思われる。実際キッフィンには、ロックがこの船の船長への負債を帳消しにするのに役立てるために二五ポンドが支払われた。一六七五年五月以来、キッフィンがロックの金銭上の代理人を勤めていることを示している。

[一六七八年]九月三日　　信用状の返済のためにキッフィンの下男に一シリングの支払。(47)

じつに少額であるが、ストリンガーは記載を忘れない。

ロック氏入金

シルク貿易のためにキッフィンからジョン・ロックが受領した金銭を示す帳簿（一六七八年一月）

一月二三日　キッフィン氏からシルクのために一二〇ポンド一九シリング三ペンス四分の一を受領　シルクのために五〇ポンドを受領

一月三一日　シルクのために六六ポンド一〇シリング八ペンス四分の三を受領

三月八日　シルクのために六二ポンド一〇シリングを受領

四月五日　シルクのために七八ポンド一六シリング七ペンス二分の一を受領(48)

ロックは、一六七八年の冬から春にかけて断続的に、シルク貿易の見返りに、キッフィンから合計三七六ポンドを超える金額を受け取った。両者は、個人貿易や金銭上の代理人の関係を越えて、貿易への投資の関係に入っていることを示している。参考までに、ロックがキッフィンから受領した三七六ポンドという金額は、シャフツベリ伯からのロックへの給金が年間二〇〇ポンドを上回らない金額であったことを考慮するとき、決して少ない金額ではなかった。(49) ロックはキッフィンとともに、シルク輸入貿易に投資していたのである。アムステルダムへの毛織物輸出のインターローパーとして出発した新興貿易商人のキッフィンは、独占特許会社であった東インド会社に株主総会が設置された一六五七年の護国卿クロムウェルによる改組により、東インド会社の株式を一〇〇〇ポンド保有するようになり、娘婿でレヴァント会社社員のベンジャミン・ヒューリングと一緒に東インド会社の活動に関与し、一六七三年三月二六日には、ついに東インド会社の社員となった。(50)

MS Lock c.1 の手稿には、一六七二年から一七〇二年までにロックが取引した一一三の勘定口が記されている。(51)

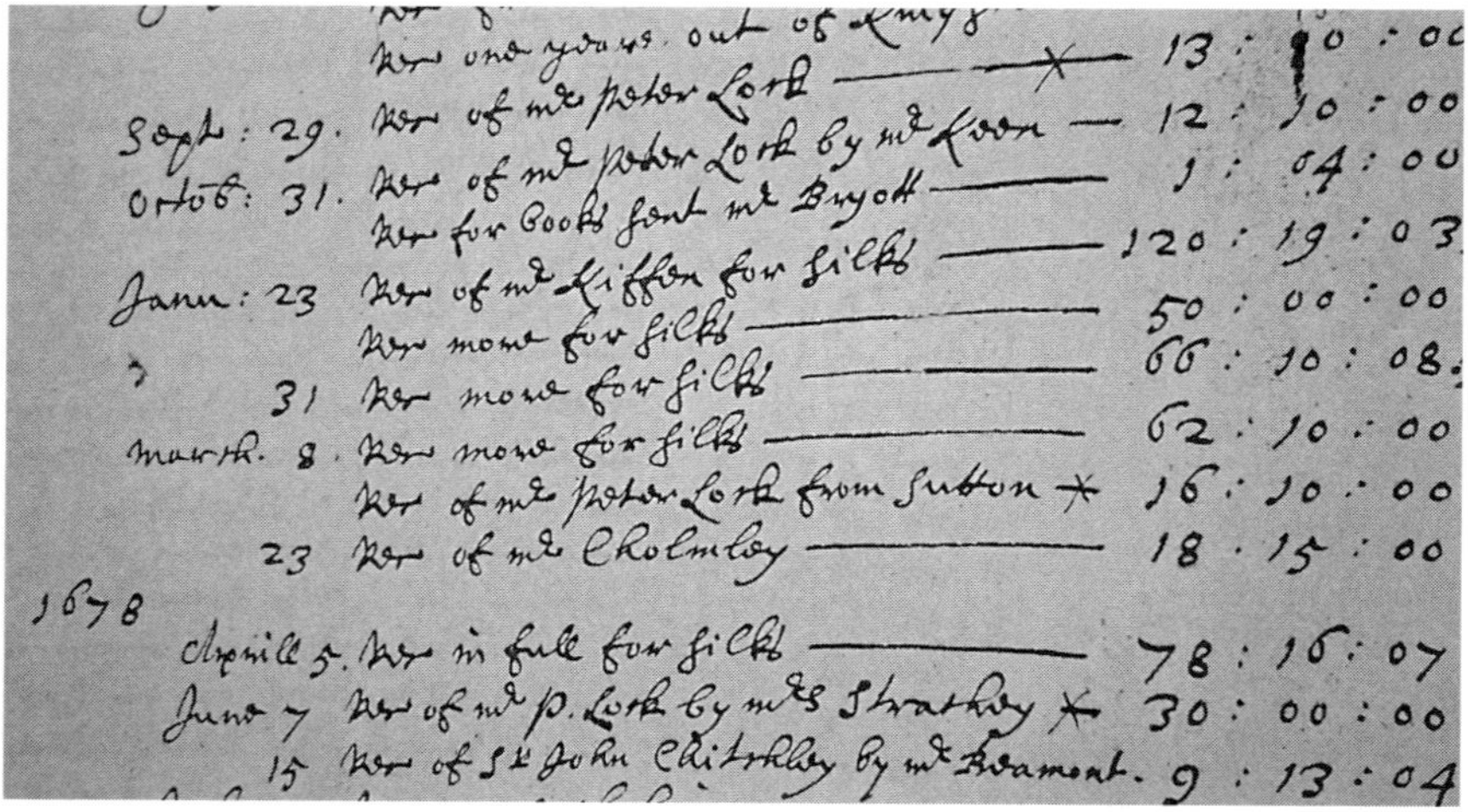

ロック「現金出納簿」借方（MS Lock, b.1, p. 24）

一六七三、四年　キッフィン氏　借方

二月九日　キッフィン氏に現金二〇〇ポンド［貸付もしくは出資か］

二月九日　リチャード・トムソン氏の会社からホッシング氏に支払可能な為替を彼［キッフィン］に渡した一六五ポンド

二月九日　［一六］七三年七月二三日にキッフィンに手渡した三通の手形に対して［一六］七三、四年一月二二日の別の手形

［一六］七四年一月二二日の別の手形　全額はリチ［ヤード］・トムソンの会社により支払い可能なもの

四一〇ポンド一〇シリング

一六七三、四年　キッフィン氏　貸方

二月四日　ストリンガー氏によって［入金］四〇〇ポンド

三月二一日　ストリンガー氏によって［入金］一〇ポンド一〇シリング

四一〇ポンド一〇シリング(52)

詩人アンドリュー・マーヴェルの親戚であるリチャード・トムソンは、アングリカンの市長に激しく抵抗した金匠銀行家であり、ロンドンの非国教徒側の市評議員でもあった(53)。ロックはトムソンの会社の手形割引を通じて、フランス旅行に行く前からキッフィンに投資していたことになる。手形割引は、良質の貨幣が不足していたがゆえによく用いられた決済手段である。この取引の出資金はストリンガーによって一応回収されたことになっているが、時期的に判断して、以下のシルク貿易の勘定と関連しているように思われる。

一六七三、四年　シルク貿易　借方
私［ロック］の口座から出資　四〇〇ポンド
ジョーンズ氏の口座から出資　一〇〇ポンド
　　　　　　　　　　　　　　五〇〇ポンド

一六七八年　シルク貿易　貸方
ストリンガー氏により返済　三八三ポンド一シリング三ペンス二分一
ジョーンズ氏の持分に対するストリンガー氏による返済　九五ポンド一五シリング四ペンス
　　　　　　　　　　　　　　四七八ポンド一六シリング七ペンス二分一
貸借対照表の結果、私［ロック］の持分からの損失　一六ポンド一八シリング八ペンス二分一
ジョーンズ氏の持分に対する損失　四ポンド四シリング八ペンス二分一
　　　　　　　　　　　　　　五〇〇ポンド(54)

結果的にロックは、一六七三、四年のシルク貿易への投資において二二ポンド以上の損益を計上しているのではないだろうか。K・H・D・ハーレイによれば、一六七四年二月四日付の現存する契約書は、アシュリー卿が二五〇

〇ポンド、キッフィンが一五〇〇ポンド、ロックが五〇〇ポンド、モウリス・ハントという人物が五〇〇ポンドを投資して、ジョイント・ストック（合本資本）を形成し、シルク貿易に乗り出したことを示している。[55] おそらく、MS Locke b.1 の「現金出納簿」の記載された一六七八年のキッフィンからロック宛の三七六ポンドを超える入金は、一六七三、四年の五〇〇ポンドの投資のマイナス・リターンであろうし、一六七三、四年二、三月のキッフィン勘定口の四一〇ポンド一〇シリングの入出金も、東インド会社の社員であるキッフィンがシルク貿易の窓口となったことによる資金移動であったように思われる。

キッフィンとの取引以外をみると、ロックは損ばかりしていたのではない。一六七九年の帰国後、東インド会社に四五〇ポンドを貸付、半年のうちに一二ポンド以上の配当をえていたことも、この「現金出納簿」から窺われる。

一六八〇年	東インド会社　借方	
八月	彼らに貸付	四五〇ポンド
九月三〇日	五％の配当	三ポンド七シリング
一六八一年		
一月七日	三％の配当	三ポンド一三シリング七ペンス
三月三一日	五％の配当	五ポンド四シリング六ペンス
		四六二ポンド五シリング

一六八〇年	東インド会社　貸方	
九月三〇日	リチャーズ氏による入金	三ポンド七シリング
一六八一年		
一月三日	リチャーズ氏による入金	三ポンド一三シリング六ペンス

三月三日　　リチャーズ氏による入金　　四五五ポンド四シリング六ペンス
四六二ポンド五シリング(56)

ハーレイは、一六七一、七二年に、シャフツベリ伯とキッフィンの間に、グリーンランド会社の捕鯨がらみで、シャフツベリ伯からキッフィンに二八〇〇ポンド、キッフィンが翌年に二五〇五ポンドを返済したことを指摘している。(57)このようにシャフツベリ伯を通じて、キッフィンとロックは出会い、その交友、取引関係を構築していったのである。シャフツベリ伯は、一六七一年一一月にブリテンの大西洋の植民地に奴隷の供給を独占するために改組された王立アフリカ会社にかなりの投資をした。シャフツベリ伯が所持していた株式の合計は二〇〇〇ポンドになり、彼より投資額が多いのが、国王の実弟のヨーク公と国王派のロンドン市長、大金匠銀行家のサー・ロバート・ヴァイナーぐらいであった。シャフツベリ伯の忠告に従って、ロックも四〇〇ポンドを奴隷貿易に投資した。[58]キッフィンはこれまで、教会史家から奴隷貿易への関与について言及されたことはなかった。しかしながら、ロック同様、一六七二年よりバハマ諸島会社の出資者であったことは、キッフィンも間接的ながら奴隷貿易にコミットしていたことを意味するのである。(59)

おわりに――思想的交錯

これまでのロック研究において、「ゼクテ」型の教会観を体現するバプテストとロックの関係について、その重要性は指摘されてきたが、詳しく論じられることはなかった。かつて松下圭一は、「内面的自由を基礎にする契約教会の構成、さらに国家と教会との分離というイギリス・ピューリタニズムの論理の「完全な開化」とジョルダン(ママ)によって位置づけられたイギリスのバプティストが、アナバプティストと自らを区別したのは、この国家の位置づけについてである……。この国家と教会の緊張こそが、教会契約の国家契約への貫徹となっていく。……このような自由・平等な個人の自発的教会契約は、ついで国家契約に転写されることによって、世俗国家自体も自由・平等な個人の自発的結合体になるであろう[60]」と述べた。初代シャフツベリ伯の伝記研究者であるハーレイは、穏健な非国教徒の牧師リチャード・バクスターが一六六五年にサー・ジョン・トレヴァーを介して一度だけアシュリー卿と書簡を交わした点に触れて、アシュリー卿は「一六六〇年以降じつに多くの非国教徒の信徒と友好関係にあったが、彼が関係していたように思える非国教徒の牧師は（私が思い起こせる限りでは）、バプテストの牧師で貿易商人のウィリアム・キッフィンだけだ[61]」と指摘している。キッフィンは、一六七二年のバハマ諸島会社の設立時の社員として公然と名を連ねるようになったとはいえ、王政復古後に国王に忠実であったアシュリー卿と文書や書簡を残せるような関係ではなかったし、またロックとキッフィンの関係においてもそうであったといえる。とくに、アシュリー卿を介して、キッフィンとロックが接触したと思われる一六六七年以降の思想状況は、非国教徒が自らの教会の存亡の危機に瀕していた時期と重なる。王政復古期のロンドン市史家デ・クレイによれば、一六六四年に導入された秘密集会法は五年間の時限立法であり、国教徒と非国教徒の抗争は、一六七〇年四月に第二次秘密集会法が庶民院で採択される頃を頂点に激化していった[62]。その頃、キッフィンは、先述のように、非国教徒ゆえにいずれも就任は拒否されたものの、二度もロンドンの市参事会員、一度シェリフに指名されたのである。また財政窮乏の折に、王室への貸付にキッフィンを筆頭に非国教徒のロンドン市民が出資したのである。このような活動は、一六七二年の国王が発布した「信教の自由令」を用意していたシャフツベリ伯とその秘書のジョン・ロックが見逃すはずはないのである。残された文書、書簡だけが思想的相互作用を物語るのではない。ロックが問題にした世俗社会、政治社会においては、相互の信用の上に築かれた経済的取引も、その関係の親密さを物語るのである。

ロックは、このように緊迫した思想状況の中で、初期の権威主義的なロックから中・後期のリベラルなロックへとその論調を変えていく。具体的には、「非本質的事項」という聖書に記されていない礼拝上の事柄に統治者は関与できるか否かという問題がそれである。長老派エドワード・バグショーの寛容への訴えに、王政復古後に執筆された『世俗権力二論』でこう述べている。「私はかえって、万人が生まれながらにして（by nature）欲する限り最大限の自由をもつことを認めつつ、それでいてしかし、社会、統治、秩序が世界に在る間は、支配者がすべての非本質的事物の上に権力をもたなければならないと論証するであろう[63]」。他方、キッフィンが筆頭署名者であるパティキュラー・バプテスト派の「第一ロンドン信仰告白」修正版は、一六四六年というピューリタン革命の時期に、個人の良心の自由の大切さと統治者の義務について、こう述べている。「神の礼拝に関して、そこには救いや選びを決定できる唯一の立法者イエス・キリストしかいない。彼は礼拝のためのみ言葉のうちに充分な定めや規則を与えた。そのため諸個人の良心の自由を賦与することは統治者の義務である。（そうすることは、良心的な者すべてにとって最も憐れみ深い、大切なことであり、そうすることなくしては、ほかの自由は名づけるに価しないし、いわんや享受するに価しない[64]）」。統治者は、教会の礼拝という「非本質的事項」を支配するのではなく、諸個人の「良心の自由」を保証することにこそ、その義務があるというのである。パティキュラー・バプテスト派は近代国家の立憲モデルとなる政治権力の価値中立性をその「信仰告白」の中で、すでに提唱していたのである。その点は、一六六七年から執筆された『寛容論』における「統治者は、人間の魂の善や別の世での関心事にいっさい関りがなく、ただ社会において人々が互いに平穏かつ快適に生活するために、その権力を委託されたにすぎない[65]」というロックの権力観と、ある種の思想的共鳴関係を示しており、この思想的共鳴関係こそが、キッフィンとロックとの間の交友、取引関係につながっていったのではないだろうか。

さて、議論を冒頭のアーミテイジの問題提起に戻そう。『寛容論』を編集したJ・R・ミルトンによれば、ロックはエクセタ・ハウスにおいて、「シャフツベリ家のセミデタッチドな一員」、すなわち、しばしば不在であるが、必要とされるときには召集される構成員であった。そのロックが一六六九年の後半から行政上の職務に取り組んだが、そのほとんどは、アシュリー卿が領主の一員であったカロライナ植民地の問題であり、『カロライナ憲法』の起草に関与した(66)。特筆すべきは、この憲法と、アシュリー卿にとっては、その延長線上の植民事業であったバハマ諸島の「勅許状」（一六七〇年）のいずれにおいても、「信教の自由」の保証が明記されていることである。『カロライナ憲法』において、先住民に「信教の自由」を承認した条項には、こう述べられている。「しかし、われらの植民とかかわりのある当地の原住民は、キリスト教にはまったく無知だから、偶像崇拝、無知、または誤りがあるからといって、彼らを排除し、虐待する権利は、われらにはない。他の場所からここへ植民するために移住する人々は、宗教事項について異なった見解を不可避的にもつが、そうした自由は彼らには許されていると彼らは当然考えてよい。……さらに異教徒、ユダヤ人、およびキリスト教の純粋性に異論をもつ他の者たちは、脅かされたり、遠ざけられたりしてはならない。……したがって、何らかの宗教で一致する七名またはそれ以上の人間は一つの教会、または信仰集団を構成し、それにたいし、彼らは他から区別された名前を付与する(67)」。また、バハマ諸島の「勅許状」にも、「件の諸島の人々や住民のいく人かが私的な見解において、イングランド教会の祈禱、形式、儀式に従って公的な宗教の実践に服従することや、そのために作成された宣誓や信仰箇条に署名できないということが起こるであろう。……［領主の相続人や代理人は］信教の自由（Indulgence）や適用免除（Dispensation）をその裁量において適切で合理的であると考える時宜と時間、範囲と限界において、実行するであろう。そのような特権が与えられた人や人々は、この島やカウンティ、コロニーの世俗的な平和を実際に乱したり、海外に行かない限

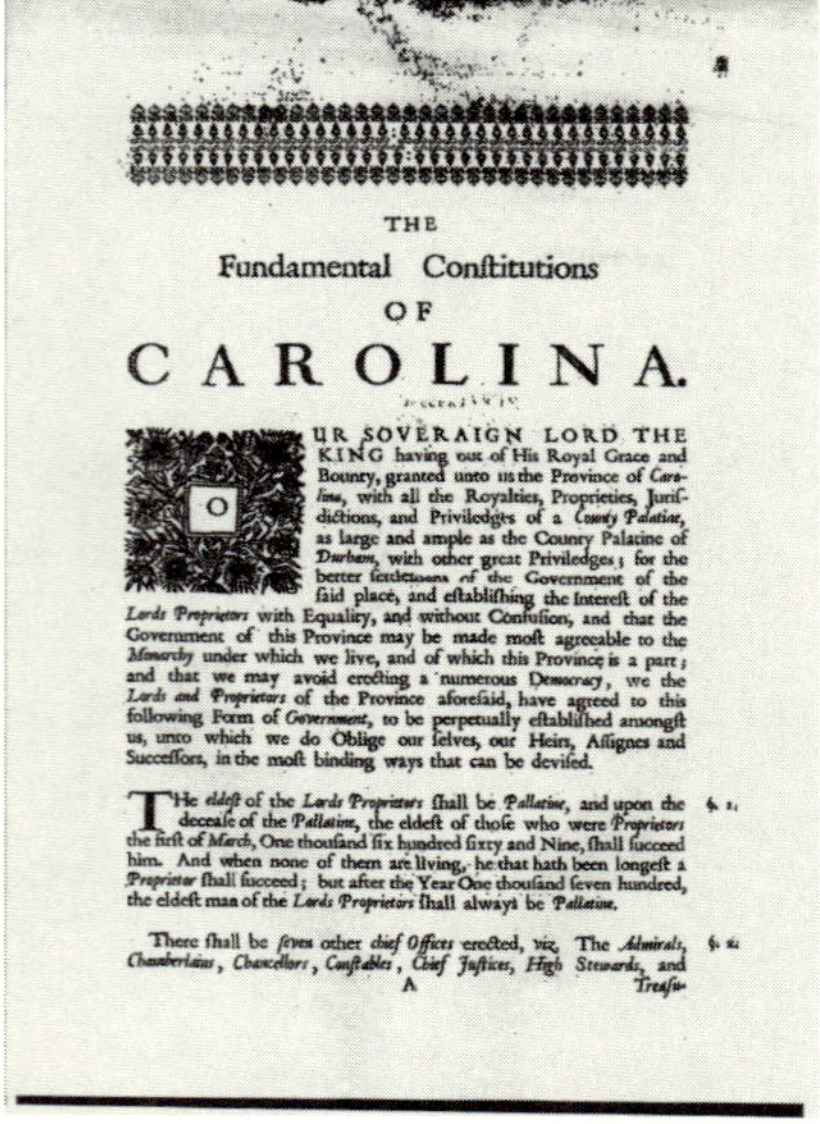

THE
Fundamental Constitutions
OF
CAROLINA.

OUR SOVERAIGN LORD THE KING having out of His Royal Grace and Bounty, granted unto us the Province of Carolina, with all the Royalties, Proprieties, Jurisdictions, and Priviledges of a County Palatine, as large and ample as the County Palatine of Durham, with other great Priviledges; for the better settlement of the Government of the said place, and establishing the Interest of the Lords Proprietors with Equality, and without Confusion, and that the Government of this Province may be made most agreeable to the Monarchy under which we live, and of which this Province is a part; and that we may avoid erecting a numerous Democracy, we the Lords and Proprietors of the Province aforesaid, have agreed to this following Form of Government, to be perpetually established amongst us, unto which we do Oblige our selves, our Heirs, Assignes and Successors, in the most binding ways that can be devised.

THe eldest of the Lords Proprietors shall be Pallatine, and upon the decease of the Pallatine, the eldest of those who were Proprietors the first of March, One thousand six hundred sixty and Nine, shall succeed him. And when none of them are living, he that hath been longest a Proprietor shall succeed; but after the Year One thousand seven hundred, the eldest man of the Lords Proprietors shall always be Pallatine. §. 1.

There shall be seven other chief Offices erected, viz. The Admirals, Chamberlains, Chancellors, Constables, Chief Justices, High Stewards, and Treasu- §. 2.
A

『カロライナ憲法草案』（1682 年版）

り、宗教的な関わりの事柄における意見や実践の相違の問題によって、決して苦しめられたり、罰せられたり、黙らされたり、召喚されたりしないであろう」[68]。このような「信教の自由」に対しては、植民事業のために各地から多様な信仰をもつ入植者を引き寄せるための手段にすぎないとか、特にバハマ諸島の勅許状は、自由教会制度ではなく、領主の裁量の下での「包容」的宗教政策であるといえなくもない。しかし、イングランド本国において、第二次秘密集会法によって「信教の自由」が奪われようとしていた時期に、ロックとキッフィンが関与した植民地では、こうして統治者による「信教の自由」の保証が明記されたのである。この「信教の自由の保証」により、「所有権は所有者の魂の状態に由来する」という「教皇勅書」に基づく「領有権」の主張は根拠を喪失し、それに代わる所有権の根拠として、自然状態にあると想定された北米植民地を舞台として展開される労働価値説が頭をもたげることになる。

注

(1) D. Armitage, *The Ideological Origins of the British Empire*, Cambridge U. P., 2000, pp. 90, 97–98. 平田雅博・岩井淳・大西晴樹・井藤早織訳『帝国の誕生――ブリテン帝国のイデオロギー的起源』日本経済評論社、二〇〇五年、一二一、一二八―一二九頁。

(2) P. Laslett, ed., *Locke, Two Treatises of Government*, Cambridge U. P., 1988, pp. 65, 123–126.

(3) J. R. Milton, 'Dating Locke's Second Treatise', *History of Political Thought*, vol. 16, No. 3, 1995, pp. 372–4.

(4) D. Armitage, *Foundations of Modern International Thought*, Cambridge U. P., 2013, pp. 107–113. 平田雅博・山田園子・細川道久・岡本慎平訳『思想のグローバル・ヒストリー――ホッブズから独立宣言まで』法政大学出版局、二〇一五年、一四九―一五六頁。

(5) M. Goldie, ed., *Locke, Political Essays*, Cambridge U. P., 1997, p. 178. 山田園子・吉村伸夫訳『ロック政治論集』法政大学出版局、二〇〇七年、二七頁。

(6) J. R. Milton & P. Milton, eds., *John Locke An Essay Concerning Toleration and other Writings on Law and Politics, 1667–1683*, Oxford U. P., 2006, pp. 281–282. 山田園子訳「寛容論」同著『ジョン・ロック『寛容論』の研究』渓水社、二〇〇六年、二〇三頁。

(7) *WKW*–1〜6.

（8） Kreitzer, 'William Kiffen,John Lock,and the Bahama Adventures', in *WKW*–1.

（9） 'Articles and Orders of the Company of Adventurers to the Bahama Islands, 1672'（BLL, Add MS15, 640）, in *WKW*–1–364. クライツァによれば、この「バハマ諸島会社手稿」にはロック直筆の注記が加えられており、巻末の数頁は、ロックの従兄弟ピーター・キングの妻アンの家計簿として利用されていた。

（10） R. M. Weir, "Shaftesbury's Daring': British Settlement in the Carolinas at the Close of the Seventeenth Century', in N. Canny, ed., *The Oxford History of the British Empire*, vol. 1, Oxford U. P., 1998, p. 379.

（11） アシュリー卿の経歴とその活動については、K. H. D. Haley, *The First Earl of Shaftesbury*, Oxford, 1968 が詳しい。

（12） M. Craton, *A History of the Bahamas*, London, 1968, pp. 63–64. T. Leng, 'Shaftesbury's Aristocratic Empire', in J. Spurr, ed., *Anthony Ashley Cooper, First Earl of Shaftesbury 1621–1683*, Surrey, 2011, pp. 103–114.

（13） 本書、第三章参照。

（14） W. Hubert Miller, 'The Colonization of Bahama, 1647–1670', *The William and Mary Quaterly*, vol. 2, no. 1, Jan., 1945 参照。

（15） E. S. De Beer, ed., *The Correspondence of John Locke*, vol. 1, Oxford, 1976, p. 393n. T. Bethell, *The Early Settlers of the Bahama Islands*, Norfolk, 1930, pp. 63–71.

（16） Craton, *op. cit.*, p. 65.

（17） 'The Charter of the Bahama Islands'（Letters Patent C 66/3122, part 9）, in *WKW*–1–375.

（18） *WKW*–1–377.

（19） *WKW*–1–375.

（20） *WKW*–1–376.

（21） *WKW*–1–380.

（22） Craton, *op. cit.*, p. 64.

（23） *WKW*–1–364–365.

（24） 本書、第七章参照。

（25） *WKW*–1–389–397.

（26） *WKW*–1–390.

（27） *WKW*–1–404–405.

(28) *WKW*–1–397–406.

(29) *WKW*–1–406–408.

(30) 本書、第四章、一三四頁。

(31) *WKW*–1–370. 分捕品購入委員会の収益は、第一次英蘭戦争による傷痍水兵の生活費、戦争寡婦やその子どもたちの賜金に宛てられた。キッフィンは、戦病死したウィリアム・ルース艦長の妻アンとその九人の子どもたちのために海軍本部に働きかけ、賜金支給のさいに財政的パトロンになった。Kreitzer, 'The Case of William Rouse, Captain of Frigate Portland', in *WKW*–2–133–149.

(32) 'Sir Peter Collection to Locke, 28 May 1673', in De Beer, ed., *op. cit.*, pp. 379–380.

(33) 'Sir Peter Collection to Locke about October 1673', in *Ibid.*, p. 393.

(34) M. Cranston, *John Locke; A Biography*, Oxford U. P., 1985, p. 115n.

(35) T. Leng, *Benjamin Worsley (1618–1677): Trade, Interest and the Spirit in Revolutionary England*, Woodbridge, 2008, 173.

(36) MS Lock c.2, fol. 248. De Beer, ed., *op. cit.*, p. 571.

(37) *WKW*–1–371, *WKW*–5–275–276.

(38) *WKW*–1–372. レヴァント貿易については、非国教徒の新興貿易商人ゆえに、かなり強引な方法でレヴァント会社の社員になったボディントン家の活動が興味深い。川分圭子『ボディントン家とイギリス近代――ロンドン貿易商 1580–1941』京都大学学術出版会、二〇一七年、第四、五章参照。

(39) J. Lough, ed., *Lock's Travels in France 1675–1679*, Cambridge U. P., 1953, p. P. 56. フランス旅行にかんしては、山田園子『ジョン・ロックの教会論』渓水社、二〇一四年、第二章参照。

(40) *Ibid.*, p. 60.

(41) Armitage, *op. cit.*, *Foundation of Modern International Thought*, p. 102. 邦訳前掲書、一四二―一四三頁。

(42) Lough, ed., *op. cit.*, p. 142.

(43) ペイシャンス・ワードについては、J. R. Woodhead, ed., *The Rulers of London: 1660–1689*, London, 1965, p. 170 参照。

(44) Lough, ed., *op. cit.*, p. 149.

(45) *Ibid.*, p. 56n.

(46) MS Locke b.1, p. 25.

(47) Ibid., p. 95.

（48） Ibid., p. 24.
（49） Milton & Milton, eds., *op. cit.*, p. 5.
（50） Kreitzer, 'William Kiffen and the French Wine Import Business', in *WKW*-2-150. Do, 'William Kiffen and Benjamin Hewlwinf's Chancery Court Case of May 1666', in *WKW*-3-69.「クロムウェルの改組」については、大塚久雄「株式会社発生史論」『大塚久雄著作集』第一巻、一九六九年、四九三頁。
（51） MS Lock c.1 の手稿を勤務先の同僚の会計学者鳥居宏史教授に目を通してもらった。鳥居教授からは、この「現金出納簿」は貸借対照表の形式を踏んでいるとはいえ、メモ書き相当と考えるべきとの助言を頂いた。
（52） MS Lock c.1, p. 54, 55.
（53） Ge Krey, *London and the Restoration 1659–1683*, Cambridge U. P., 2005, pp. 148–149, 412.
（54） MS Lock c.1, pp. 54, 55.
（55） Harley, *op. cit.*, p. 228.
（56） MS Lock c.1, p. 54, 55.
（57） Harley, *op. cit.*, p. 228.
（58） K. G. Davies, *The Royal African Company*, London, 1957, p. 65.
（59） 西インド貿易商人を考察した川分は、「西インド経済は、植民地における砂糖生産、アフリカからの西インドへの奴隷貿易、砂糖の本国への輸送と販売の三段階に分けて考えなければならない。ロンドン貿易商が基本的に従事していたのは三番目の段階である」と述べている。川分、前掲書、序章参照。
（60） 松下圭一『市民政治理論の形成』岩波書店、一九五九年、一七四―一七六頁。なお、イギリスのバプテスト派と大陸再洗礼派の異なる国家観については、拙稿「「洗礼派」、バプテスト派の記述をめぐって」キリスト教史学会編『マックス・ヴェーバー「倫理」論文を読み解く』教文館、二〇一八年、所収参照。最近刊行された加藤節『ジョン・ロック――神と人間の間』岩波新書、二〇一八年、一一八頁以下において、ロックの教会論が「ゼクテ」型であり、この点からロックが寛容論を展開していることを述べている。
（61） Harley, *op. cit.*, p. 148n. バクスターの書簡については、M. Sylvester, ed., *Reliquiæ Baxterianæ: Or Mr. Baxter's Narrative of the Most Memorable Passage of His Life and Times*, London, 1696, p. 445.
（62） Grays S. De Kray, 'The First Restoration Crisis: Conscience and Coercion in London 1667–73', *Albion*, vol. 25, No. 4, 1993. Do., 'Rethinking

the Restoration: Dissenting Cases for Conscience, 1667–1672', *Historical Journal*, 38, 1, 1995.

(63) P. Abrams, *John Locke: Two Tracts on Government*, Cambridge U. P., 1697, p. 123. 友岡敏明訳『世俗権力二論』未來社、一九七六年、二二頁。

(64) 拙著『イギリス革命のセクト運動〈増補改訂版〉』御茶の水書房、二〇〇〇年、八二頁。

(65)『寛容論』執筆におけるロックの課題と背景については、山田、前掲書『ジョン・ロック『寛容論』の研究』第二章、第三章が詳しい。しかしながら、キッフィンについての言及はない。

(66) Milton & Milton, eds, *op. cit.*, pp. 5–6, 10.

(67) Goldie, ed., *op. cit.*, p. 178. 山田・吉村、前掲訳書、二七―二八頁。

(68) The Charter of the Bahama Islands (1670), in *WKW*–1–387.

補論　「デヴォンシァ・スクエア・バプテスト教会」教会員の社会経済史的分析

一

新興貿易商人にして、パティキュラー・バプテスト教会の牧師であるウィリアム・キッフィンが牧会した教会には、どのような人びとが集まったのだろうか。

キッフィンが牧会した教会は、通称「デヴォンシァ・スクエア・バプテスト教会」と呼ばれるが、これは、名誉革命後「寛容法」によって、自由かつ安全に礼拝活動が許されたシティ東郊の集会場所「デヴォンシァ・スクエア・ウィズアウト・ビショップスゲイト」の名前に由来する。キッフィンの教会は、名誉革命直前の一六八七年頃にここに集会場所を構えたように思われる。それ以前は、本書、第六章において述べたように、集会場所は転々としていた。判明するだけでも、比較的安全な共和政期の一六五〇年から一六五六年には、ブロードストリートのグラスハウス・ホールで、一六六〇年の王政復古の迫害期には、ロンドン港に近いテムズストリートのセント・ダンスタンズに集会場所をもっていた。一六七二年にチャールズ二世によって出された「信教の自由令」では、ビショップスゲイトの近くに、オリヴァ・クロムウェルのチャプレインをしていた元聖職者ダニエル・ダイクと、獣脂蠟燭製造工トマス・ハリソンの名前で二つの集場所の許可を得ている。

さて、キッフィンの教会の会員名簿であるが、ラリー・クライツァ編集の『ウィリアム・キッフィンとその世界』第一部（Larry J. Kreitzer, ed., *William Kiffen and his World* (Part 1), Regent's Park College, Oxford, 2010, chap. 5）に掲載されている。クライツァによれば、ロンドンのギルドホール・ライブラリ所蔵の資料の中にある九三頁にも及ぶ四つの名簿がそれである（GL MS20, 230, folios5–93）。第一の名簿は五―九頁のもので、一六六〇年代初頭から一六六八年八月のものである。第二の名簿は、一六六八年二月二四日から記載され、一六七四年が最後の日付となっている。第二次秘密集会法の導入により、宗教迫害が最も過酷であった折のものである。第三の名簿は、一六七〇年八月三日から記載が開始され、第四の名簿は、キッフィンの召天後も記載され、一七〇七年一月で終わっている。名簿には、性別、名前、そして不詳が少なからず見られるが住所、職業が記載され、最後に教会としての特記事項が記されている。本補論では、第一と第二の名簿に記された男女総勢三八五人について、氏名の記載は紙幅の関係で割愛し、数量的データーとしてその社会経済史的分析をすすめていくことにする。

二

まず男女比であるが、男性一二七名、女性二五七名、不詳一名である。男女は「兄弟」（brother）、「姉妹」（sister）と記載されている。比率は男性約三三％、女性約六七％であり、この比率は古今東西を問わずキリスト教会の平均値に近いように思われる。ただ、発展しつつある近世都市ロンドンを象徴しているのは、そのうち、夫婦は五三組（離婚一組を含む）であり、この一〇六名は教会員総数の約三〇％に当たる。教区教会や農村共同体の自由教会に比して、夫婦の比率は低いのではないだろうか。幼児洗礼を否定し、個人の信仰告白に基づく浸礼を教会員資格とするバプテスト教会であることを反映して、家族会員の少ないのも特徴である。夫婦以外に、明らかに家族として名簿に記載されている者は、娘九名、姉妹四名、実母二名、義母一名、雇人一名の一七名に過ぎない。

かつて、ピューリタン革命前夜であるが、セクト型教会の教会員の居住状況の特徴は、シティではなく郊外にあることを指摘した（大西晴樹『イギリス革命のセクト運動〈増補改訂版〉』第三章、御茶ノ水書房、二〇〇〇年）。今回、キッフィンの教会員の住所を考察して、より鮮明になったことは、遠隔地貿易をはじめとする海外貿易の伸張に伴い、テムズ川沿いのロンドン東郊に海運、造船業が発展し、南郊のサザークに毛織物業、東北郊外のスピトルフィールズ絹織物業が立地するのを反映して、住所が特定される教会員においては、郊外居住者の割合が高いという点であり、その住所も、ロンドンの産業立地の発展をほぼ反映している点である。まず、住所欄にシティ郊外の地名を記載している者の数は一四六名で、教会員総数の約三八％であり、住所不詳者を考慮すると、決して少ない数ではない。そのうち地名の位置関係が判明する者を列挙すると、ラトクリフハイウェイ（本書、第四章の地図参照）より南のテムズ川沿いに住む者は、セント・キャサリン三名、イーストスミスフィールド一五名、ワッピング一九名、シャドウェル二名、ラトクリフ三二名、ポプラー五名、グリンニッジ七名の合計八三名、郊外居住者に占める比率の約六七％となる。それに、東郊から北郊にかけてのミノリーズ五人、リトルミノリーズ三人、ホワイトチャペル一四人、スピトルフィールズ三人、モアフィールズ一人、リトルモアフィールズ五人、バンヒル二名、クラーケンウェル一人の合計三四名、南郊のサザーク二四人を加えると、一四一名であり、残りはわずかに、西郊のウェストミンスター四名、リッチモンド一名にすぎない。郊外に住むキッフィンの教会の会員は、一七世紀の海洋貿易により発展をとげつつあるシティ東郊に特に多く、次に産業が立地するシティ郊外の東北や南に多く、貴族やジェントルマンの住む華やかな西郊とはほとんど無縁であったことが分かる。

他に住所上の特徴としては、六名の海外居住者がいる点である。内訳は、バルバドス島三名、ニューイングランド二名、アムステルダム一名であり、おそらく、形成されつつあるイングランドの貿易ネットワークと無縁ではない。

三

では、職業分布はどうか。会員総数三八五名中、職業の判明する者が二五三名であり、全体の約六五・七%である。だたし、夫婦の場合、子どもを除いて、夫人は夫の職業と同様にみなした。寡婦においては、夫の職業の記載があろうとも、本人自身の職業名を記載していない限り、寡婦という範疇に分類した。また、名簿には財産額の記載がないので、必ずしも正確な経済的ステイタスを示すものではないが、職業を垂直に以下の九つの範疇に分けた。①ジェントリ・元聖職者、②貿易商人、③食品・中間商人・製造業、④専門職・事務職、⑤船舶製造・港湾、⑥小生産者・手工業職人、⑦船乗り・水夫・農夫、⑧行商人・雇人・女給、⑨寡婦。

①三名(約一%):ジェントリ一名(庶民院議員ヘンリ・ローレンスの妻)、元聖職者二名(ダニエル・ダイク夫妻)

②一六名(約七%):貿易商人一四名(キッフィン夫妻、娘婿ヒューリング夫妻、後のロンドン市長アイルズ夫妻、オランダ人ゴスフライト夫妻他三組)、代理人二名(スタイルズ他一名)

③三四名(約一四%):醸造業七名、薬種商四名、小売商人四名、雑貨商二名、糧食補給業二名、仕入商人二名、タバコ商二名、亜麻織物商二名、絹物屋二名、小間物商一名、宿屋一名、家具屋一名、鉄器商一名、毛皮商人一名、銀モール製造一名、ビーバー帽製造一名

④一七名(約七%):翻訳業五名、醸造所事務員三名、助産婦二名、筆耕屋二名、看護婦手配二名、学校教師一名、看護婦一名、事務員一名

⑤一〇名(約五%):船乗り五名、船大工四名、波止場主人一名

⑥八〇名（約三四％）：靴製造工一二名、仕立工八名、絹撚工七名、大工六名、鞣皮工五名、ガラス工四名、煉瓦積工四名、獣脂蠟燭屋四名、ボタン製造工三名、手袋製造工三名、鍛冶屋二名、香料製造工二名、しろめ細工師一名、飯屋一名、荷担ぎ屋一名、桶屋一名、揃毛工一名、石鹸製造工一名、粉屋一名、パン屋一名、銀細工師一名、ビン製造工一名、子ども用コート製造工一名、磨き屋一名、糊屋一名、理髪屋一名、革袋工一名、仕上工一名、ハット製造工一名、ストール製造工一名、亜麻織工一名、真鍮細工師一名

⑦六名（約三％）：船員二名、渡し守二名、水夫一名、農夫一名

⑧三一名（約一四％）：雇人二〇名（レディ・ラネラ付、オウエン博士付を含む）、女給七名、亜麻布売り二名、コーヒー売り一名、果物売り一名

⑨五七名（約二五％）：寡婦五七名

これらの職業分布から次の三点が指摘できよう。第一に、パティキュラー派教会であれ、バプテスト教会の会員の経済的地位の低さである。⑥〜⑨の小生産者・手工業職人以下の社会層が会員の七〇％以上を占めている。この点は、本書、第六章で言及したように、プロテスタント非国教徒の教派の中でも、長老派や独立派に比して、一六七〇年の国王への貸付の際の教派別合計額にも示されていた。キッフィンが元国教会聖職者ではなく、手袋製造工の「職人説教師」から出発したことも、この教会に、三四％の小生産者・手工業職人が多く集まった理由といえる。しかし、シティ東部で集会を開いていたこの教会は、当時のロンドンの垂直な職業分布をそのまま映し出した鏡であったように思われる。その意味において、プロテスタント・キリスト教が貧富の如何を越えて、浸透していた様子が窺える。第二は、そのような職業分布に中でも、キッフィンをはじめ、②⑤⑦の海洋貿易関連の職業に従事するものは、全体の一二％に当たる三一名を数え、海洋貿易が当時のロンドンの主導的な産業部門に成長しつつあったことを示している。第三は、会員の三分の二を占める女性会員の動向である。独身男性については、そのような

呼称がないが、五七名と寡婦が多く、会員の四分の一を占めている。夫に先立たれ、生活の糧を失った寡婦が多いということは、社会保障の確立されていない時代において、具体的な事例は明示できないが、この教会が何がしかの役割を果たしていたことを窺わせる。また、女性は決して受け身であったのではない。例えば、③の小売商人、薬師商の各一名、④の看護婦手配、看護婦、助産婦、学校教師は全て女性、⑤の波止場主人、⑥においても衣糧関連のボタン製造工二名、子ども用コート製造工一名、亜麻織工一名は女性であり、女給はもちろん、雇人のいく人か、そして、路頭のコーヒー売り一名、果物売り一名は女性であった。

四

最後に、入退会に際して記された特記事項についてである。会員三八五名中、死亡や退会、破門等の理由から教会員資格が消滅した者が五七名（約一五％）を占め、迫害のみならず、ペスト流行、ロンドン大火、英蘭戦争の時代の中で、この教会が流動的であったことを示している。興味深いのは、マックス・ヴェーバーが「プロテスタンティズムの教派と資本主義の精神」において言及しているが、推薦状を携えて地方から入会する者の人数である。推薦者は、教会や個人であるが、三二名が推薦状を携えて入会しており、ロンドンの人口膨張に伴い、この教会が地方出身者の受け皿になっていたことを窺わせる。反面、この教会は五名に推薦状を持たせている。さて、退会の理由であるが、破門七名、脱会六名、国内へ移動五名、海外へ移動四名（いずれもバルバドス島）、クエイカー派へ三名、勧告二名、逃走一名となっており、入会理由には、七名に悔い改めによる入会と記されている。どのような罪状や規則によりこのような教会訓練が施されたかは、名簿からは窺うことはできない。教会総会議事録を交えた今後の研究が待たれる次第である。

あとがき

本書、『海洋貿易とイギリス革命――新興貿易商人の宗教と自由』は、イギリス革命に関する私の二冊目の研究書である。研究者として駆け出しの頃、私は、革命勢力としては、重なりながらも別個の研究対象である「宗教的セクト」と「新興貿易商人」について、日本西洋史学会編『西洋史学』にそれぞれ論文を掲載した。「宗教的セクト」についての研究は、一九九六年に御茶の水書房から刊行された『イギリス革命のセクト運動』として結実し、博士号を取得、二〇〇〇年には増補改訂版を出版した。他方、「新興貿易商人」についての研究は、その後、二〇〇四年度から勤務先で管理職の仕事に就いたので、中断したままになっていた。ところが、二〇一四年度から再び教授職に復帰し、研究を再開でき、今回、ようやく出版に漕ぎつけることができた。

本書の前半の三つの章は、ピューリタン革命と、特許独占貿易を否定し、植民地・密貿易に従事する「新興貿易商人」の関連を指摘したロバート・ブレナーの研究に触発され、執筆した諸論文である。第一章は、ロンドンの商人社会と、とりわけ、ピューリタン革命の主導勢力である独立派の関係、第二章は、アイルランドの全面的植民地化を推進した「クロムウェル・セツルメント」と新興貿易商人の関係、第三章は、革命以前に西インド諸島「オールド・プロヴィデンス」島という小さい島の植民地化を企てたピューリタン貴族・ジェントリと新興貿易商人の関係を分析した。これら三章でもって、ピューリタン革命という政治的事件が、「市民革命」と「商業革命」の性格を兼ね備えており、アイルランドや西インド諸島に広がる「ブリテン帝国」の形成に貢献した歴史的出来事であったことを知るであろう。本書の中間の二つの章は、ジョン・ブリュアやマイケル・ブラディックらの「軍事財政国家」論に啓発されながら、ピューリタン革命期のイングランド共和国海軍と革命期に帝国形成を推進した思想的背景ついて論じた。第四章は、ピューリタン革命期の共和国海軍とその担い手である「タールポウリン」、すなわち、「商船船乗り」層について、第五章では、オリヴァ・クロムウェルのアイルランド侵略やカトリック・スペインに対して企てた「西インド遠征」を扱っている。

本書の後半の三つの章と補論は、一〇年ぶりに研究に戻った私にとっては思いがけない収穫であった。ピューリタン革命期の「宗教的セクト」については、研究としては一段落したつもりであったが、革命期のバプテストの指導者で、新興貿易商人であるウィリアム・キッフィンについて、ラリー・クライツィアの編集により全八部構成の資料集がオックスフォード大学リージェンツパーク・コレジから二〇一〇年より逐次、現在第六部まで刊行されたからである。第六章、第七章、第八章、そして補論はいずれもそれらの資料集に基づく成果である。これにより、これまでピューリタン革命に限定されてきた私の守備範囲は、名誉革命まで拡大した。また「ゼクテ」型教会の指導者であるキッフィンの「信教の自由」と「交易の自由」の主張を通じて、これまで「ブリテン帝国」の領土拡張の側面で論じられてきた新興貿易商人の活動を、イギリスの近代自由主義の初穂ともいうべき「プロト・リベラリズム」として理解することができた。本書では、trade を「交易」と表現したが、この言葉は、「製造業」「勤勉」を意味する industry という概念が分化しつつあったとはいえ、一七世紀においては「海外貿易、植民地建設のみならず、富、通貨、商品生産と交換、労働と職業、蓄積と支出」等々、経済活動を指し示す言葉として広く用いられていた。本書では、独占特許会社を批判する一方で、帝国主義的膨張を推進する「交易の自由」(free trade) の論理が、ピューリタン革命、名誉革命を通じて一貫して奏でられた「通奏低音」ともいうべき非国教徒の「信教の自由」(liberty of conscience) の主張と交錯して、デイヴィッド・アーミテイジが鋭く指摘するように、カトリック・スペインの植民地政策である「信仰に基づく所有」論を克服して、ジョン・ロックの「労働に基づく所有」論へと転換することを示唆したい。「プロト・リベラリズム」という言葉をあえて用いたのは、「労働に基づく所有」というこの価値観誕生の歴史的背景には、個人の内面を尊重する「信教の自由」の主張があったということが忘れられてはならないからである。ロックは主に植民地を舞台に近代の労働価値説を論じた。その消息に関しては、最終章で論じたが、シャフツベリ伯が領主の一人であるバハマ諸島会社の、二人とも社員である啓蒙思想家ロックと貿易商人キッフィンの交友、取引関係の記録が何よりも示唆しているように思われる。

今回収録した既刊論文の初出は以下の通りである。また本書刊行に際して、論文初出後に出版された論文・著作を参考に若干の加筆・修正を図り、興味深く読んでもらうために図絵を挿入した。

・第一章「ロンドン商人社会の動向とピューリタン革命」『西洋史学』(日本西洋史学会)第一二四号、一九八二年
・第二章「ピューリタン革命とアイルランド」『研究所年報』(明治学院大学産業経済研究所)第四号、一九八七年
・第三章「ピューリタン植民地帝国――カリブ海プロヴィデンス島」『研究所年報』(明治学院大学産業経済研究所)第一七号、二〇〇一年
・第四章「イギリス・ピューリタン革命と「商船船乗り」(merchant-seaman)層――軍事財政国家の出発点」『研究所年報』(明治学院大学産業経済研究所)第一九号、二〇〇二年
・第五章「クロムウェルと「意図せざる」植民地帝国」田村秀夫編著『クロムウェルとイギリス革命』第八章、聖学院大学出版会、一九九九年
・第六章「「ゼクテ」原理と「信教の自由」への道――バプテスト派貿易商人W・キッフィンの場合」『キリスト教史学』(キリスト教史学会)第七一号、二〇一七年
・第七章「「新興貿易商人」ウィリアム・キッフィン」今回書き下ろし
・第八章「ウィリアム・キッフィンとジョン・ロック――交友・取引関係の記録が意味するもの」『経済研究』(明治学院大学)、第一五七号、二〇一九年

・補論「「デヴォンシァ・スクエア・バプテスト教会」教会員の社会経済史的分析」今回書下ろし

これで本書は、いよいよ私の手を離れることになる。本書が完成するまでに勤務先である明治学院大学を会場として開催されたイギリス革命史研究会の例会で、研究発表を重ねたが、私の拙い発表に耳を傾けてくれた岩井淳静岡大学教授をはじめとする研究会のメンバーの方々に感謝を申し上げたい。現在イギリス史研究の第一線におり、二〇〇〇年代に同研究会に参加していた各大学の院生たちは、私が管理職に就任する際にイギリスを訪問した折に、それぞれの留学先からロンドンのラッセル・スクエア周辺のエスニック・レストランに集まって激励してくれた。今となっては良き思い出である。それから、われわれの世代であるが、一九九〇年代に若手研究者が関東・関西の狭い垣根を越えて結集した近世イギリス史研究会のメンバーの方々。その成果は、近世イギリス史研究にも影響を及ぼしていた歴史修正主義に対して、岩井淳・指昭博編『イギリス史の新潮流――修正主義の近代史』彩流社、二〇〇一年として上梓され、私も執筆陣に加わり、「市民革命」と「商業革命」の重なりを論じることができた。長らく待たせたが、ブレナーに触発されて開始した自分の研究を纏め上げることができたことをメンバーの方々に報告したい。オックスフォード大学リージェンツパーク・コレジ（プライベートホール）の元学寮長で、同大学著名教授であるポール・フィデス氏とチューターのラリー・クライツァ氏にも感謝したい。二人とも、コレジとして、キッフィン関係の図絵の使用を快諾してくださった。また、一〇年ぶりに自分の研究に戻り、研究発表さえ躊躇していた私に、学会発表の機会を提供し、暖かく背中を押してくださったキリスト教史学会の方々にも感謝したい。

なお本書は、二〇一八年度明治学院大学学術振興基金から出版補助金を受給した。

二〇一八年アドヴェント

大西晴樹

著者紹介

大西晴樹（おおにし・はるき）
1953年北海道生まれ
明治学院大学経済学部教授（西洋経済史，イギリス革命史）
主な業績
単著『イギリス革命のセクト運動〈増補改訂版〉』御茶の水書房，2000年
単著『ヘボンさんと日本の開化』NHK出版，2014年
共編著『マックス・ヴェーバー「倫理」論文を読み解く』キリスト教史学会編・教文館，2018年
共編著『〈帝国〉化するイギリス――17世紀商業社会と文化の様相』彩流社，2006年
共編著『イギリス革命論の軌跡――ヒルとトレヴァ＝ローパー』蒼天社出版，2005年
共著『長老・改革教会来日宣教師事典』新教出版社，2003年
共著『イギリス近代史の新潮流――修正主義の近代史』彩流社，2000年
共著『近代ヨーロッパの探求・教会』ミネルヴァ書房，2000年
共著『マックス・ヴェーバーの新世紀――変容する日本社会の認識の転回』未來社，2000年，他

海洋貿易とイギリス革命
新興貿易商人の宗教と自由

2019年3月6日　初版第1刷発行

著　者　大西晴樹
発行所　一般財団法人 法政大学出版局
〒102-0071 東京都千代田区富士見2-17-1
電話03（5214）5540 振替00160-6-95814
印刷：平文社　製本：積信堂
装幀：奥定泰之

Printed in Japan

ISBN978-4-588-37502-6

人名索引

あ　行

アーミテイジ，D.　D. Armitage　243, 256, 265
アイルズ，ジョン　John Eyles　204, 276
青柳かおり　197
秋田茂　136
浅田実　168
アスキュー，ジョージ　George Ayscue　114, 123
アダムス，ウィリアム（三浦按針）　William Adams　107
天川潤次郎　235
アンドルース，トマス　Thomas Andrews　47, 56
イートン，サミュエル　Samuel Eaton　175
池本幸三　83
岩井淳　136
インチクィン伯　Murrough O'Brien, 1st Earl of Inchiquin　44, 46–47, 146
ヴァッサル，サミュエル　Samuel Vassall　108, 110
ヴァナブル，ロバート　Robert Venables　158
ウィーラー，J. S.　J. S. Wheeler　91–92, 117
ウィリアム 3 世　William III of England　193, 213
ウィロビー，ウィリアム　William Willoughby　113
ウィンスロップ，ジョン（父）　John Winthrop (Sr)　73, 151
ウィンスロップ，ジョン（子）　John Winthrop (Jr)　175
ヴェーバー，マックス　Max Weber　58, 171–172, 180, 278
ヴェーン，ヘンリ　Henry Vane　108, 110–111, 115, 124, 126, 207
上田惟一　30
ウェントワース，ヒュー　Hugh Wentworth　248, 250
ヴェンナー，トマス　Thomas Venner　182–183, 210
ウォラストン，リチャード　Richard Wollaston　215–216
ウォリック伯　Robert Rich, 2nd Earl of Warwick　69, 73–75, 81, 96, 98–99, 102, 108, 110, 150
ウォルウィン，ウィリアム　William Walwyn　16, 215
臼田昭　134–135
梅津順一　29
エリザベス 1 世　Elizabeth I of England　67, 72, 143
エルフリース，ダニエル　Daniel Elfrith　81
オウエン，ジョン　John Owen　146, 153, 189
大木英夫　27–28, 30
大久保桂子　130
大塚久雄　27, 30, 236, 240, 270
オーモンド候　James Butler, 1st Duke of Ormond　44–47, 146
オスラー，ロバート　Robert Oslar　218–219

か　行

ガードナー，S. R.　S. R. Gardiner　95, 142
カートレット，ジョージ　George Cartret　97, 104, 128, 246, 248
カーライル卿　James Hay, 1st Earl of Carlisle　77, 159–160
加藤節　270
カラミー，エドマンド　Edmund Calamy　184
カルヴァン，ジャン　Jean Calvin　157, 180
川北稔　34, 63, 83, 85, 168
川分圭子　35, 83, 131–132, 228, 239–240, 269–270
キッフィン，ウィリアム　William Kiffin　169–194, 199–233, 241–267, 273–277
キッフィン，ジョーゼフ　Joseph Kiffin　225,

230
キッフィン，ハンナ　Hannah Kiffin　175, 225, 228, 230, 255
キッフィン，ヘンリ　Henry Kiffin　225, 228–230, 255
キャップ，B. S.　B. S. Capp　121, 124
ギルバート，ハンフリー　Humphrey Gilbert　155
グッドウィン，ジョン　John Goodwin　11, 16, 56, 174
グッドウィン，トマス　Thomas Goodwin　174, 215
グッドソン，ウィリアム　William Goodson　126–128
クッパーマン，K. O.　K. O. Kupperman　150
クライツァ，L.　L. Kreitzer　172, 175, 186, 202, 207, 210, 216–217, 228–229, 253, 273–274
クラブトリー，R.　R. Crabtree　141–142
クラレンドン伯　Edward Hyde, 1st Earl of Clarendon　184, 186–187, 210, 248–249
クランストン，M.　M. Cranston　254
栗原真人　32
クリフォード，トマス　Thomas Clifford　187
グリンヒル，ウィリアム　William Greenhill　124–125
クロムウェル，オリヴァ　Oliver Cromwell　22–24, 38–40, 47, 51, 58, 82, 98, 114, 118, 120, 140–164, 171, 181, 187, 218–219, 222, 225, 227, 246, 259, 273
クロムウェル，ハンナ　Hanna Cromwell　227–228
クロムウェル，ヘンリ（父）　Henry Cromwell (Sr)　147, 227
クロムウェル，ヘンリ（子）　Henry Cromwell (Jr)　227–228, 230, 239
クロムウェル，リチャード　Richard Cromwell　127, 157, 181
ゲージ，トマス　Thomas Gage　155–157
コーティン，ウィリアム　William Courteen　159
ゴスフライト，ジョージ　George Gosfright　224, 276
コトン，ジョン　John Cotton　152
コルトン，ピーター　Peter Colleton　249, 252, 254
コルベット，マイルス　Miles Corbet　116, 124, 126

さ 行

斎藤剛毅　195
サイル，ウィリアム　William Sayle　249
酒田利夫　132
坂巻清　33, 234, 239
薩摩真介　83, 86
ジェイコブ，ヘンリ　Henry Lacob　14
ジェシー，ヘンリ　Henry Jessey　175
シェラード，ホープ　Hope Sherrard　81–82
渋谷浩　29
ジャクソン，ウィリアム　William Jackson　79, 150
シャフツベリ伯（アシューリー卿）　Cooper Anthony Ashley, 1st Earl of Shaftesbury　190, 230, 232–233, 245, 250–259, 263–265
シュート，リチャード　Richard Shute　56
ラネラ，レディ・キャサリン　Katherine Jones, Lady Ranelagh　186–187, 277
ジョーンズ，ピーター　Peter Jones　250, 252–254, 261
シンプソン，サイドラック　Sidrach Simpson　56
菅原秀二　136
杉浦未樹　238
スタイルズ，ロバート　Robert Stiles　181, 204, 219–221, 231, 255, 276
ストーン，L.　L. Stone　93
ストリンガー，トマス　Thomas Stringer　230, 250–253, 256–261
スピルズバリー，ジョン　John Spilsbury　175, 178, 217
スミス，ジョン　John Smith　173, 179, 224
スミス，トマス　Thomas Smyth　110, 113
セイ・アンド・シール卿　William Fiennes, 1st Viscount of Lord Saye and Sele　69, 73, 150–152
仙田左千夫　29
オリヴァ，セント・ジョン　Oliver St. John　69, 73, 115, 150

た　行

ダヴェンポート，ジョン　John Davenport　10–11, 174
田口一夫　136
ダッシュウッド，ウィリアム　William Dushwood　228
玉木俊明　83, 131, 238
田村光三　83
ダレル，ジョン　John Durrell　248–251, 253
チャールズ1世　Charles I of England　4, 42, 72–73, 93, 96, 98, 101, 114, 123, 140, 150, 159, 180, 206, 212, 222, 246
チャールズ2世　Charles II of England　52, 99, 114, 142, 154, 159–160, 162, 182, 190–191, 209, 211, 217, 224, 246, 254
角山栄　63, 206, 234–235
デ・クレイ，G. S.　G. S. De Krey　188–189, 264
ディーン，リチャード　Richard Deane　113, 123–124
デイヴィス，R.　R. Davis　25
ティッチボーン，ロバート　Robert Tichborne　119
テイラー，ダニエル　Daniel Taylor　119
テンプル，ジョン　John Temple　46
ドップ，M.　3
トムソン，モーリス　Maurice Thompson　79, 110–113, 125, 215, 223
トムソン，リチャード　Richard Thompson　260–261
トルミー，M.　M. Tolmie　14, 56, 127, 178

な　行

中村勝己　83
那須敬　30
西村孝夫　34
西村裕美　196
ノウルズ，ハンサード　Hanserd Knollys　190, 193, 216
ノエル，マーティン　Martin Noel　223

は　行

ハーコウト，ロバート　Robert Harcourt　73
バーナード，T. C.　T. C. Barnard　57–58
パール，V.　V. Pearl　5
ハーレイ，K. H. D.　K. H. D. Harley　261, 263–264
ハイランド，サミュエル　Samuel Highland　215
バクスター，リチャード　Richard Baxter　264
ハクルート，リチャード　Richard Hakluyt　155
バストウィック，ジョン　John Bastwick　56
バッキンガム公　George Villiers, Duke of Buckingham　72, 101, 187
バッテン，ウィリアム　William Batten　97–98, 100, 110–111, 113, 128
バティック，J.　J. Battick　142, 155
ハティンソン，リチャード　Richard Hutchinson　111, 126
バトラー，ナサニエル　Nathaniel Butler　77–79, 81
浜林正夫　26–27, 29, 33, 60, 62, 196–197
ハムデン，ジョン　John Hampden　73
バリントン，トマス　Thomas Barrington　69, 80
バロウーズ，ジェリマイア　Jeremiah Burroughes　124–126
ハンティントン，ロバート　Robert Huntington　255
バンヤン，ジョン　John Bunyan　185
ピーター，ヒュー　Hugh Peter　126–127, 150
ピープス，サミュエル　Samuel Pepys　117, 120, 128
ピム，ジョン　John Pym　69, 94, 150
ヒューリング，ハンナ　Hannah Hewling　226, 228
ヒューリング，ベンジャミン　Benjamin Hewling　192, 225, 227, 255, 259, 276
平出宣道　83
ヒル，C.　Ch. Hill　3, 39, 141, 164
ヒルデズリ，マーク　Mark Hildesley　119
ピンカス，S.　S. Pincus　142
ファーネル，J.　J. Farnell　23, 56
フィートリー，ダニエル　Daniel Featley　173
フーカー，トマス　Thomas Hooker　174
フェアファックス　Thomas Fairfax　98

フェントン，ジョン　John Fenton　56
フォックス，ジョン　John Fox　143–144
ブッシェル，エドワード　Edward Bushell　233
船山榮一　234
ブラディック，M. J.　M. J. Braddick　92
ブランドリィフ，ヘンリ　Henry Brandriff　16, 56, 189
ブリッジ，ウィリアム　William Bridge　124, 126–127
ブリュア，J.　J. Brewer　91, 117
プリン，ウィリアム　William Prynne　56
プリンス，フランシス　Francis Prince　219–221
ブルック卿　Robert Greville, Lord Brooke　69, 73–74, 78, 80–81, 177
ブレイク，ロバート　Robert Blake　114–115, 122–123
プレストウッチ，M.　M. Prestwich　141
ブレナー，R.　R. Brenner　7, 55–56, 111, 142, 201
ヘイズ，ジョーゼフ　Joseph Hayes　225
ベセル，スリングスビ　Slingsby Bethel　141, 190
ペティ，ウィリアム　Willam Petty　52–53, 147
ペニントン，ジョン　John Pennington　96, 101
ベル，フィリップ　Phillip Bell　75, 77, 81
ペン，ウィリアム　William Penn　122–124, 128, 158, 233
ペン，ジョージ　George Penn　104
ベンス，アレクサンダー　Alexander Bunce　108, 110
ホウキンズ，ウィリアム　William Hawkins　45, 47, 56, 129
ボーン，ニーマイア　Nehmaih Bourne　103–107, 113, 126, 128, 228
ホクストン，レイノルド　Reynold Hoxton　105, 125
ボティッグハイマー，K.　K. Bottigheimer　45, 53–56, 145
ボディントン，ジョージ　Geroge Boddington　228
ホランド，ジョン　John Holland　110–111, 120
堀越智　59
ホルヘッド，ヘンリ　Henry Halhead　80, 82
ホワイト，B. R.　B. R. White　172, 179
ホワイトロック，ブレストロード　Bulastrode Whitelocke　190

ま　行

マコーマック，J. R.　J. R. MacCormack　55
マザラン宰相　Cardinal Mazarin　115, 117
松尾太郎　59, 63, 236
松川七郎　59–60, 62, 165
松下圭一　263, 270
松田武　136
マンデヴィル卿　Edward Montague, Lord Mandeville　73
マントン，ナサニエル　Nathaniel Manton　56
ミード，ウィリアム　William Meade　233
三崎敬之　83
水井万里子　131
水田洋　26–27, 32
ミルトン，J. R.　J. R. Milton　243, 265
メアリ 1 世　Mary I of England　143
メアリ 2 世　Mary II of England　192, 213
メイプルトフト，ジョン　John Mapletoft　250–251, 253
モイヤー，サミュエル　Samuel Moyer　113, 215
諸田實　167
モンク，ジョージ　George Monck, 1st Duke of Albemarle　123–124, 182–183, 248

や　行

山田園子　30, 269, 271
山本正　59, 61, 133
山本通　34, 196
ヨーク公　Duke of York, James II of England　191, 246, 248, 263

ら　行

ライル卿　Viscount Lisle, Robert Sydney　46
ラフ，J.　J. Lough　257
ラブ，T. K.　T. K. Rabb　54
ラム，トマス　Thomas Lamb　215
ランバート，ジョン　John Lambert　154–155, 158

リッチ，ナサニエル　Nathaniel Rich　73, 80
リルバーン，ジョン　John Lilberne　15, 173, 208, 214–216
ルパート王子　Prince Rupert　114–115
レインバラ，ウィリアム　William Rainsborough　96, 101, 103–105
レインバラ，トマス　Thomas Rainsborough　98–99, 103
ロード，ウィリアム　William Laud　11
ローリー，ウォルター　Walter Raleigh　155, 157
ロック，ジョン　John Locke　190, 232–233, 241–267

わ　行

ワースレイ，ベンジャミン　Benjamin Worsley　254
ワード，ペイシャンス　Patience Ward　256–257
若原英明　59, 165
和田光弘　83, 85
ワトキンズ，デイヴィッド　David Watkins　44, 56

事項索引

あ 行

アイルランド・カトリック同盟　Confederate Catholics of Ireland　44–46, 60–61
アイルランド土地処分法　Act for settling of Ireland　50, 147
厚手毛織物　woolen　206
ヴァージニア会社　Virginia Company　11, 28, 62, 67, 72, 102, 145
薄手毛織物　worsted　206
「生まれながらの支配者」　natural rulers　5
オールド・イングリッシュ　Anglo-English　41–42, 45, 57, 60
オールド・プロヴィデンス島　Old Providence Island　65–66
桶説教師　tub-preachers　179, 195

か 行

概括測量　gross survey　51, 147
海軍委員会・海軍と関税委員会　Navy Committee, Committee of Navy & Customs　110
海軍，および関税官の取締法　regulating of the Officers of the Navy and Customs　111
海上遠征条令　sea adventure ordinance　43, 145–146
海洋主権　British sea　115, 133
家督　patrimony　225–226
カロライナ憲法　Fundamental Constitutions of Carolina　244, 248, 265–266
幹部候補生　midshipman　128
寛容法　Act of Torelation　32, 193, 212, 273
教会間の連合組織・地方連合組織　Associations　181, 193
クエイカー派　Quakers　24, 171, 182, 189, 192, 196, 211, 278
クラレンドン法典　Code of Clarendon　25, 183–187, 191, 193
グロサーズ・ホール委員会　committee of Grocers Hall　51, 56
軍事財政国家　fiscal-military state　91–92, 95, 129
軍隊の民泊　billeting　80
月給制の役人　officer on monthly salary plan　120–121
厳粛な同盟と契約　Solemn League and Covenant　18, 185
権利の章典　Bill of Rights　193
公安委員会　committee of safety　5
航海法　Navigation Act　22–23, 25, 33, 56, 82, 114–115, 149, 154, 160, 162–164, 168, 181, 217, 219–220, 237
国家教会制　state church system　14, 180
コナハトへの強制移住　transplantation to Connacht　50–51, 61, 148

さ 行

再洗礼派　Anabaptists　178, 182, 210, 239, 263, 270
査定税　assessment　12, 44, 91, 94, 118–120
シーカーズ　Seekers　178
ジェネラル・バプテスト　General Baptists　14–15, 17, 31, 34, 179, 183, 185–186, 215, 234, 237
志願兵小委員会　sub-committee for volunteers　13, 112
辞退条令　Self-denying Ordinance　99, 108
私拿捕許可状　letters of Marque　79, 81–82, 101, 115
自治体法　Corporation Act　184, 188, 190, 251
指定港制度　system of staple ports　148
自由港　free port　23
重罪犯罪人　felons　161, 186
週割査定税　weekly assessment　12, 112

償還法　Act for Satisfaction　47, 51, 147
商人認可入植制度　merchants grants settlement　160
初期セパラティスト　Early separatists　179–180
信教の自由令　Declaration of Indulgence　191–192, 233, 251, 264, 273
審査法　Test Act　191, 193, 228, 254
浸礼　immersion　32, 175, 177–178, 203, 221, 234, 274
聖職禄授与権　advowson　10, 27–28
セパラティスト　separatists　13–15, 31, 179–180, 215–216
専業の貿易商人　mere merchants　9, 202, 231
専任牧師型教会　professional ministry　14, 31, 34
船舶税　ship money　73, 90, 93–94, 96–97, 101, 109
俗人牧師型教会　lay-pastorate church　14, 30
俗有教会財産買い戻し運動管財人協会　Society of Feoffees of Impropriations　10

た　行

ダービー・ハウス委員会　Derby House committee　46, 98–99
タールポウリン　tarpaulin　123, 127–129
第一次英蘭戦争（1652–1654）　94–95, 115, 117–118, 121, 124–125, 127, 142, 154–155, 218–219, 269
第五王国派　Fifth Monarchy Men　24, 34, 135–136, 182
大抗議文　Grand Remonstrance　41
対スペイン戦争（1656–1660）　120, 142
第二次秘密集会法　second Conventicle Act　188, 190, 206, 211, 226, 232–233, 250, 264, 267, 274
代理商　factor　16, 225, 255
代理人　agent　16, 111, 122, 160, 181, 204, 211, 219, 221, 231–232, 250, 255, 257–259, 266, 276
ダウン・サーヴェイ　down survey　52, 147
短期信用　short-term credit　95, 116–118
通商禁止　embargo　154, 159
トーリー　Tory　191–192
独立生産者　independent trader　34, 102, 212, 214–216
独立派会衆教会　Independent gathered Church　13–17, 30, 51, 56, 105, 111, 119, 125–127, 134, 175, 178, 195, 215, 226–227, 233, 249
土地税　land tax　94
徒弟修業　apprenticeship　202, 204, 225
奴隷　slavery　78–80, 85, 160, 162, 164, 190, 249, 263, 270

な　行

内国消費税　excise tax　91, 94, 212, 214, 216–217, 250
西インド遠征　Western Design　82, 86, 142, 154–159, 163, 219, 237–238, 246
二倍条令　doubling ordinance　43, 45, 61, 146
ニュー・イングリッシュ　New English　46–47, 57, 61
ニュー・プロヴィデンス島　New Providence Island　66, 248–249, 252–253
年季奉公人　indentured white servant　76, 78–79, 82, 85, 102, 160

は　行

排斥危機　Exclusion Crisis　191, 243
パティキュラー・バプテスト　Particular Baptists　14–15, 32, 34, 171, 177–183, 185, 193, 201, 203–204, 208, 212, 215–217, 221, 231, 234, 251, 257, 265, 273
バハマ諸島会社　Bahama Islands Company　190, 207, 229, 232, 245–246, 250–256, 258, 263–264, 268
バルバリア沿岸サレーの海賊　corsairs of Sally, Barbary coast　96, 98, 101, 104, 131, 222, 238
バンヒル・フィールズ　Bunhill Fields　194, 227
東インド会社　East India Company　6, 62, 111–112, 145, 201, 206–207, 232, 240, 259, 262
非国教徒親族網　kinship of dissenters　25, 228–229, 231
非本質的事項　indifference matter　264–265
秘密集会法　Conventicle Act　184, 188, 264
不在地主制　absentee landlordism　55, 58, 148, 164
ブレダの宣言　Declaration on Breda　182–183,

191
プロヴィデンス島会社　Providence Island Company　11, 67, 69, 72–74, 83, 102, 109, 122, 150–151
分捕品　prizes　119, 253, 269
分離教会　separate church　13, 18, 22, 29–30, 33–34, 124, 126, 203
便宜上の国教徒　occasional conformists　253
ホイッグ　Whig　190–192, 233
貿易商人委員会　committee of merchants　110–113
貿易植民地委員会　Board of Trade and Plantations　254
貿易割当定量　stint　208
冒険商人組合　Merchant Adventurers' Company　9, 16, 24, 27, 34, 112, 181, 187, 201, 203, 206–211, 215, 231–232, 235
募金法　Act of Subscription　40–43, 47, 50, 52, 55, 111, 145–148, 163

ま　行

マサチューセッツ湾会社　Massachusetts Bay Company　10, 67, 72, 152
水先案内人協会　Trinity House　97, 104–105, 109, 111, 113, 129, 131, 133
民兵委員会　committee of militia　5, 13, 21
名誉革命　Glorious Revolution　32, 95, 171–172, 191, 193, 196, 201, 204, 212, 215–216, 227, 231–232, 234, 243, 251, 273
モンマスの反乱　Monmouth Rebellion　192, 228

ら　行

ライ・ハウス陰謀事件　Rye House Plot　191
両国委員会　committee of both kingdoms　44
礼拝統一法　Act of Uniformity　183–186, 188, 204, 234
レヴァント会社　Levant Company　6–7, 100, 112, 201, 206, 225, 236, 255, 259, 269
レヴェラーズ　Levellers　15, 30–32, 98–99, 106, 130, 173, 181, 208, 214–215, 234–235
労働価値説　labor value theory　243, 267